个人所得税
汇算清缴手册

程 平／编著

中国言实出版社

图书在版编目（CIP）数据

个人所得税汇算清缴手册 / 程平著 . -- 北京：中国言实
出版社，2020.2

ISBN 978-7-5171-3420-6

Ⅰ . ① 个… Ⅱ . ① 程… Ⅲ . ① 个人所得税－税收管
理－中国－手册 Ⅳ . ① F812.424–62

中国版本图书馆 CIP 数据核字（2020）第 007114 号

责任编辑：薛　磊
责任校对：史会美
封面设计：小亿传媒

出版发行　中国言实出版社
　　　　　地　　址：北京市朝阳区北苑路 180 号加利大厦 5 号楼 105 室
　　　　　邮　　编：100101
　　　　　编辑部：北京市海淀区北太庄路甲 1 号
　　　　　邮　　编：100088
　　　　　电　　话：64924853（总编室） 64924716（发行部）
　　　　　网　　址：www.zgyscbs.cn
　　　　　E-mail：zgyscbs@263.net
经　　销　新华书店
印　　刷　凯德印刷（天津）有限公司
版　　次　2020 年 3 月第 1 版　2020 年 3 月第 1 次印刷
规　　格　787 毫米 ×1092 毫米　1/16　18.75 印张
字　　数　200 千字
定　　价　88.00 元　ISBN 978-7-5171-3420-6

前言

　　2019 年，是新的综合与分类所得相结合的个人所得税制全面实施的第一年；2020 年，是居民个人办理综合所得汇算清缴的第一年，也是新税制下纳税人办理经营所得汇算清缴的第一年，对我国个人所得税纳税申报以及征收管理影响深远。在此背景下，本书针对个人所得税汇算清缴实务，考虑到不同层次读者的需求，提供了详尽的政策讲解以及操作指南，既满足了税务干部与税务研究人员专业的需要，也解答了代扣代缴义务人的诸多疑惑，同时也为普通读者提供按图索骥的便利。

　　本书共包括九章，第一章为概述，第二、三章讲解居民个人综合所得汇算清缴的计算及办理事项，第四章讲解经营所得汇算清缴。第五到八章为专章，分别是专项附加扣除、捐赠、涉外部分以及减免税优惠，将重要的内容单独进行讲解。第九章为操作部分，讲解汇算清缴的申报表及系统操作。在写作的过程中，力争做到：

1. 只讲实务，不讲理论。这是全书的核心写作理念，所有内容都基于实务操作。

2. 专业内容，通俗表达。即使是学习专业知识，读者喜欢看的也是通俗流畅有趣的表达，而非枯燥的文件内容搬运。让复杂的专业知识变简单，是笔者的一贯追求。

3. 图文相间，一目了然。中国言实出版社出版的《个税新法新政全知全解》一书大量的流程图及分析表受到读者的广泛肯定，本书沿用这一风格，全书设计 24 张流程图和 25 张表格，并可扫码下载。

4. 趣味举例，轻松学习。鉴于很多读者希望在比较重要的知识点中有例解内容，本书精心设计了 29 个趣味问题，帮助读者快速掌握核心知识。

5. 难点问题，专题突破。针对实务中的疑难问题，特别开辟 14 个难点讲解专题，涵盖个人所得税汇算清缴的所有领域，包括工资薪金所得、劳务报酬所得和经营所得之间的划分、不含税收入的计算、合伙人退伙处理、核定征收等，做深度剖析。

本书依据的所有的法律法规规章截至 2020 年 3 月 1 日，其内容也不能代替主管税务机关的解释答复，特此说明。

由于政策层出不穷，本书从写作到付印时间较短，其中有遗漏或不如意之处，恳请批评指正。

程 平

2020 年 3 月 1 日

目录

第一章 概述

第一节 基本概念

一、什么是汇算清缴

汇算清缴是纳税申报领域的固定概念，是指实行预缴税款计税方式的税种，在年度终了后的税款汇总结算清缴，也被简称为"汇缴""汇算"，在我国主要是所得税（企业所得税和个人所得税）领域的一个重要申报流程。新个人所得税法实施后，个人所得税汇算清缴范围扩展，变得更为重要。

先从字面意思来解释一下"汇算清缴"。

所谓汇，是指汇总、加总，意思是将纳税人在规定范围内的所有应税收入以及可扣除项进行汇总。

所谓算，就是指计算，即根据现行税法规定计算出纳税人应该缴纳的税款。

所谓清缴，就是指在算清楚应该缴纳税款的基础上，和已经缴纳的税款作比较，多退少补，准确地完成纳税义务。

从汇算清缴的字面意思可以看出，汇算清缴的核心在于"加总"和"重新计算"。既然是加总，说明可能有多处收入或者扣除；既然是重新计算，说明平时有计算，平时计算的过程则对应地被称为"预缴"。我国个人所得税汇算清缴的对象是一个纳税年度内全年的所得，就是将当年纳税年度全年的应税收入在次年的一段期间内进行汇总计算税款，多退少补。

一言以蔽之，汇算清缴就是在次年将前一纳税年度全年的收入加总计算，准确地结清税款。

按现行税法规定，目前个人所得税领域的汇算清缴涉及两部分所得：居民个人的综合所得、经营所得。值得注意的是，对于综合所得，仅限于四项所得单独列出，表达起来很不方便。因此，从利于表达的角度，第二种观点更好。

从财政部和国家税务总局的相关文件来看，始终坚持"居民个人综合所得"的表述。特别是《国家税务总局关于办理 2019 年度个人所得税综合所得汇算清缴事项的公告》（国家税务总局公告 2019 年第 44 号，以下简称"办理公告"），就明确指出前四项所得是"综合所得"，应当也是采用我支持的第二种观点。

因此，本书提及的"综合所得"指的就是工资薪金所得、劳务报酬所得、稿酬所得、特许权使用费所得的集合，概念本身并不限定为居民个人。与之对应的，需要汇算清缴的范围就变成"居民个人取得综合所得"，非居民个人取得综合所得不需要汇算清缴。这是新个人所得税法实施后新的纳税申报方式，因此，2020 年也是居民个人综合所得办理汇算清缴的第一年，对我国个人所得税纳税申报以及征收管理的影响极其深远。

三、什么是居民个人

根据新个人所得税法有关规定，在中国境内有住所，或者无住所而一个纳税年度内在中国境内居住累计满一百八十三天的个人，为居民个人。

这是个人所得税法首次对税收居民个人的概念进行界定，是一大突破。对于实务操作而言，有两个重要意义：一是明确了纳税义务主体，在判断自然人纳税人的纳税义务时有了清晰而明确的法律支持；二是与国际接轨，在国际涉税信息交换（比如 CRS）以及避免双重征税等实务领域涉及税收居民身份判定时会更加简单易行。

具体说来，税收居民个人的判定如下图所示：

扫码后输入"图二"，可获取本图。

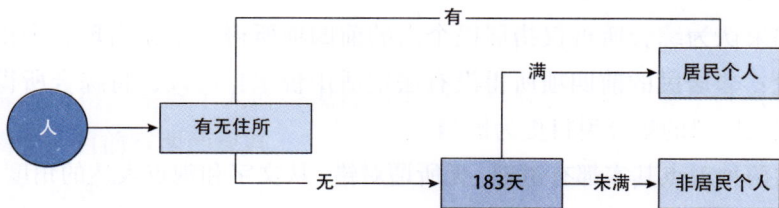

这其中有两个关键因素：住所和居住时间。

（一）住所

新条例和旧条例对"住所"的表述都是"因户籍、家庭、经济利益关系而在中国境内习惯性居住"，这一解释看似明确，对于实务操作而言还是有些模糊。在实务中有一个规章可以参考，即《〈中华人民共和国政府和新加坡共和国政府关于对所得避免双重征税和防止偷漏税的协定〉及议定书条文解释》（国税发〔2010〕75号）中的第四条解释，截取原文如下：

根据《中华人民共和国个人所得税法》及其实施条例的相关规定，我国的个人居民包括：（1）在中国境内有住所的中国公民和外国侨民。但不包括虽具有中国国籍，却并未在中国大陆定居，而是侨居海外的华侨和居住在香港、澳门、台湾的同胞。（2）在中国境内居住，且在一个纳税年度内，一次离境不超过30日，或多次离境累计不超过90日的外国人、海外侨民和香港、澳门、台湾同胞。

这个规定对绝大多数纳税人来说有种拨云见日的感觉，也最贴近实务的判断标准。之所以清楚，是因为在实务中，居住地、国籍（或者户籍）最为直接，而这个规定就把"住所"的判定和这些直接的信息紧密联系起来，具有很强的可操作性。

值得注意的是，文件中"一次离境不超过30日，或多次离境累计不超过90日"是旧条例中"临时离境"的概念，在新个人所得税法及其实施条例中，这个概念已经被修改为"累计居住满183天"。

这个文件规定可以修正为：

我国的个人居民包括：（1）在中国境内有住所的中国公民和外国侨民。但不包括虽具有中国国籍，却并未在中国大陆定居，而是侨居海外的华侨和居住在香港、澳门、台湾的同胞。（2）在中国境内居住，且在一个纳税年度内累计居住满183天的外国人、海外侨民和香港、澳门、台湾同胞。

为了便于读者加深理解，我将上述文件的核心意思结合是否拥有中国国籍，做了以下两张判断流程图：

拥有中国国籍的中国公民：

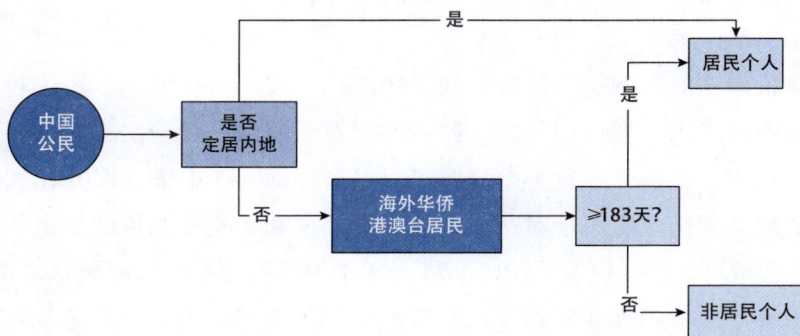

拥有外国国籍的外国公民:

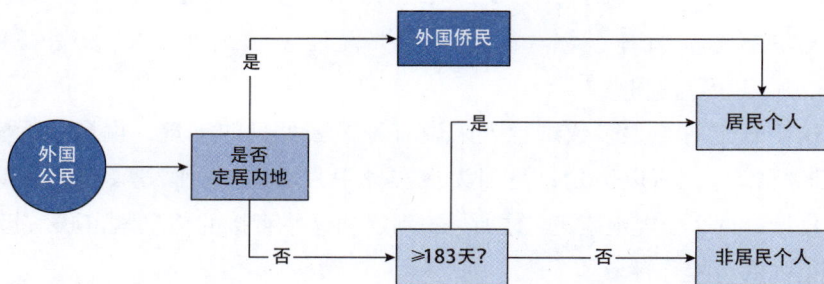

其中,对于"华侨"的定义,《国家税务总局关于明确个人所得税若干政策执行问题的通知》(国税发〔2009〕121号)进行了明确:

根据《国务院侨务办公室关于印发〈关于界定华侨外籍华人归侨侨眷身份的规定〉的通知》(国侨发〔2009〕5号)的规定,华侨是指定居在国外的中国公民。具体界定如下:

1. "定居"是指中国公民已取得住在国长期或者永久居留权,并已在住在国连续居留两年,两年内累计居留不少于18个月。

2. 中国公民虽未取得住在国长期或者永久居留权,但已取得住在国连续5年以上(含5年)合法居留资格,5年内在住在国累计居留不少于30个月,视为华侨。

3. 中国公民出国留学(包括公派和自费)在外学习期间,或因公务出国(包括外派劳务人员）在外工作期间，均不视为华侨。

具体如下图所示：

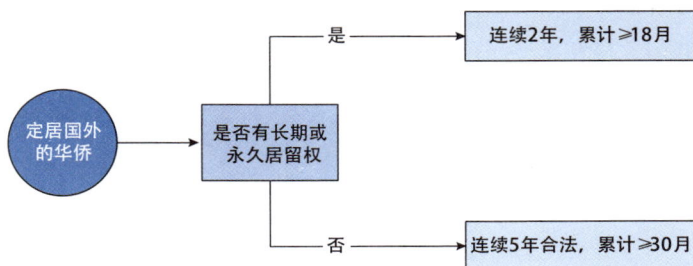

扫码后输入
"图五"，可
获取本图。

综上所述，我国税法的"住所"指的显然不是"房屋"或"住房"，其核心含义比较类似于"定居"的概念，在实务判断中结合"定居"去理解会比较好操作。

（二）居住时间

根据个人所得税法有关规定，对于无住所个人，判断其为居民个人的标准为"一个纳税年度内在中国境内居住累计满一百八十三天"。反之，如果"一个纳税年度内在中国境内居住累计不满一百八十三天"，则为非居民个人。

这里涉及到两个具体概念：纳税年度和居住天数。

1. 什么是"纳税年度"？

个人所得税法第一条明确规定：纳税年度，自公历一月一日起至十二月三十一日止，即我们日常所说的公历年度。为表述方便，以下将"一个纳税年度"简称为"一年"。

2. 怎么计算居住天数？

《财政部　税务总局关于在中国境内无住所的个人居住时间判定标准的公告》（财政部　税务总局公告 2019 年第 34 号，以下简称"34 号公告"）规定，无住所个人一年内在中国境内累计居住天数，按照个人在中国境内累计停留的天数计算。在中国境内停留的当天满 24 小时的，计入中国境内居住天数，在中国境内停留的当天不足 24 小时的，不计入中国境内居住天数。

从上文可以得出，出入境往返当天不算一天。简单地讲就是，1 日入境、3 日出境，居住天数只算 2 日这一天。

34 号公告的解读举例：李先生为香港居民，在深圳工作，每周一早上来深圳上班，周五晚上回香港。周一和周五当天停留都不足 24 小时，因此不计入境内居住天数，再加上周六、周日 2 天也不计入，这样，每周可计入的天数仅为 3 天，按全年 52 周计算，李先生全年在境内居住天数为 156 天，未超过 183 天，不构成居民个人。

第二节　为什么会有汇算清缴

很多人可能会好奇，为什么会有汇算清缴？

先来看看我国个人所得税的纳税申报机制。

多年来，基于我国国情实际，我国个人所得税一直采取代扣代缴为主、自行申报为辅的纳税申报机制。

这种机制的核心就是：如果一笔收入属于个人所得税应税范围，那么支付这笔收入的在支付时就应该履行代扣代缴义务，将相应的个人所得税扣缴并交给税务局，所以支付方是扣缴义务人；如果代扣代缴中存在错漏的情况，那么取得收入的人，也就是纳税人，需要再自行办理纳税申报。

代扣代缴在支付时由支付方完成，自行申报由纳税人进行查漏补缺。这种机制最大的好处是一目了然，就是税款征收成本可以达到最低。在支付方、纳税方、税务机关这三方来看，支付方做这件事情效率最高、成本最低且没有任何心理阻力，因此确保了税款征收成本最低。

理论上讲，如果支付方清楚地知道计算个人所得税税款过程中的所有信息，而且也严格遵守法律、及时代扣代缴，那么纳税人根本就不需要自行申报。但实际情况显然并非如此。

个人所得税的缴纳，涉及几个基本信息，包括收入多少、扣除多少、怎么计算、纳税人是谁、在哪里缴纳等。收入多少、怎么计算、在哪里缴纳这几个信息对于支付的人来讲都没有太大问题，但扣除多少一直存在信息不对称的问题，很多情况下支付者并不清楚。

比如专利技术作价入股，属于公司用股权给了入股股东一笔专利转让收入，但应该扣除多少专利成本呢？公司并不清楚，这个时候就没办法计算具体税款，自然也无法扣缴。

在某些极端的情况下，支付方甚至连纳税人是谁都不清楚，比如上市公司给股东分红，股东中有合伙企业，这个合伙企业属于嵌套式的，向上还有好几层，这种情况下上市公司也不知道具体的个人所得税纳税人是谁。

还有一种情况下，支付收入一方可能对所有相关的信息都清楚或者都可以弄清楚，但却无法代扣代缴或者扣缴成本很高，那就是纳税人在境外取得所得。比如，一家美国小企业在纽约向一个中国税收居民支付了一笔工资，要让这家美国企业到中国税务局来履行扣缴税款义务，显然是不现实的。

而且，是人都会犯错，万一支付方没有扣缴或者扣缴错了呢？就经营所得而言，可能连纳税人自己都不一定清楚应该缴纳多少税款。

上述情况一旦发生，就需要纳税人自己进行申报来查漏补缺，确保准确履行纳税义务。

在旧的分类税制下，工资薪金、劳务报酬、稿酬、特许权使用费这几项收入都是分项分次计算，纳税人税款计算涉及的各个因素都一目了然，所以基本都是按照代扣代缴流程进行的，极少需要自行申报。

在现行综合与分类相结合的税制下，这种情况发生了变化，主要包括：①居民个人的这四项综合所得收入需要全年加总；②增加了子女教育、赡养老人等专项附加扣除，而且专项附加扣除信息由纳税人自己掌握披露的主动权。这样一来，支付方和纳税人的信息完全不对称，想要准确地代扣代缴变得很难，这就是为什么新税制下会出现大量汇算清缴的人群，为什么新税制下汇算清缴变得那么重要。

因此，产生汇算清缴的核心原因就是两点：需要汇总，需要重新算准。

第二章 综合所得汇算清缴税款计算

前文说过，非居民个人的综合所得不需要汇算清缴，因此综合所得汇算清缴，指的就是居民个人综合所得的汇算清缴，办理公告将其简称为"年度汇算"。因此，"年度汇算"就变成一个专用名词，其含义就是"居民个人综合所得年度汇算清缴"。本章讲解年度汇算税款的计算过程。

第一节 综合所得项目的确认

一、工资、薪金所得

对于工资、薪金所得，个人所得税法实施条例的定义是：

工资、薪金所得，是指个人因任职或者受雇取得的工资、薪金、奖金、年终加薪、劳动分红、津贴、补贴以及与任职或者受雇有关的其他所得。

从工资、薪金所得的定义可以看出，其本质就是雇主给雇员的报酬。在实务中需要特别注意的是，工资、薪金所得的判定遵循反列举原则，即单位给个人的所得，如果是个人获得了实际利益，没有减免税规定的，就要纳税，因为雇员从雇主那里取得的全部所得基本上都与"受雇"有关。在此基础上，如果有例外减免税规定的，则按照例外规定来处理。

此外，所得指的是"实际利益"，并不仅仅指现金。所以，雇主发放的实物福利、股权激励等等非现金形式的福利待遇，也在这一税目范围内。

二、劳务报酬所得

对于劳务报酬所得，个人所得税法实施条例的定义是：

劳务报酬所得，是指个人从事劳务取得的所得，包括从事设计、装潢、安装、制图、化验、测试、医疗、法律、会计、咨询、讲学、翻译、审稿、书画、雕刻、影视、录音、录像、演出、表演、广告、展览、技术服务、介绍服务、经纪服务、代办服务以及其他劳务取得的所得。

从这个定义可以看出，个人独立发生上述行为取得的报酬，就是劳务报酬所得，无需太多解释。

在所有税目的定义中，劳务报酬所得的定义最为详细充分，但偏偏是它在实务中引发的模糊地带最大。劳务报酬所得和工资薪金所得的界限是常见的难题，它和经营所得之间的界限也很是模糊。劳务报酬和工资薪金之间的界限详见下文难点讲解之1的分析。劳务报酬和经营所得之间的界限详见第四章中难点讲解之6的分析。

难点讲解之 1 工资薪金所得和劳务报酬所得的区别

"劳务报酬所得"和"工资薪金所得"，是个人所得税中最接近的两个税目。虽然实行了综合所得计税，但由于二者税收负担不同（主要是收入额计算的区别），对二者进行区分仍然非常重要，以前存在的很多容易混淆的情形现在也依然存在。

从实施条例对这两个税目的定义来看，劳务报酬定义中列举的行业和工作内容看似很多，但这在用于区分两个税目时其实并不重要，因为个人提供劳务能从事的行业和行为，雇主都能要求雇员去从事。二者定义上的关键在于：工资、薪金所得是"受雇"的所得，劳务报酬所得是"劳务"的所得。

对于受雇和劳务的区分，在法律界都算得上是难题。

（2019）最高法民申560号有个判例有些意思，您如果有兴趣的话可以去查一下。关于对雇佣合同关系的判定，最高法院的观点是：

（1）案件中双方合同约定按时计费和按件计费（甲方付钱，乙方提供劳动）。

（2）乙方的工作具有独立性，并非受甲方的指挥、管理，也不存在身份上的支配和从属关系。

（3）乙方的工作也并非单纯的提供劳务，而是以完成一定的事项作为工作成果。

因此认定甲乙的关系不是雇佣合同关系。

对于这种区分，个人所得税领域也有一系列的文件进行明确。

《国家税务总局关于印发〈征收个人所得税若干问题的规定〉的通知》（国税发〔〔1994〕〕089号）做了明确：

十九、关于工资、薪金所得与劳务报酬所得的区分问题

工资、薪金所得是属于非独立个人劳务活动，即在机关、团体、学校、部队、企事业单位及其他组织中任职、受雇而得到的报酬；劳务报酬所得则是个人独立从事各种技艺，提供各项劳务取得的报酬。两者的主要区别在于，前者存在雇佣与被雇佣关系，后者则不存在这种关系。

二者区别的核心还是看纳税人是否"受雇"，也就是个人劳务是不是"独立"。

关于个人劳务是否独立，国内法并没有明确规定，涉外法规中却有涉及。我国和他国签订的税收协定中经常出现"独立个人劳务"和"非独立个人劳务"条款，对应在个人所得税的税目上，一般就是"劳务报酬所得"和"工资、薪金所得"。所以，对于"独立个人劳务"和"非独立个人劳务"的界定，也可以作为两个税目的界定指南。

对于"独立个人劳务"，《国家税务局关于税收协定独立个人劳务条款执行解释问题的通知》（国税函发〔〔1990〕〕609号）规定：

所谓"独立个人劳务"是指以独立的个人身份从事科学、文学、艺术、教育或教学活动以及医师、律师、工程师、建筑师、牙医师和会计师等专业性劳务人员，没有固定的雇主，可以多方面提供服务。因此，对在缔约国对方应聘来华从事劳务的人员提出要求对其适用税收协定独立个人劳务条款规定的，须向我主管税务机关提交如下证明：

……

二、提供其与有关公司签订的劳务合同，表明其与该公司的关系是劳务服务关系，不是雇主与雇员关系。审核合同时，应着重以下几点：

（一）医疗保险、社会保险、假期工资、海外津贴等方面不享受公司雇员待遇。

（二）其从事劳务服务所取得的劳务报酬，是按相对的小时、周、

月或一次性计算支付。

（三）其劳务服务的范围是固定的或有限的，并对其完成的工作负有质量责任。

（四）其为提供合同规定的劳务所相应发生的各项费用，由其个人负担。

对于不能提供上述证明，或在劳务合同中未载明有关事项或难于区别，仍应视其所从事的劳务为非独立个人劳务。

相应的，对于"非独立个人劳务"，以及"雇主"的定义，《国家税务总局关于税收协定中有关确定雇主问题的通知》（国税发〔1997〕124号）规定：

"雇主"一语，是指对聘用人员的工作拥有权利并承担该项工作所产生的相应责任和风险的人。凡我国公司或企业采用"国际劳务雇用"方式，通过境外中介机构聘用人员来我国为其从事有关劳务活动，并且主要是由其承担上述受聘人员工作所产生的责任和风险，应认为我国公司或企业为上述受聘人员的实际雇主。

……

二、在上述情况下确定雇主为我国公司或企业时，还可以参考下列情况：

（一）我国公司或企业对上述人员的工作拥有指挥权；

（二）上述人员在我国工作地点由我国公司或企业控制和负责；

（三）我国公司或企业支付给中介机构的报酬是以上述人员工作时间计算，或者以上述人员取得工资和该报酬具有联系的其他方式支付的；

（四）上述人员工作使用的工具和材料主要是由我国公司或企业提供的；

（五）我国公司或企业所需聘用人员的数量和标准并非仅由中介机构确定。

上述两个文件从两个角度解释了怎么判断"独立个人劳务"和"非独立个人劳务"，也可以从两个角度去理解怎么确认"劳务报酬所得"和"工资、薪金所得"。

　　上述两个文件都是定性的规定，在实务中还是难免会有人感到无所适从。因此，对于二者如何区分，可以参考退休人员再任职（有时也被称作"返聘"）界定问题的文件规定——《国家税务总局关于离退休人员再任职界定问题的批复》（国税函〔2006〕526号），其中对退休人员再任职取得收入按"工资、薪金所得"判定规定了四个条件（同时具备）：

　　1. 受雇人员与用人单位签订一年以上（含一年）劳动合同（协议），存在长期或连续的雇用与被雇用关系；

　　2. 受雇人员因事假、病假、休假等原因不能正常出勤时，仍享受固定或基本工资收入；

　　3. 受雇人员与单位其他正式职工享受同等福利（注意，原文中的"社保"在2011年被删除）、培训及其他待遇；

　　4. 受雇人员的职务晋升、职称评定等工作由用人单位负责组织。

　　实务中，如果个人同时符合以上四个条件的（其中，非退休人员可以将"社保"这一条件加上），应该可以认定为"受雇"，取得的收入为工资、薪金所得，否则为劳务报酬所得。

三、稿酬所得

　　对于稿酬所得，个人所得税法实施条例的定义是：

　　个人因其作品以图书、报刊形式出版、发表而取得的所得。

　　个人将文字或者其他作品通过正式出版的图书、报刊等发行物发表而获得的报酬，算作稿酬所得自然没有问题。

　　那么，个人将作品通过文学网站发表获得的报酬呢？

　　虽然个人所得税法没有明确规定，但是这种随着数字经济不断发展而诞生的新型方式，也是合法的。尽管区别于传统的"出版、发表"，但本质也是出版发表，获得的报酬被认定为因作品"出版、发表"而获得的所得，即稿酬所得，应该也没有问题。

　　还有，网络大V们在自媒体上写稿获得的打赏、赞赏收入呢？

虽然是写稿取得的收入，但如果也被认定为稿酬所得的话，并没有任何法条支撑，未免范围过大。其实，它的性质有点像员工在公司内刊（没有出版发行权的刊物）上发表文章拿到稿酬，或者更像贴了大字报获得的赞助费，虽然看上去很像稿酬，但却不符合新条例对于"稿酬所得"的定义，归属于"经营所得"更为合理，即"个人从事其他生产、经营活动取得的所得"。

四、特许权使用费所得

对于特许权使用费所得，个人所得税法实施条例的定义是：

个人提供专利权、商标权、著作权、非专利技术以及其他特许权的使用权取得的所得；提供著作权的使用权取得的所得，不包括稿酬所得。

从定义看，还是比较清楚的，即提供相关特许权的使用权后获得的报酬属于特许权使用费所得。

因为提供著作权的使用权出版发行而取得的报酬已经被稿酬所得定义了，所以在特许权使用费所得中单独将其剔除。也就是说，出版发行获得的报酬是一种特别的特许权使用费，只是因为在稿酬所得中已经有了规定，而且算法不同，所以在特许权使用费所得中不再包括在内。

但在广告市场有个很特别的规定需要格外留意。

《广告市场个人所得税征收管理暂行办法》（国税发〔1996〕148号）规定：

纳税人在广告设计、制作、发布过程中提供名义、形象而取得的所得，应按劳务报酬所得项目计算纳税。

纳税人在广告设计、制作、发布过程中提供其他劳务取得的所得，视其情况分别按照税法规定的劳务报酬所得、稿酬所得、特许权使用费所得等应税项目计算纳税。

按照一般的理解，纳税人在广告设计制作中提供形象，属于肖像权的使用权，应该按照特许权使用费所得来判定，但是这个文件却规定应该为劳务报酬所得，是个很独特的规定。除此之外的特许权使用费所得的判定都是一目了然的，无需多言。

第二节　年度税款计算

居民个人综合所得的年度应纳税额如何计算呢?

整体来看,就是将纳税人全年应该交税的工资薪金、劳务报酬、稿酬、特许权使用费这四种收入,按照税法的规则计算出全年收入额总额,再减去规定的减除费用、专项扣除等扣除项目,计算出全年应纳税所得额,再适用综合所得年度税率表,计算出全年应该缴纳的税款。

关于应纳税所得额,个人所得税法原文如下:

居民个人的综合所得,以每一纳税年度的收入额减除费用六万元以及专项扣除、专项附加扣除和依法确定的其他扣除后的余额,为应纳税所得额。

这样看来,居民个人综合所得年度应纳税额的基本计算公式是:

> 应纳税所得额 = 收入额合计 -60000- 专项扣除 - 专项附加扣除 - 其他扣除
>
> 应纳税额 = 应纳税所得额 × 税率 - 速算扣除数

综合个人所得税法现行法规体系,我对上述公式中各要素的解释如下:

1.收入额:不是我们日常理解的收入,而是需要将收入中税法规定可以按比例扣除的费用减除后(涉及稿酬的还可享受减按比例的优惠),折算为收入额。同时,既然是综合所得年度汇算清缴,还应把不需要并入综合所得年度汇总计算的特殊项目收入剔除,再进行全年四项所得收入额的加总。

2.专项扣除:可以理解为我们日常所称的"三险一金",即基本养老保险、基本医疗保险、失业保险等社会保险费和住房公积金。

3.专项附加扣除:包括子女教育、继续教育、大病医疗、住房贷款利息或者住房租金、赡养老人这六项支出。

4.其他扣除:包括年金、商业健康保险、税收递延型商业养老保险以及国务院规定可以扣除的其他项目。

这里需要特别注意的是捐赠扣除，捐赠扣除不限于居民个人综合所得，而是适用于所有的税目，所以不列入居民个人综合所得的计算公式中，但确实是可以扣除的。这一点在年度汇算办理公告中进行了明确。

如果纳税人有境外所得，在汇算清缴时还需要考虑境外税款抵免的事项。

相应的，居民个人综合所得的汇算清缴（以下简称"年度汇算"，专指居民个人综合所得的汇算清缴，不包括经营所得部分），就是将计算出的全年应该缴纳的税款和已经缴纳的税款进行比较，进行调整、多退少补的过程。

因此，居民个人年度汇算的完整过程是：

1. 确认纳税人确实是居民个人。

2. 确认收入的性质：是不是属于应该或者选择并入综合所得的所得（比如，股权激励就必须剔除在外，"年终奖"则可以进行选择，选择了单独计税的就剔除在外，否则就并入综合所得），涉及境外所得的，是不是将境内外综合所得都进行了加总。

3. 确认收入的时间范围：只保留属于年度范围内（比如 2019 年）的综合所得。

4. 确认减免金额，将不需要纳税的收入部分剔除。值得注意的是，因为减免税的方式多样，在部分情况下它的剔除步骤可能会向后调整，比如在应纳所得税额或者应纳税额中进行减免。

5. 将收入换算成收入额，并进行全年加总。

6. 扣除减除费用 60000 元。

7. 扣除"三险一金"（专项扣除）。

8. 扣除专项附加扣除（子女教育、住房租金、赡养老人等支出，最多只能扣除五项）。

9. 扣除年金等其他扣除项目。

10. 扣除符合条件的捐赠支出。

11. 找到适用税率，计算出全年应纳税额。

12. 和全年已缴纳的税款进行比较，同时考虑境外可抵免的税款。

13. 多退少补，计算出应退税或者应补税金额。

14. 决定要不要汇算，在哪里汇算，怎么汇算。

其中，由于专项附加扣除、捐赠和境外抵免的内容比较特别，不仅仅涉及综合所得，为便于理解，将单独列章进行讲解。

举例

2020 年 3 月，黄蓉想确认自己需不需要进行年度汇算，她要做的事情是：

1. 确认自己是居民个人——由于黄蓉是中国公民，长期定居浙江，属于"境内有住所个人"，所以是居民个人，属于年度汇算主体。

2. 列出自己 2019 年的收入，把 2019 年的工资收入 12 万元、各季度奖金收入 9 万元、劳务报酬 1 万元、稿酬 1 万元、专利使用费 1 万元挑出来，当做年度汇算的收入。股权激励 5 万元，因为是单独计税的，剔除在年度汇算之外。公司发放了两笔年终奖，一笔 1 万元，一笔 6 万元，黄蓉选择把 6 万元的那笔单独计税，剔除在年度汇算之外，相应的，1 万元那笔就必须并入综合所得进行年度汇算。没有从境外取得收入。

3. 确认了自己取得以上收入的时间，发现 2019 年四季度的奖金 2 万元是在 2020 年 1 月发放的，不属于 2019 年度汇算范围，将之剔除。2018 年四季度的奖金 1 万元是在 2019 年 2 月发放的，属于 2019 年度汇算范围，增补进来。

4. 发现 2019 年三季度的奖金 2 万元属于科技人员取得职务科技成果转化现金奖励，可以享受减半征收的优惠。

5. 将年度汇算范围内的各项收入转换成收入额，进行汇总，具体如下表：（单位：万元）

扫码后输入
"表一"，可
获取表一。

项目	收入	收入额
月工资	12	12
2018年四季度奖金	1	1

续表

项目	收入	收入额
2019年一、二季度奖金	5	5
三季度奖金（减半优惠）	2	1
未单独计税的年终奖	1	1
劳务报酬	1	0.8
稿酬	1	0.56
专利使用费	1	0.8
汇总数	24	22.16

6. 扣除减除费用 6 万元。

7. 扣除"三险一金" 3 万元。

8. 扣除专项附加扣除 7.56 万元，包括：子女教育（三个孩子：郭芙、郭襄、郭破虏）3.6 万元，赡养老人（黄药师）2.4 万元、住房贷款利息 1.2 万元，继续教育 0.36 万元。

9. 扣除商业健康保险 0.24 万元。

10. 通过桃花岛市政府捐给希望小学 1 万元，扣除。

11. 全年应纳税所得额 = 22.16−6−3−7.56−0.24−1=4.36 万元

全年应纳税款 =43600×10%−2520=1840 元

12. 和平时已经预扣预缴的税款进行比较。

13. 多退少补，计算出应退税或者应补税金额。

14. 决定要不要汇算，在哪里汇算，怎么汇算。

难点讲解之 2　平时预扣预缴的计算方法

在居民个人综合所得的纳税申报体系中，与年度汇算相对应的就是预扣预缴。预扣预缴的政策及算法在一定程度上也决定了纳税人在年度汇算时应该补税或者退税的金额，因此也至关重要。

根据综合所得四项税目的不同性质，分为两种预扣预缴。

一、居民个人工资、薪金所得的预扣预缴

居民个人工资、薪金所得适用累计预扣法。累计预扣法，是指扣缴义务人在一个纳税年度内预扣预缴税款时，以纳税人在当年本单位截至当前月份工资、薪金所得累计收入减除累计免税收入、累计减除费用、累计专项扣除、累计专项附加扣除和累计依法确定的其他扣除后的余额为累计预扣预缴应纳税所得额，适用综合所得年税率表，计算累计应预扣预缴税额，再减除累计减免税额和累计已预扣预缴税额，其余额为本期应预扣预缴税额。余额为负值时，暂不退税。

具体计算公式如下：

本期应预扣预缴税额＝（累计预扣预缴应纳税所得额×预扣率－速算扣除数）－累计减免税额－累计已预扣预缴税额

累计预扣预缴应纳税所得额＝累计收入－累计免税收入－累计减除费用－累计专项扣除－累计专项附加扣除－累计依法确定的其他扣除

其中：累计减除费用，按照5000元/月乘以纳税人当年截至本月在本单位的任职受雇月份数计算。

这种算法的实务要点是：

1.按月预扣预缴。

2.按照当年截止到当前月份在本单位的累计收入和累计扣除项目计算累计应纳税所得额。

3.预扣预缴时，可享受的基本减除费用标准是5000元/月。

4.在计算本期应预扣预缴税款时如果出现负值，暂不退税，留至年度汇算时办理。

5.如果员工在年度中间更换工作，新雇主对老雇主的扣缴税款情况无需计算在内。主要有以下三个原因：

（1）在个人所得税领域，一个雇主没有权利和义务去了解上一个雇主发放工资薪金的具体情况。

（2）对于新雇主来说，老雇主给员工发放的工资薪金属于员工个

人的隐私，税法不能强制要求员工提供给新雇主。

（3）即使员工愿意将以往的工资记录提供给新雇主，万一有数据失实，新雇主的法律责任存疑。

因此，税法明确了"以纳税人在本单位截至当前月份工资、薪金所得"作为计算基础，相应的扣除项计算也是以此为基础的。

这也是为什么纳税人年中换工作，会被认定为两处取得工资薪金，从而进行年度汇算。

举例

大雕有限公司给员工黄蓉（居民个人）每月发放工资30000元。黄蓉的可扣除项目如下所示：

每月的"三险一金"5500元（各地标准不同，且处于调整期，因此举例时予以简化）；每月的专项附加扣除6000元（三个孩子的子女教育3000元+赡养老人2000元+住房贷款利息1000元）；购买了商业健康保险，每月支出200元。

解析

1月：

累计预扣预缴应纳税所得额 =30000−5000−5500−6000−200=13300元

累计应预扣预缴税额 =13300×3%=399元

2月：

累计预扣预缴应纳税所得额 =30000×2−5000×2−5500×2−6000×2−200×2=26600元

累计应预扣预缴税额 =26600×3%=798元

已预扣预缴税额 =399元

本期应预扣预缴税额 =798−399=399元

3月：

累计预扣预缴应纳税所得额 =30000×3−5000×3−5500×3−6000×3−200×3=39900元

累计应预扣预缴税额 =39900×10%−2520=1470 元

已预扣预缴税额 =798 元

本期应预扣预缴税额 =1470−798=672 元。

4 月:

勤奋的黄蓉在本月拿到了注册会计师证书,但因为身体过于劳累,工作出现失误,给大雕有限公司造成了较大损失,实际拿到的工资只有10000 元,对应的"三险一金"变成 2000 元。

累计预扣预缴应纳税所得额 =30000×3+10000−5000×4−2000−5500×3−6000×4−3600−200×4=33100 元

累计应预扣预缴税额 =33100×3%=993 元

已预扣预缴税额 =1470 元

本期应预扣预缴税额 =993−1470=−477 ＜ 0,因此本月不用预扣预缴税款,也不退税,若到年末仍未负数,可在汇算清缴申请多退少补。

……

二、居民个人劳务报酬、稿酬、特许权使用费的预扣预缴

这三项税目的预扣预缴计算过程是:

收入额 = 收入 − 减除费用

应纳税所得额 = 收入额

预扣预缴税额 = 应纳税所得额 × 预扣率 − 速算扣除数

减除费用:预扣预缴税款时,劳务报酬所得、稿酬所得、特许权使用费所得每次收入不超过 4000 元的,减除费用按 800 元计算;每次收入 4000 元以上的,减除费用按收入的 20% 计算。

稿酬的收入额在此基础上再打七折,即收入减除费用后,乘以70%。

在预扣预缴环节,三者关系如下图所示:

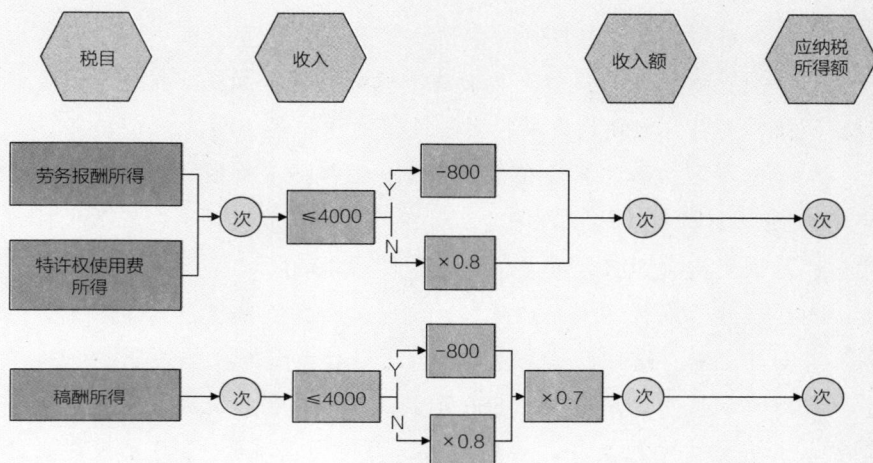

扫码后输入"图七",可获取本图。

预扣预缴环节,稿酬所得和特许权使用费所得适用 20% 的预扣率,劳务报酬所得适用三级累进预扣率,具体如下表所示:

级数	预扣预缴应纳税所得额	预扣率（%）	速算扣除数
1	不超过20000元	20	0
2	超过20000元至50000元的部分	30	2000
3	超过50000元的部分	40	7000

扫码后输入"表二",可获取本表。

实务中,需注意以下要点:

1.上述三项税目是按次或者按月进行预扣预缴。所谓的"次",在新条例中已有明确,扣缴办法也进一步明确如下:

劳务报酬所得、稿酬所得、特许权使用费所得,属于一次性收入的,以取得该项收入为一次;属于同一项目连续性收入的,以一个月内取得的收入为一次。

2.需要注意收入、收入额、应纳税所得额这三个概念之间的关系与区别,尤其是"收入"和"收入额"很容易混淆,具体如上图所示。

3.上述三项税目在预扣预缴阶段,正常情况下,除了减除费用外不能扣除其他的扣除。但是捐赠比较例外，捐赠的扣除办法规定了平时预缴时也可以进行扣除，具体详见捐赠专章。

4.劳务报酬所得的预扣率和旧法下的劳务报酬加成征收税率一致，而稿酬所得和特许权使用费所得则是固定的预扣率20%。

5.注意费用扣除的算法在预缴环节和汇算环节的区别。预缴环节有"4000元以下扣800元"的规定，而在汇算的环节，对于这三项税目的费用扣除固定比例20%，并不区分是否低于4000元。

对于这一点有很多人不能理解，觉得人为的把制度设计复杂了。但从实务角度上看，这种设计是为低收入者贴心考虑的。

在这种制度下，单次收入800元以下不需要预扣税款，会让很多零星收入人群免去纳税义务，否则的话，可能会出现收入10元钱还要进行税款预扣，然后次年汇算的时候再将这部分税款退还回去（因为取得这种收入的纳税人很可能全年汇总收入后不需要交税），必然会浪费大量的社会资源。

6.注意稿酬所得收入额的计算顺序，是先减除费用后再打七折。

举例

2019年4月，神雕集团公司发生了以下三笔支出：

1.邀请著名歌星小龙女演唱歌曲《我不是黄蓉》，支付报酬30000元。

2.支付神雕集团logo原型的所有者杨过一笔神雕形象设计使用费3500元。

3.公开发行的《神雕日报》上发表了郭靖的一篇自传体小说《从草原少年到中原巨侠》，支付郭靖稿酬3000元。

神雕集团需要为三人预扣预缴个人所得税如下：

（1）小龙女

所得税目：劳务报酬所得

收入：30000元

收入额：30000×（1-20%）=24000元

预扣预缴应纳税所得额：24000 元

应预扣预缴税额：24000×30%−2000=5200 元

（2）杨过

所得税目：特许权使用费所得

收入：3500 元

收入额：3500−800=2700 元

预扣预缴应纳税所得额：2700 元

应预扣预缴税额：2700×20%=540 元

（3）郭靖

所得税目：稿酬所得

收入：3000 元

收入额：（3000−800）×70%=1540 元

预扣预缴应纳税所得额：1540 元

应预扣预缴税额：1540×20%=308 元

第三节　收入额的换算方法

在上文难点讲解之 2 的讲述中，您会注意到，在计算居民个人综合所得的应纳税所得额时，收入、收入额、应纳税所得额这三个概念之间的关系与区别需要特别注意，尤其是"收入"和"收入额"很容易混淆。收入额是新个人所得税法中的新概念，是指在收入的基础上，减除一定费用后计入应纳税所得额的金额。在年度综合所得应纳税额的计算过程中，三者关系如下图所示：

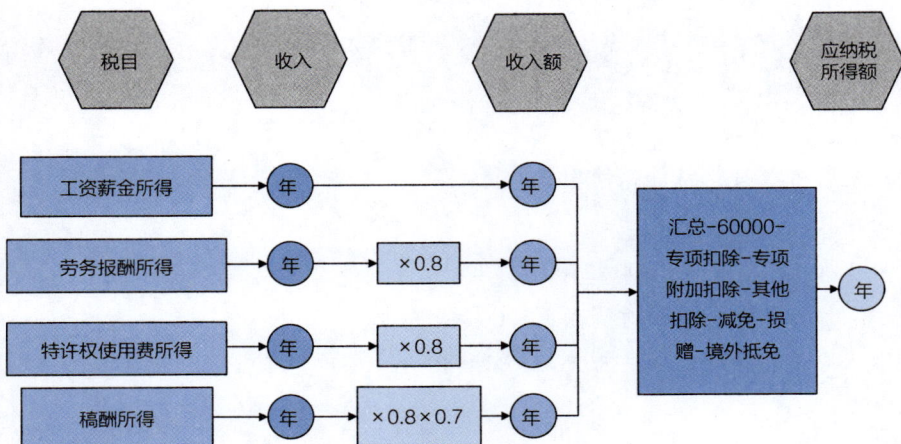

上图是将综合所得年度收入换算为年度收入额的基本换算规则。

如果碰到单项收入可以享受减免政策，则再根据各个减免政策的计算规则进行换算，比如，某笔工资薪金所得如果可以免税，则其收入额就为0。

需要特别注意的是，劳务报酬所得中保险营销员、证券经纪人佣金收入，收入和收入额的计算方法也是如此。二者佣金收入的展业成本及附加税费是特别扣除项，并不影响收入额的换算规则。

难点讲解之3 保险营销员、证券经纪人佣金收入

一、定义和沿革

保险代理人和证券经纪人的佣金收入都被认定为劳务报酬所得，由于其成本组成比较特别——包含了"展业成本"——因此税法规定这两类职业人员的展业成本可以从佣金收入中税前扣除。新个人所得税法实施前，对于展业成本的计算有一个具体比例，新个人所得税法实施后对该比例进行了改动，为免混淆，之前的比例规定不再提及。

关于上述两类职业人员取得佣金收入有关税款计算的文件依据分别是：

（一）保险营销员的佣金

《国家税务总局关于保险营销员取得佣金收入征免个人所得税问题的通知》（国税函〔2006〕454号）：

根据保监会《关于明确保险营销员佣金构成的通知》（保监发〔2006〕48号）的规定，保险营销员的佣金由展业成本和劳务报酬构成。按照税法规定，对佣金中的展业成本，不征收个人所得税；对劳务报酬部分，扣除实际缴纳的营业税金及附加后，依照税法有关规定计算征收个人所得税。

（二）证券经纪人的佣金

《关于证券经纪人佣金收入征收个人所得税问题的公告》（国家税务总局公告〔2012〕45号）

（1）根据《中华人民共和国个人所得税法》及其实施条例规定，证券经纪人从证券公司取得的佣金收入，应按照"劳务报酬所得"项目缴纳个人所得税。

（2）证券经纪人佣金收入由展业成本和劳务报酬构成，对展业成本部分不征收个人所得税。

（三）"营改增"后的调整文件

营业税改为增值税后，《国家税务总局关于个人保险代理人税收征管有关问题的公告》（国家税务总局公告〔2016〕45号）：

个人保险代理人以其取得的佣金、奖励和劳务费等相关收入（以下简称"佣金收入"，不含增值税）减去地方税费附加及展业成本，按照规定计算个人所得税。

……

本公告所称个人保险代理人，是指根据保险企业的委托，在保险企业授权范围内代为办理保险业务的自然人，不包括个体工商户。

证券经纪人、信用卡和旅游等行业的个人代理人比照上述规定执行。信用卡、旅游等行业的个人代理人计算个人所得税时，不执行本公告第二条有关展业成本的规定。

个人保险代理人和证券经纪人其他个人所得税问题，按照以上两个文件执行。

综合上述文件，可以看出：

1. 保险营销员和证券经纪人的佣金都是劳务报酬所得。

2. 保险代理人就是保险营销员。文件中提到的保监发〔2006〕48号文件依据的是《保险营销员管理规定》（保监会令〔2006〕3号，以下简称"3号文"），但3号文已经被《保险销售从业人员监管办法》（保监会令2013年第2号，以下简称"2号文"）所废止，而2号文又在2018年7月20日公开的《保险代理人监管规定（征求意见稿）》第一百二十三条中被废止，成书之时这一征求意见稿并未成文，但不影响"保险代理人"这一称谓。下一步，相关文件可能会被废止，以保持前后一致。所以，严格来讲，无论是在保险业法规中还是在个人所得税法规中，"保险营销员"这个称呼已经被"保险代理人"代替了。

本书之所以不用"保险代理人"而用"保险营销员"的称谓，只是为了和现行法规（财税〔〔2018〕〕164号，本节以下简称"164号文"）保持一致，以免引起误解。

二、计算方法

以上提到的几个文件中，都规定了特别的计算方法，但是164号文基于新个人所得税法有关规定进行了重新调整，原文如下：

保险营销员、证券经纪人取得的佣金收入，属于劳务报酬所得，以不含增值税的收入减除20%的费用后的余额为收入额，收入额减去25%的展业成本以及附加税费后，并入当年综合所得，计算缴纳个人所得税。

换言之，新的计算规则如下：

1. 在计算劳务报酬所得的个人所得税前，需要减掉实际缴纳的流转税及地方税费附加。"营改增"后，没有了营业税，只有增值税，而增值税属于价外税，本就不在其中，只需要减去城市维护建设税、教育费附加及地方教育附加费等税费。

2. 计算公式是：

应纳税所得额＝佣金收入 ×（1–20%）×（1–25%）– 税费

其中，佣金收入是不含增值税的收入。免征增值税的，收入不扣减增值税额。

3. 特别的预扣方法

扣缴义务人向保险营销员、证券经纪人支付佣金收入时，按照累计预扣法计算预扣税款。

累计预扣法是工资、薪金所得的预扣预缴办法。注意，这两类人群佣金收入的预扣预缴方式和普通的劳务报酬所得的不同，而是和工资、薪金所得比较类似。虽然是劳务报酬所得，专项扣除和专项附加扣除只能汇算清缴环节享受，但在预缴环节可以每月享受 5000 元的减除费用及其他扣除。

4. 注意适用范围的限制

对于展业成本这种特别的扣除方式，国家税务总局公告〔2016〕45 号文件规定：证券经纪人、信用卡、旅游等行业的个人代理人的征管规定比照保险代理人有关规定执行，但在计算个人所得税时，信用卡、旅游等行业的个人代理人不执行有关展业成本的规定。164 号文也仅仅提到了"保险营销员、证券经纪人"，因此，目前在实务中，该算法不能扩展到"信用卡和旅游等行业的个人代理人"，这点需要特别注意。

第四节　专项扣除

"专项扣除"是新个人所得税法中新增的一个称呼，但并非像专项附加扣除一样是新增的扣除项目。

个人所得税法实施条例第六条原文如下：

专项扣除，包括居民个人按照国家规定的范围和标准缴纳的基本养老保险、基本医疗保险、失业保险等社会保险费和住房公积金等。

专项扣除，是新瓶装旧酒，一般俗称"三险一金"。

实施条例的这个界定，需要注意一点，就是：扣除额为"居民个人"缴纳的"三险一金"。

因为居民个人缴纳的"三险一金"都有比较规范的文件和流程，一般按标准缴纳的都可以扣除，超过标准的不能扣除，不再赘述。

居民个人缴纳的可以扣除，那么雇主为其缴纳的呢？

《财政部国家税务总局关于基本养老保险费、基本医疗保险费、失业保险费、住房公积金有关个人所得税政策的通知》（财税〔2006〕10号）规定：

企事业单位按照国家或省（自治区、直辖市）人民政府规定的缴费比例或办法实际交付的基本养老保险费、基本医疗保险费和失业保险费，免征个人所得税；个人按照国家或省（自治区、直辖市）人民政府规定的缴费比例或办法实际交付的基本养老保险费、基本医疗保险费和失业保险费，允许在个人应纳税所得额中扣除。企事业单位和个人超过规定的比例和标准交付的基本养老保险费、基本医疗保险费和失业保险费，应将超过部分并入个人当期的工资、薪金收入，计征个人所得税。

这个文件表达了两个意思，需要注意：

（1）单位为个人缴付的社会保险中可免征个人所得税的仅限于基本养老保险费、基本医疗保险费、失业保险费、住房公积金，简称"三险一金"。

（2）免税额限于按照国家或省级人民政府规定的缴费比例或办法实际缴付的金额，超出部分不得免税。

第五节　专项附加扣除

专项附加扣除包括子女教育、继续教育、大病医疗、住房贷款利息或者住房租金、赡养老人等六项。因为是新政策，而且在汇算清缴实务中特别重要，所以开辟了专章进行讲解，详见本书第五章。

第六节　其他扣除项

个人所得税法实施条例第十三条规定：

依法确定的其他扣除，包括个人缴付符合国家规定的企业年金、职业年金，个人购买符合国家规定的商业健康保险、税收递延型商业养老保险的支出，以及国务院规定可以扣除的其他项目。

目前涉及的其他扣除就是上述正列举的三类支出。"国务院规定可以扣除的其他项目"至今还没有出现，而捐赠扣除是一项特别的扣除项目，是个人所得税法及实施条例规定的，不属于这里所称的"其他扣除"。

因为这几项受众较少，相关的规定也比较严格，实务操作并不难，本书只做简要解释，不做深入讲解。

此外，商业健康保险和税收递延型商业养老保险也涉及经营所得，本章一并解释后，在经营所得的章节中不再讲解。

一、企业年金、职业年金

（一）文件依据

《财政部　人力资源社会保障部　国家税务总局关于企业年金　职业年金个人所得税有关问题的通知》（财税〔2013〕103号）

（二）扣除金额

个人根据国家有关政策规定缴付的企业年金和职业年金，其中的个人缴费部分，在不超过本人缴费工资计税基数4%标准内的部分，允许扣除。

企业年金个人缴费工资计税基数为本人上一年度月平均工资。月平均工资按国家统计局规定列入工资总额统计的项目计算。月平均工资超过职工工作地所在设区城市上一年度职工月平均工资300%以上的部分，不计入个人缴费工资计税基数。

职业年金个人缴费工资计税基数为职工岗位工资和薪级工资之和。职工岗位工资和薪级工资之和超过职工工作地所在设区城市上一年度职工月平均工资 300% 以上的部分，不计入个人缴费工资计税基数。

（三）实务要点

1. 扣除的是个人缴费部分，单位根据国家有关政策规定的办法和标准缴费部分，在计入个人账户时，暂不缴纳个人所得税。

2. 在标准内部分可以扣除，超过标准部分不得扣除；单位缴费部分也是一样，超过标准的部分不免税。

二、商业健康保险

（一）文件依据

《关于将商业健康保险个人所得税试点政策推广到全国范围实施的通知》（财税〔2017〕39 号）

（二）扣除金额

对个人购买符合规定的商业健康保险产品的支出，允许在当年（月）计算应纳税所得额时予以税前扣除，扣除限额为 2400 元 / 年（200 元 / 月）。

（三）实务要点

1. 不是所有的税目都适用，而仅限于工资、薪金所得，连续性劳务报酬所得和经营所得。其中，"连续性劳务报酬所得"是指个人连续 3 个月以上（含 3 个月）为同一单位提供劳务而取得的所得。从这个角度上讲，对于居民个人年度汇算来说，如果收入项目仅在稿酬所得、特许权使用费所得、非连续性的劳务报酬所得范围内，则不能扣除。但是由于财税〔2017〕39 号文的发文在个人所得税新法出台之前，新法中规定商业健康保险可以在综合所得中扣除，并未明确仅限于工资薪金所得和连续性劳务报酬所得，二者实际上是有冲突的。从法律层级、新法优于旧法、有利于纳税人等多重因素考虑，在综合所得中进行扣除而不再区分具体税目是比较务实的做法。

2. 符合规定的商业健康保险产品有很多条件限制，但我并不想列出来，在个人所得税层面，您也没有了解这些细节的必要。因为，这自然有保监部门进行监管列明，保险公司在售卖产品时自然也会符合相关规定。您只要确保险种正确就行了。

3. 对于工资、薪金所得或者连续性劳务报酬所得，规定的限额为 2400 元 / 年（200 元 / 月），其实际含义是每月不能超过 200 元，全年还不能超过 2400 元。值得注意的是，这是在旧的分类税制下的规定，在新的综合所得计税方式下，每月是否超过 200 元其实已经不太重要，但是由于并无更新的文件进行修改，最好仍然以此为准。

对于经营所得就没有这个限制，直接以年度 2400 元为限额。

4. 如果不是个人自己购买，而是单位给员工购买，相当于单位给个人多发了一笔工资，由个人再去购买，因此也可以按规定享受税前扣除。

三、税收递延型商业养老保险

（一）文件依据

《财政部　税务总局　人力资源社会保障部　中国银行保险监督管理委员会　证监会关于开展个人税收递延型商业养老保险试点的通知》（财税〔2018〕22 号）

（二）扣除金额

对试点地区个人通过个人商业养老资金账户购买符合规定的商业养老保险产品的支出，允许在以下标准内税前扣除：

取得工资、薪金，连续性劳务报酬所得的个人，扣除限额按照当月工资、薪金，连续性劳务报酬收入的 6% 和 1000 元孰低办法确定。

取得经营所得的个体工商户业主、个人独资企业投资者、合伙企业自然人合伙人和承包承租经营者，其缴纳的保费准予在申报扣除当年计算应纳税所得额时予以限额据实扣除，扣除限额按照不超过当年应税收入的 6% 和 12000 元孰低办法确定。

（三）实务要点

1. 目前该政策并不是全国适用，而是只有试点地区适用，试点地区包括上海市、福建省（含厦门市）和苏州工业园区。

2. 现行政策不是一个长期政策，只有一年的试点期，从 2018 年 5 月 1 日起到 2019 年 4 月 30 日止。所以，理论上这个政策已经结束了。但因为个人所得税实施条例中对此扣除有单独列明，所以具体操作还有待后续文件进行确定。

3.这里的限额有个特别的规则,就是孰低规则,即在确定限额的时候,以应税收入的6%和12000元/年(1000元/月)作比较,哪个低则哪个为限额。所以,在扣除的时候要比较两次"孰低":先比较应税收入的6%和12000元/年(1000元/月)哪个更低,确定限额,比如应税收入的6%是600元,比1000元的标准低,最终确认限额是600元;再比较限额和实际支出哪个低,再确定扣除额,比如实际支出是800元,因为比600元高,所以最终可以抵扣的金额为600元。

4.这个政策不是所有的税目都适用,仅限于工资、薪金所得,连续性劳务报酬所得和经营所得。其中的"连续性劳务报酬所得"是指个人连续6个月以上(含6个月)为同一单位提供劳务而取得的所得——这里要注意和商业健康保险扣除规定中的区别。

5.所谓的试点地区个人是指:在试点地区取得工资、薪金,连续性劳务报酬所得的个人的扣缴单位在试点地区内,或者取得经营所得个人的实际经营地位于试点地区内。

6.具体险种根据保监会的规定即可,无须过多研究。

第七节　税率

居民个人年度汇算适用七级超额累进税率,具体见下表所示:

扫码后输入"表三",可获取本表。

年应纳税所得额	税率(%)	速算扣除数
不超过36000元的	3	0
超过36000—144000元	10	2520
超过144000—300000元	20	16920
超过300000—420000元	25	31920
超过420000—660000元	30	52920
超过660000—960000元	35	85920
超过960000元	45	181920

第八节　年终奖——特殊算法

工资、薪金所得中，有几种特殊形式的收入，其计算方法比较特别，具体包括：① 年终奖及类似算法；② 股权激励；③ 企业年金、职业年金；④ 离职补偿金；⑤ 提前退休一次性补偿收入；⑥ 内部退养的一次性补偿收入。由于后五类不在综合所得汇算清缴的范围之内，适用单独算法，因此本书不再展开讨论。本节主要对与年度汇算紧密相关的年终奖进行讲解。

一、什么是年终奖？

年终奖是俗称，在个人所得税领域里，规范的叫法是"全年一次性奖金"。

《国家税务总局关于调整个人取得全年一次性奖金等计算征收个人所得税方法问题的通知》（国税发〔2005〕9 号）对此进行了规定：

第一条：全年一次性奖金是指行政机关、企事业单位等扣缴义务人根据其全年经济效益和对雇员全年工作业绩的综合考核情况，向雇员发放的一次性奖金。上述一次性奖金也包括年终加薪、实行年薪制和绩效工资办法的单位根据考核情况兑现的年薪和绩效工资。

第五条：雇员取得除全年一次性奖金以外的其他各种名目奖金，如半年奖、季度奖、加班奖、先进奖、考勤奖等，一律与当月工资、薪金收入合并，按税法规定缴纳个人所得税。

事实上，对于居民个人来说，由于采用综合所得的计税方式，员工从雇主获得正常形式的工资、薪金所得，基本上可以分为普通工资奖金和"全年一次性奖金"这两种。除了"全年一次性奖金"之外的各类奖金和普通工资的处理方式是一样的——并入综合所得计税。在实务中，因为税负较低，"全年一次性奖金"的适用往往也不限于年终发放的奖金，而是适用于纳税人认为对自己最有利的那笔综合性奖金上，只是大家习惯称呼为"年终奖"，本书中也沿用这一习惯称谓。

二、年终奖的基本算法

（一）文件规定

《财政部　税务总局关于个人所得税法修改后有关优惠政策衔接问题的通知》（财税〔2018〕164号）规定：

全年一次性奖金……在2021年12月31日前，不并入当年综合所得，以全年一次性奖金收入除以12个月得到的数额，按照本通知所附按月换算后的综合所得税率表，确定适用税率和速算扣除数，单独计算纳税。计算公式为：

应纳税额＝全年一次性奖金收入 × 适用税率 − 速算扣除数

居民个人取得全年一次性奖金，也可以选择并入当年综合所得计算纳税。

自2022年1月1日起，居民个人取得全年一次性奖金，应并入当年综合所得计算缴纳个人所得税。

按月换算后的综合所得税率表

扫码后输入"表四"，可获取本表。

级数	全月应纳税所得额	税率（%）	速算扣除数
1	不超过3000元的	3	0
2	超过3000元至12000元的部分	10	210
3	超过12000元至25000元的部分	20	1410
4	超过25000元至35000元的部分	25	660
5	超过35000元至55000元的部分	30	4410
6	超过55000元至80000元的部分	35	7160
7	超过80000元的部分	45	15160

根据上述文件，在计算年终奖的个人所得税时，按照以下三步进行：

1.将年终奖单独作为一个项目计算纳税，不并入综合所得；

2. 以应税收入除以 12 个月，按其商数确定适用税率和速算扣除数；

3. 应纳税额 = 应税收入 × 适用税率 − 速算扣除数。

简言之，这种算法就是：用年终奖除以 12 找税率，找到后再以全额和税率、速算扣除数进行计算。

（二）不管工作多久都能除以 12 吗？

年终奖在计算税款时是要除以 12 的，但如果是当年新进员工，工作未满 12 个月，只工作了 3 个月怎么办？是不是只能除以 3 呢？

这点其实非常明确：税法规定要除以 12 进行计算最初是来源于一年有 12 个月，但并没有说要根据员工工作月份变动，那么这个 12 就不是指实际工作 12 个月的意思，而纯粹就是一个算法上的数字，与工作几个月都没有任何关系。不管待多久，哪怕只工作了 1 天，只要符合年终奖的条件，都可以套用公式除以 12 来进行计算！

无论是税务人员还是纳税人，在适用税法的时候，不要自己去臆测，税法说是 12，您就理解为 12，不要把它延伸为"实际工作 12 个月"，在其他的税法实务领域也是这样。特别是作为税务人员，您可以合理的解释，但是千万不要随意的扩大或者缩小税法表述的范围。

（三）"一年只能用一次"是什么意思？

由于年终奖的算法实际上算是一个优惠，而且涉及面极广，因此关于它适用次数的限还是比较清楚的，那就是我们通常所说的"一年只能用一次"。国税发〔2005〕9 号文件规定：在一个纳税年度内，对每一个纳税人，该计税办法只允许采用一次。

我们从"全年一次性奖金"的名称中切分，也可以问："全年一次"是什么意思？

我国税法中所说的"纳税年度"就是指自然年度，也就是 1 月 1 日到 12 月 31 日。这里涉及的其实是所属期和申报期的问题，就是这所谓的"一个纳税年度内"到底是纳税人按取得年终奖的时间计算还是按申报缴纳税款的时间计算（二者是相差一个月的）。

一般来讲，如果税法没有直接明确的话，应该是按照所属期，也就是按实际支付时间计算。但是这个规定是针对如何计算税款的，所以也可以按照申报期来判断，即在 1 月 1 日至 12 月 31 日之间申报的年终奖一年只能适用一次特殊算法，那么其对应的所属期就是上年的 12 月 1 日到次年的 11 月 30 日之间。

当然，这是在旧的个人所得税法体系以及申报系统下的口径。

新法体系下，因为居民个人年度汇算的存在，年终奖的年度时间必须是确定的，而且必须和年度汇算的时间一致。年终奖和综合所得是要么分、要么合的关系，如果时间区间不一致就会很奇怪，因此年终奖年度时间按照支付时间，在 1 月 1 日至 12 月 31 日之间。

一般情况下，都是年初发放上年的年终奖。

但在实务中经常有纳税人问这种问题：公司某年 1 月 1 日发上一年的年终奖，那么自然是 2 月进行申报了，但是第二年可能因为工资发放制度进行调整，11 月 30 日就发全年的年终奖了，自然应该 12 月申报，这样就存在同一年份中申报了两次年终奖的情况，税务机关是否认可？

这个其实还是要看实际中税务机关的执行口径。严格来说，肯定是不允许的，但是公司偶尔调整一次年终奖的发放时间也确实属于正常，新的个税纳税申报系统（自然人电子税务局）上线之前，如果确实存在偶然的却又正常的调整，应该是可以认可的。但是在新系统上线之后，在平时的预缴环节对于一次性使用就开始有些限制，而在年底的汇算清缴中，因为要进一步进行选择确定。所以，这样的问题已经不存在了，也不用太纠结。

新个人所得税法实施后，在居民个人年度汇算体系下，工资的发放时间一旦有错乱，会非常麻烦。

首先，汇算清缴认定的发放时间是 1 月 1 日至 12 月 31 日，而这个期间发放的收入对应的可能是企业上年 12 月到当年 11 月的工资。如果有发放期间的调整造成某一年多一个月，另外一年少一个月，"三险一金"、预扣预缴时的每月 5000 元的扣除等数据都会出现异常。同样的道理，公司对于年终奖发放时间的调整也会造成一年内两次出现特殊算法，系统会将其列为异常数据，进而在年度汇算中进行提示修正。

（四）怎么理解"一次性"？

"全年一次性奖金"的这种算法，从申报计算上，全年只能用一次，这个是明文规定的。但各个相关文件并没有给"全年一次性奖金"中的"一次性"进行明确的定义。从奖金的发放方式上，是不是也必须"一次性"发放？

从个人所得税体系中个人取得所得的判定原则上看，再结合"一次性"的字面意思，奖金也应该是一次发放的，分开发放再汇总的自然不能算。

那么问题又来了：怎么定义"一次"呢？

按一般理解，一次支付就算一次所得，按支付次数定义所得次数，天经地义。

但个人所得税法体系中的"次"比一般的理解要复杂一些。

居民个人的综合所得是按年计算的，没有"次"的概念，没有参考价值。

个人所得税法及其实施条例中对于非居民的综合所得是这样定义的：

非居民个人的工资、薪金所得，以每月收入额减除费用五千元后的余额为应纳税所得额；劳务报酬所得、稿酬所得、特许权使用费所得，以每次收入额为应纳税所得额。

劳务报酬所得、稿酬所得、特许权使用费所得，属于一次性收入的，以取得该项收入为一次；属于同一项目连续性收入的，以一个月内取得的收入为一次。

如果参考上述规定，一次性的奖金，按取得时算一次，连续性的奖金，按一个月内取得的为一次，比较合理。

之所以不厌其烦地剖析这个词，是因为想回答两个实务问题：

1.我有一笔年终奖，分别在上半年和下半年发放，能不能合起来算作"全年一次性奖金"？

2.我有一笔年度奖金，分别在一个月内的 3 日和 13 日拿到，能不能合起来算作"全年一次性奖金"？

对于第一个问题，答案应该很清楚：不可以。

对于第二个问题，就有些复杂。

这个问题在具体执行中要看当地税务机关的口径。因为税法中明确规定"全年一次性奖金是指行政机关、企事业单位等扣缴义务人根据其全年经济效益和对雇员全年工作业绩的综合考核情况，向雇员发放的一次性奖金"，如果按较严的口径，"一次性"就是指发放那一次，多次发放当然就不能合并。税务机关可能会只认定其中的一笔可以适用年终奖算法，另外一笔就只能合并到综合所得中汇总缴纳。

有人会觉得：我这两笔都是年终奖啊！还是一个月发放的，只是隔了十天而已。我的操作是合理的，是你规定的不合理！

要知道，税法的规定永远是固定、滞后而且相对呆板的，世界上没有哪部税法可以预测以及涵盖经济领域的所有行为并加以明确。纳税人觉得自己的两笔收入都可以适用"全年一次性奖金"的算法，认为它是一种特殊的"一次性"，那么，企业为什么不一开始就把两笔合在一起"一次性"发放呢？税法只规定了"根据其全年经济效益和对雇员全年工作业绩的综合考核情况，向雇员发放"，并没有说第十三月工资、年终奖不能作为综合考核内容，企业具体是怎么算的、以什么名目发其实并不重要，只要是全年一次性发放的奖金就可以了。比如在这个问题中，在计算的时候你可以分别计算，3日发放的是一部分，13日发放的是另一部分（这些都是企业内控的形式，当然可以分别计算），而在发放的时候就合在一起以年终奖的形式发放。这样的话，既符合企业自己的规定又符合税法关于年终奖"一次性"的规定，从形式上、实质上都经得起检验，岂不是很好？

（五）非要叫半年奖怎么办？

还有个问题是，公司没有全年一次性奖金，只有季度奖或者半年奖，现在想把其中最大金额的一笔半年奖作为"全年一次性奖金"进行申报可不可以。

答案是：在实务中，"全年一次性奖金"已经变成一个比较固定的优惠算法了，税务机关关注的是适用的次数，而非具体的名称。

但是，基于和上一个问题同样的逻辑，奖金名称稍稍做个调整，既符合企业自己的规定又符合税法关于"全年一次性奖金"的规定，从形式上、实质上都经得起检验即可。

在实际工作中，经常会碰到类似情况：同样一个优惠，政策本身肯定无法照顾到现实所有的情况，一般来讲税务机关只能根据税法明确的操作口径去执行，否则会有执法风险；但纳税人有时也确实发现一些优惠实质上是应该享受的，只是形式上有些许的不符，最后造成没法享受，因此倍感冤枉并对政策非常不满。其实，大部分情况如果预先进行调整是可以避免的，如同上文一样，最终做到多赢。

如果面对一个税收优惠，建议首先在形式上去满足，而不是想着非要在形式上"参考""比照"税法规定，然后让税务机关去判定。这样一来，无论是对税务人员还是对纳税人自己都是件非常困难的事，而且还会把整个事情复杂化，无端制造很多成本及矛盾。

这也是我在自己的多本书中一再向读者强调实务的重要性的原因。

（六）年终奖算法的小"陷阱"

对于年终奖的算法，看上去并没什么，这样规定本也无可厚非。但是很多人都知道，在实务中，这个规定是存在问题的，那就是在两个相邻税率之间，收入多一元，会多交远超一元的税，导致员工实际拿到手的年终奖反而还不如年终奖少一元的人。当然，这里所说的"多一元"只是泛指，金额并不仅限于一元。例如，郭靖和杨康二人都是公司员工。2019 年，郭靖的年终奖为 36000 元，除以 12 后对应税率为 3%，应缴税款为 36000×3%=1080 元；杨康的年终奖比郭靖多 10 元，为 36010 元，除以 12 后对应税率为 10%，速算扣除数为 210，应缴税款为 36010×10%–210=3391 元，杨康比郭靖多拿 10 元，交的税款却要多 2311 元！相信在实务中，杨康是无论如何也不会多拿这 10 元的！

从减少税负的角度，如果您的年终奖收入碰到了这种临界点的情况，建议适当的调低收入。

年终奖陷阱区间图：

级数	收入区间	税率	速算扣除	下限	上限
1	≤3K	3%	0	36,000	38,567
2	3K<N≤12K	10%	210	144,000	160,600
3	12K<N≤25K	20%	1,410	300,000	318,333
4	25K<N≤35K	25%	2,660	420,000	447,500

扫码后输入"表五"，可获取本表。

续表

级数	收入区间	税率	速算扣除	下限	上限
5	35K<N≤55K	30%	4,410	660,000	706,538
6	55 K<N≤80K	35%	7,160	960,000	1,120,000
7	>80K	45%	15,160	/	/

注：表中的后两列就是存在"陷阱"的区间范围。

（七）不含税年终奖的算法

在实务中，有很多公司承诺为部分员工承担个人所得税，也就是所说的"不含税收入"。正常情况下，从不含税收入到含税收入的计算有固定的方法，其实就是从不含税收入找到对应的税率和速算扣除数，再反算出含税收入，这是有简易公式的，具体可以看《国家税务总局关于印发〈征收个人所得税若干问题的规定〉的通知》（国税发〔1994〕89号）的规定。但注意，这个规定的倒算公式在居民个人综合所得税款计算中不能使用。如果您实在觉得麻烦，列一个方程式也就解出来了，我在实务中也常常这么做。

但是对于年终奖，如果按照以往的方法计算，同一笔不含税收入有可能对应着两笔含税收入，比如上文的举例中，郭靖的对应税率是3%，不含税收入是34920元，杨康的对应税率是10%，不含税收入是32619元，假设欧阳克取得的不含税收入是33000元，他在倒算含税收入、找对应税率的时候到底是找3%，还是10%呢？要知道这两者的计算结果都是合理合法的，但金额却差异那么大！

为此，《国家税务总局关于纳税人取得不含税全年一次性奖金收入计征个人所得税问题的批复》（国税函〔2005〕715号）对不含税年终奖的计税方法进行了明确：

（一）按照不含税的全年一次性奖金收入除以12的商数，查找相应适用税率A和速算扣除数A；

（二）含税的全年一次性奖金收入＝（不含税的全年一次性奖金收入－

速算扣除数 A）÷（1- 适用税率 A）；

（三）按含税的全年一次性奖金收入除以 12 的商数，重新查找适用税率 B 和速算扣除数 B；

（四）应纳税额＝含税的全年一次性奖金收入 × 适用税率 B- 速算扣除数 B。

但这样一来又有问题：如果雇主不为员工负担全部税款，只负担部分税款怎么办？——这其中还存在定额负担和定比例负担两种方式。为此，《国家税务总局关于雇主为雇员承担全年一次性奖金部分税款有关个人所得税计算方法问题的公告》（国家税务总局公告 2011 年第 28 号）又进行了规定：

（一）雇主为雇员定额负担税款的计算公式：

应纳税所得额＝雇员取得的全年一次性奖金＋雇主替雇员定额负担的税款

（原文中还有：- 当月工资薪金低于费用扣除标准的差额，但新的个人所得税法之下，这一部分已经失去意义，故而删除。）

（二）雇主为雇员按一定比例负担税款的计算公式：

1. 查找不含税全年一次性奖金的适用税率和速算扣除数。

未含雇主负担税款的全年一次性奖金收入 ÷12，根据其商数找出不含税级距对应的适用税率 A 和速算扣除数 A

2. 计算含税全年一次性奖金。

应纳税所得额＝（未含雇主负担税款的全年一次性奖金收入 - 不含税级距的速算扣除数 A× 雇主负担比例）÷（1- 不含税级距的适用税率 A× 雇主负担比例）

（原文中还有：- 当月工资薪金低于费用扣除标准的差额，但新的个人所得税法之下，这一部分已经失去意义，故而删除。）

3. ……将应纳税所得额 ÷12，根据其商数找出对应的适用税率 B 和速算扣除数 B，据以计算税款。计算公式：

应纳税额＝应纳税所得额 × 适用税率 B- 速算扣除数 B

实际缴纳税额＝应纳税额 - 雇主为雇员负担的税额

以上两种规定不论多么复杂，其本质就是要解决上文所说的同一笔不含税收入可能会对应不同的含税收入的问题，所用的方法就是：先用不含税收入找一个固定的税率，再用这个税率反算含税收入，然后按这个含税收入用正常方式计算对应税款。所以这两个文件的本质并不是制定了合理的算法，而是完全从实务操作层面上给纳税人以及基层税务人员一个确定答案的算法，其实与合理性无关。

这个不含税的算法也是一个非常另类的规定。在正常情况下，不含税收入加上税款自然就等于含税收入，但这个算法是例外，它可能会造成"不含税收入加上税款不等于含税收入"的结果。

（八）年终奖中的境外所得

关于无住所居民个人，有一个特殊的问题：如果他的年终奖里涉及一部分境内收入、一部分境外收入应该怎么办？

答案是：如果纳税人的境外所得没有纳税义务，他可以将年终奖中境内部分的收入切分出来单独按照年终奖的算法计算纳税；如果纳税人该笔年终奖中境外收入部分在我国有纳税义务，则应与境内收入部分合并按照年终奖的算法计算纳税。

在个人所得税的计算纳税中，很多人往往会忽略一个很重要的原则：任何税款计算之前都必须经过判断纳税义务这一环节。尽管纳税人拿了一笔年终奖，但其中如果确实可以区分境内、境外所得，那么就要看他对于境外所得在中国是否有纳税义务，如果没有，在计算年终奖的税款之前就应该切分出来。

这个原则在《国家税务总局关于三井物产（株）大连事务所外籍雇员取得数月奖金确定纳税义务问题的批复》（国税函发〔1997〕546号）里表达得非常清楚：

在中国境内无住所的个人来华工作后或离华后，一次取得数月奖金，对其来源地及纳税义务的判定，应依照《中华人民共和国个人所得税法》及其实施条例、政府间税收协定和……等有关规定确定的劳务发生地原则进行。上述个人来华后收到的数月奖金，凡能够提供雇佣单位有关奖励制度，证明上述数月奖金含有属于该个人来华之前在我国境外工作月份奖金的，可将有关证明材料报主管税务机关核准后，仅就其中属于来华后工作月份的奖金，依照上述有关规定确定中国纳税义务。但上述个人停止在华履约或执行职务离境后收到的属于在华工作月份的奖金，也应在取得该项所得时，向中国主管税务机关申报纳税。

注意：这个文件在 2019 年的财税 35 号公告出台后已经失效了。但它之所以失效，是因为财税 35 号公告里对于怎么切分也进行了明确：无住所个人停止在境内履约或者执行职务离境后收到的数月奖金，对属于境内工作期间的部分，为来源于境内的工资薪金所得。具体计算方法为：数月奖金乘以数月奖金所属工作期间境内工作天数与所属工作期间公历天数之比。

表达内容有所调整，但需要切分的这一核心原则并未改变，具体的算法请参考无住所个人专章中的举例。

（九）年终奖中的"三险一金"怎么办？

实务中，除了每月发放工资薪金时纳税人会缴纳"三险一金"外，发放年终奖时也会缴纳一定比例的"三险一金"。那么，年终奖里面的"三险一金"可以税前扣除吗？

事实上，在年终奖的相关文件里并没有提到这个问题，但是"三险一金"属于法定可扣除项，即综合所得的"专项扣除"。只要年终奖里的"三险一金"是符合社保政策的自然也就可以在税前扣除。如果其"三险一金"能够在工资和年终奖之间明确划分，当然就应该各自扣除，如果没有明确划分，纳税人可以自由选择如何扣除。

至于先在工资里扣，还是先在年终奖里扣，以前是取决于当地的社保制度。但在现在的申报系统中，年终奖申报内容中并没有"三险一金"扣除项，因此，这部分可以在综合所得的年度汇算时扣除。

（十）离职后取得的年终奖怎么算？

实务中有人曾问道：员工已经离职两个月了，年底公司发年终奖的时候发现他也有份，补发，他应该如何交税？

有人会认为既然员工已经离职，就不能按年终奖计算纳税，应该当作普通工资，和他当月在其他公司获得的工资薪金一起合并纳税（预缴，次年汇算）。但只要该员工符合"一年只用一次"的原则，即使离职了，这笔收入仍然可以按照年终奖的算法计算纳税。所有关于年终奖的规定都没有限定员工一定是在职的，补发的年终奖毕竟也是年终奖！

三、怎么合理安排年终奖的发放金额？

从年终奖的算法您可以看出，它使用的是单独算法，而且适用的税率表是综合所得按月换算后的税率表。在综合所得的所有项目中，股权激励、提前退休一次性补贴等项目都是有明确界定的，纳税人对应纳税所得额没有选择权。唯有年终奖，纳税人既可以选择合并入综合所得，也可以选择单独计算。

从税负最低的角度上讲，综合所得的应纳税所得额和年终奖的应纳税所得额完全相同时，相当于将所有的综合所得一分为二，适用同一个税率，但不同的速算扣除数。但是，由于年终奖存在算法陷阱，它的实际税负和综合所得的实际税负会产生差异（除了 3% 那一档税率外，都要高一些）。因此，将年终奖的税率适当调低以降低实际税负可能会更优惠。

所以，合理安排年终奖发放金额的基本原则是，在把应纳税所得额一分为二的基础上，对年终奖税率进行适当地调低修正，达到税款之和最小。

这种处理方式其实就是一个简单的金额拆分数学题。这种算法的基础是应纳税所得额，也就是将所有可扣除项目全部扣除之后的金额，这些项目包括基本扣除费用、专项扣除、专项附加扣除、其他扣除、捐赠等等。

还需要特别注意的是，这些项目是在综合所得中扣除的，不能在年终奖的应纳税所得额计算中扣除（捐赠扣除例外）。

综上所述，我们可以简单地理解为：对于所有可能按照综合所得计算个人所得税的收入，扣除所有的可扣除项后，找到最合适的金额，将其确定为年终奖进行发放。

> **举例**
>
> 张无忌 2019 年所有的工资奖金收入为 36 万元，其中的"三险一金"、专项附加扣除、其他扣除、捐赠扣除合计为 10 万元，再扣除减除费用 6 万元，应纳税所得额的合计数为 20 万元。（不再考虑其他因素）

如果全部都按综合所得计税，税款为：200000×20%-16920=23080元（税负 11.54%）

现在将其平均分为两部分，综合所得和年终奖各 10 万元的话，税款是：

综合所得：100000×10%-2520=7480 元（税负 7.48%）

年终奖：100000×10%-210=9790 元（税负 9.79%）

总税款：17270 元（税负 8.64%）

显然，因为年终奖算法陷阱的存在，综合所得和年终奖的税负并不相等，而且年终奖的税负比综合所得要高。

为了降低平均税负，需要想办法让年终奖的税负下降，做法就是降低适用税率。

所以，将年终奖的金额下降至下一税率档次的最高金额 3.6 万元，这样一来，综合所得的金额部分的应纳税所得额就是 16.4 万元。（因为二者的合计数永远不变，为 20 万元）

年终奖：36000×3%=1080 元（税负 3%）

综合所得：164000×20%-16920=15880 元（税负 9.68%）

总税款：16960 元（税负 8.48%）

通过调整，将总税负从 11.54% 降低至 8.48%

以上是年终奖合理安排的基本原则，适用于绝大部分纳税人，但对于不同的收入水平，尤其是更高收入的人群，可能会有切分方法上的微调，限于篇幅不再赘述。

最后需要警醒一点，所谓的"合理安排"，底线是不能作假。既然税收政策已经明确"年终奖"的算法是一个比较特别的优惠算法，又将选择权和决定权授予纳税人和扣缴单位，合理的切分安排自然无可厚非。可是，这不代表可以为了降低税负强行切分，无中生有地将原本属于每月工资的收入划分在年终奖中。合法合规，是一切实务处理的前提。

四、其他两种参考年终奖算法的情况

年终奖的计算方式是一种特殊方式，除了实实在在的年终奖外，还有两个参考算法的情况，具体是：

（1）单位按低于购置或建造成本价格出售住房给职工，职工因此而少支出的差价部分。情形描述的文件依据是《财政部国家税务总局关于单位低价向职工售房有关个人所得税问题的通知》（财税〔2007〕13号）。

（2）中央企业负责人任期结束后取得的绩效薪金40%部分和任期奖励。情形描述的文件依据是《国家税务总局关于中央企业负责人年度绩效薪金延期兑现收入和任期奖励征收个人所得税问题的通知》（国税发〔2007〕118号）。

但注意，虽然是参照年终奖算法，但这两种情形还是有所不同，央企负责人的相应所得是完全照搬年终奖的规定，因为央企负责人肯定是居民个人，一年只能用一次。而单位低价给职工售房的差价部分则只是计算方法相同，员工不一定必须是居民，非居民也可以，而且也并未规定一年只能用一次，理论上可以多次，当然实务中一年内多次适用的可能性不大。

难点讲解之4 不含税收入的处理

在个人所得税的税款计算过程中，有一种特别的收入形式叫作"不含税收入"。怎么为不含税收入准确地算出应该缴纳的个人所得税款，一直是比较难的实务问题。

首先，需要明确一点：与增值税不同，个人所得税的计税基础就是含税收入，本身并没有"不含税"这个概念。个人取得应税所得，将其中一部分缴纳税款，收入是自己的，税款也要自己负担，支付方并没有负担税款的义务。因此，可以确定的说，从法理上看，个人所得税中的所有收入都是含税收入。

但现实中，确实有很多协议约定支付方负担税款，这主要是为了方便。比如一个员工，在签合同的时候其实不在乎税前收入多少，而是在

平实际拿到手的净收入是多少，这时候就会与公司约定税后收入，也就是不含税收入金额，至于应该交的税，由公司承担。员工很方便，公司在计算时就有点麻烦了。

前文说过，公司没有为员工负担税款的义务。那么上例这种负担税款的约定，其本质就是为员工多发了一笔工资，和约定工资额增加没有区别，无非是在形式上，这笔增加的工资额必须等于为员工负担的税款而已。

既然是多发了工资，就应该加在一起算税。简单举个例子（不考虑真实结果，只用简单数字说明原理）：和员工约定不含税工资100元，税为10元，计算税款时，应该按总收入110元计算。也就是说税款10元和110元的总收入是对应的，而不是和100元的不含税收入去对应。乍一看，这10元税款被作为收入又计算了一道税款，好像重复征税一样，其实所有的含税收入都是这样的。这也是为什么个人所得税的不含税收入计算过程不被很多非专业人士理解的原因。

新个人所得税法实施后，在居民个人的综合所得领域，这种情况会变得更复杂。

我们来假设一下，萧峰和公司约定，每月工资2万元，税款全部由公司负担。那该怎么计算个人所得税款？

很多人会用之前的思维去计算税款，但会出现问题。因为，在居民个人综合所得范围内，这个约定本身是无法成立的。

萧峰每月工资2万元，他可能是个非常著名的网络写手，每年的稿酬所得和剧本改编的特许权使用费所得加起来有2000万元；还可能有会在任职过程中发生变动的赡养老人、继续教育等专项附加扣除信息等。这些都是公司难以掌握的信息，公司无法预测萧峰在次年汇算清缴的时候应该缴纳的所有个人所得税款，也没有办法切分出工资对应的那部分。这种情况下，"税款全部由公司负担"的约定是无法实现的，从合同的效力上，注定无法实现的条款属于无效条款。公司只能重新测算愿意负担的税款部分，比如2000元，然后和萧峰重新约定为其负担税款2000元，这样一来，实质就变成了双方约定一个具体的负担金额2000元，含税工资是 2.2 万元。在汇算清缴时，就应该按 2.2 万元去计算税款。

从这个例子您可以看出，在新个人所得税法的体系下，居民个人综合所得部分的"不含税收入"已经没有存在意义，唯一有意义的是综合所得之外的不含税收入。实务中，股权激励等几种特别的收入形式是单独计算的，但一般很少约定不含税收入，只有年终奖经常见到这种约定，所以，年终奖不含税的算法还必须予以保留。

除了年终奖不含税收入计算方式这样独特的规定之外，我在平时从来不记不含税的计算公式，我也不建议读者您去记公式。个人所得税计算过程简单，从不含税收入求出含税收入的过程，大部分情况下就是一个一元一次方程式的解题过程，极少情况下才会用到二元一次方程式，也就是小学和初中数学的内容，碰到这种问题，设 X 为税款，解个方程即可。

第三章　如何办理综合所得汇算清缴

第一节　需要办理的情形

　　需要办理年度汇算的具体情形，在个人所得税法实施条例中进行了明确，并在《国家税务总局关于办理 2019 年度个人所得税综合所得汇算清缴事项的公告》（国家税务总局公告 2019 年第 44 号，本书统一简称为"办理公告"）中进一步予以细化，为便于理解本书用自己的方式为您划分一下。

　　年度汇算的前提是居民个人的税款需要重新计算，因此，年度汇算情形列举的核心目的也是重新计算税款。具体来说，可以分为以下几个大类：要补税、要退税、可补可退、不补不退。

一、要补税的情形

　　从结果看，肯定是汇总计算下来全年应该缴纳的税款比平时已经预缴的税款要多，才会需要补税。主要包括以下几个具体场景：

　　1. 预缴的时候收入报少了。比如应该申报 10000 元的收入，却只申报了 8000 元。

　　2. 取得收入的时候扣缴义务人没有扣缴税款。比如明明有 20000 元的收入，发放单位却没有扣税。

　　3. 两处以上取得综合所得，汇缴合并计算时最终适用的税率比平时预缴时适用的税率要高。比如两处在预扣时适用的税率都是 3%，汇总后变成了 10%。

　　4. 平时预缴时扣除项目（包括专项附加扣除及其他扣除等）多扣了——不符合条件或超过标准扣除。比如子女教育支出扣除中，夫妻双方对于一个子女都扣除了 1000 元 / 月。

　　5. 平时预缴时税收优惠多享受了——不符合条件或超过标准享受。

6. 平时预缴时捐赠多扣了。由于捐赠允许在平时扣除，因此，平时超标准多扣捐赠的，也可能会引起补税。比如，平时的捐赠明明只能扣除应纳税所得额的 30%，却实际扣除了 100%，导致多扣。

二、要退税的情形

从结果看，肯定是汇总计算下来全年应该缴纳的税款比平时已经缴纳的税款要少，才会需要退税。主要包括以下几个具体场景：

1. 平时已实际预扣预缴税款，但全年收入额却不足 60000 元。比如全年收入额只有 58000 元，但收入并不是均匀拿的，第一个月拿的特别多，达到了 18000 元，支付方在支付的时候肯定需要预扣税款，但接下来的 11 个月只拿到 40000 元的收入额。全年自然无需交税，需要将第一个月预扣的税款退回。

2. 预缴时扣除项目（包括专项附加扣除及其他扣除等等）少扣了——漏扣或者低于标准扣除。比如子女教育、赡养老人等专项附加扣除在平时没有报送信息进行扣除。

3. 预缴时税收优惠没有足额享受。

4. 预缴时没有扣除符合条件的捐赠支出。

5. 有大病医疗支出需要扣除的。由于大病医疗支出不允许在预缴时扣除，因此，需要扣大病医疗支出的也可能会退税。

6. 其他平时被多计收入或者多计税款的情况。

特别值得一提的是，2020 年到 2022 年办理年度汇算还涉及"年终奖"（全年一次性奖金）特殊算法的调整。因为"年终奖"属于工资、薪金所得，是否并入年度综合所得或者适用特殊算法的主动权掌握在纳税人手中。纳税人如果觉得平时的交税方式不合算，就会在年度汇算时进行调整，继而发生退税，主要包括：

（1）可能会将全年一次性奖金并入计算——年中扣缴的时候是分开单独计算的，第二年发现并入综合所得计算更划算。

（2）可能会将全年一次性奖金拆分计算——年中扣缴的时候没有使用全年一次性奖金的特殊算法而是并入综合所得，第二年发现拆分单独计算更合算。

（3）可能会将全年一次性奖金的对应收入进行调整——年中扣缴的时候对 A 奖金适用单独计算，后来又发了一笔金额更大的 B 奖金，第二年发现对 B 奖金适用单独计算更划算。

无论是哪一种，结果应该都是退税。——显而易见，纳税人调整行为的动机肯定是退税而非补税。

三、可补可退的情形

取得劳务报酬所得、稿酬所得、特许权使用费所得这三项中的一项或者多项，则年度汇算时可能补税，也可能退税。

劳务报酬所得、稿酬所得、特许权使用费所得这三种所得在平时预缴时有两个特点：一是预扣计算方法并非是 3%—45% 的累计预扣法（保险营销员和证券经纪人的佣金除外），二是预扣时不能减除专项扣除和专项附加扣除。

这样一来，就会产生以下影响：

1. 平时预缴的税款刚好等于年度汇总计算税款的情况出现比较难，很大可能需要补税或者退税。

2. 纳税人在次年补扣专项附加扣除的概率也很大，毕竟六个专项附加扣除都没有的纳税人并不多，因此很可能需要退税。

四、不补不退的情形

不补不退的情形比较特殊，可以理解为上述情形中补税和退税的因素同时发生，其作用相互抵消，最终不需要补税、也不需要退税，但从纳税申报义务上判断，仍然需要办理年度汇算。

可能有人会疑惑：既然不需要补税，也不需要退税，为什么还要进行年度汇算呢？

要知道，年度汇算的作用不单单是确定最终的应纳税款，它还有个很重要的作用是履行法定的申报义务。

> **举例**
>
> 　　黄小渤平时只有工资薪金收入，没有填报过专项附加扣除信息，且已经如实准确的预缴税款。2020年初，黄小渤发现自己还有一笔劳务报酬所得没有申报，收入额是36000元，同时又发现自己可以享受两项专项附加扣除：子女教育和赡养老人，总数刚好也是36000元。这种情况下，黄小渤就需要去办理年度汇算，收入额调增36000元，扣除项调增36000元，最终不补不退。

　　为什么要做这看似多此一举的事情呢？

　　办理了年度汇算的黄小渤对于这36000元劳务报酬收入履行了申报的纳税义务，也行使了自己享受专项附加扣除的权利。而没有进行年度汇算的黄小渤既没有履行对应的申报义务也没有行使对应的权利。

　　所以，年度汇算很必要。

　　还有一种情形，就是平时收入没有达到预缴标准，但是漏报了一笔收入，补齐之后还是不用交税。

> **举例**
>
> 　　沈小腾当年扣除"三险一金"后的工资收入为42000元（每月平均3000元），按照预缴规则，他平时不用交税，也不用申报专项附加扣除。第二年发现前一年有笔30000元的收入漏报，但同时可以扣除12000元的子女教育支出。综合算下来，应纳税所得额为42000+30000-60000-12000=0元，仍无须缴税，年度汇算不补不退。

　　基于同样的道理，沈小腾的年度汇算也是非常必要的。

　　注意，即使有年度汇算的豁免政策《财政部　税务总局关于个人所得税综合所得汇算清缴涉及有关政策问题的公告》（财政部　税务总局公告2019年第94号，以下简称"94号公告"），上述两个场景的纳税人仍然应该办理年度汇算，因为豁免启动有个前提条件：平时已经依法扣缴了个人所得税税款。而上述两个场景下平时都没有依法扣缴税款，不符合豁免的前提条件。相关内容下文会详细讲解。

五、特别豁免政策

所谓的特别豁免政策是指本来属于上述应该年度汇算的情形，但是因为特别的政策规定而豁免了汇算义务，具体包括年收入不超过 12 万元和补税金额不超过 400 元两种情形。当然，如果上述两种情形涉及到退税时，纳税人可以办理年度汇算申请退税。因为年度汇算退税是纳税人的权利，而不是义务，自然也无豁免一说。

（一）具体情形

1.年收入不超过 12 万元。

需要注意的是，此处出现了"年收入"的概念。这是一个新概念，其核心意思是将汇算年度四项综合所得的全年收入进行汇总，合计起来就是全年的综合所得收入合计。

这里是"收入"不是"收入额"！收入和收入额的概念区分详见难点讲解之 2：平时预扣预缴的计算方法。

> **举 例**
>
> 章小怡取得工资，收入是 1 万元，收入额也是 1 万元。取得劳务报酬或者特许权使用费，收入是 1 万元，收入额是 8000 元；取得稿酬，收入是 1 万元，收入额是 5600 元。

因此，对于综合所得来说，年收入≥年收入额。

此外，此处的 12 万元和税改前的"年所得 12 万元以上自行申报"中的概念也不一样，范围和算法都不同，二者没有任何必然的联系。前者更像是告知纳税人一个直观的判断标准：每月平均收入 1 万元。

2.补税金额不超过 400 元。

进行完整的税款计算后，发现应补税金额没有超过 400 元的，可以不用进行年度汇算。

（二）适用要点

上述两种豁免情况在实务中适用时，需要注意以下要点：

1. 平时必须都依法预扣。

这两个豁免规定是为了减少补税人群，减轻纳税人负担的，并不是鼓励大家偷漏税的。94 号公告对豁免政策进行规定时，也进一步明确："居民个人取得综合所得时存在扣缴义务人未依法预扣预缴税款的情形除外"。因此，这一切都是以平时收入都已依法预扣预缴为前提，否则就变成"年收入 12 万元以下"不用申报纳税和直接减免 400 元税款了，豁免政策也就会偏离出台本意。

2. 所谓的 12 万元和 400 元都包含本数。

也就是说，年收入等于 12 万元和年度应补税金额等于 400 元这两种情况都可以不用进行年度汇算。

3. 二者占一条即可享受豁免。

这两个条件之间没有任何关系，满足二者中任一个条件即可享受年度汇算豁免政策。比如，汪小峰年收入高达 500 万，但年度汇算应补税金额只有 399 元，那么就可以豁免年度汇算义务。再比如，宋大宝年收入 11.9 万元，但是年度汇算应补税金额为 1000 元，也可以豁免年度汇算义务。

4. 特别条款，绝对优先。

这两个条件是特别豁免条件，属于特别规定，优先于其他规定。因此，只要触发了其中的一个条件就可以生效，可以将其理解为一个减免税优惠政策。

5. 政策有效期只有两年。

这两个豁免条件只适用于 2019 年和 2020 年的年度汇算，并不是一个长期的规定。

可以从制定政策的出发点来理解这两个豁免条件：其本意并非是减免税政策，因为如果是为了减免，可以有很多更好的选择。其本意是为了在刚刚开始大面积年度汇算的时候，减少一部分汇算人群，减轻纳税人办税压力。所以这是个暂时性政策，并不会长期持续下去。

第二节 所得时间的确认

年度汇算针对的所得范围仅限于对应纳税年度内取得的，比如 2019 年度汇算所得的范围，必须是且仅是 2019 年度全年取得的所得。具体说来，就是自 2019 年 1 月 1 日零点起到 12 月 31 日晚 12 点止期间内，取得的需并入综合所得计算的各项所得。

那么，对取得所得时间的确认规则也不得不提。具体来说，需要注意以下几点：

1. 个人所得税的纳税义务发生时间以"收付实现制"为原则，即取得所得才有纳税义务，否则就不会产生纳税义务。相应的，2019 年的所得指的就是在 2019 年这个区间内实际取得的应税所得。

2. 需要注意公司的工资所属月份和工资发放月份、预扣税款月份与申报解缴税款月份之间的关系。

扣缴义务人在支付所得时，纳税人产生纳税义务，扣缴义务人需要同时预扣税款，然后在次月 15 日内将这部分预扣税款向税务机关进行申报解缴。所以会出现两个月份公式：

> 发放月份 = 预扣税款月份
> 申报解缴税款月份 = 预扣月份 +1

同时，大部分企业在发放工资时采取本月工资下月发的方式，因此又存在这个公式：

> 发放月份 = 工资所属月份 +1

以上三个公式相结合，就出现了"1 月工资，2 月发放，3 月缴税"的正常情形。

但部分企业选择当月工资，当月发放，即"1 月工资，1 月发放"；还有部分企业选择当月发放、当月缴税，即"1 月发放，1 月缴税"；这些都导致预扣与缴税实务变得复杂。

这就是历次费用减除标准上调时引起实务争议的重要原因。

它对于年度汇算的影响在于：2018 年 12 月的工资，如果当月发放，2019 年 1 月申报解缴，就不在 2019 年的年度汇算范围内；如果在 2019 年 1 月发放，2019 年 2 月申报解缴，就在 2019 年的年度汇算范围内。2019 年 12 月的工资，如果当月发放，2020 年 1 月申报解缴，就在 2019 年的年度汇算范围内；如果在 2020 年 1 月发放，2020 年 2 月申报解缴，就不在 2019 年的年度汇算范围内。

在实务中需要把握几个原则：

1. 无论企业如何计算工资所属期，税务机关只看发放月份。

2. 在法定申报义务上，申报解缴月份 = 发放月份 +1，这一公式铁打不动。

3. 2019 年的汇算范围仅限于 2019 年发放的收入。

第三节　办理时间

一、正常时间

正常情况下，在第二年的 3 月 1 日至 6 月 30 日办理上一年度的年度汇算。比如，2019 年的年度汇算办理时间就是 2020 年 3 月 1 日至 6 月 30 日。

这里解释两个重点：

1. 为什么一定要是第二年？

因为汇算清缴本来就是基于全年应税收入汇总计算，自然只能在第二年做。

2. 为什么是 3 月 1 日至 6 月 30 日？

理论上，第二年 1 月 1 日起就可以办理上一年度的汇算清缴了，但是有以下几个因素不得不考虑：

1 月，是对上年 12 月取得综合所得的预扣预缴申报期，其中大部分人纳税人可能不需要进行年度汇算（累计预扣法），直接由扣缴义务人完成全年的扣缴动作就可以了。如果从 1 月 1 日起进行汇缴，这部分纳税人的扣缴申报和他们的年度汇算申报会在时间上产生交叉，凭空增加社会成本。此外，1 月还是大家忙于进行年度总结、制订当年计划的月份，非常繁忙，此时开始年度汇算，会增加纳税人和扣缴义务人的办税负担。

2 月，一般是春节所在月份，这个状态大家都明白，不必多解释。

因此，年度汇算的起始时间从 3 月 1 日起是合适的。

一般来说，一个年度申报时段习惯延续 3 个月，如果汇算清缴也延续 3 个月就会到 5 月 31 日。

企业财务人员都清楚，5 月 31 日是企业所得税汇算清缴的终止日期，对企业来讲，5 月也是一个非常重要和繁忙的月份。个人年度汇算终止日期如果也选择 5 月 31 日这天显然并不明智。因此，将年度汇算的终止时间向后再延一个月，定在上半年结束的 6 月 30 日，是非常合适的。

综上所述，全盘考虑各种因素后，这个时间段是最为合理的。

二、涉外的汇算时间

在涉外领域，还有两个特别的年度汇算时间：

（1）无住所居民个人，如果在当年离境并且预计当年不会再入境的，可以选择在离境前办理年度汇算。所谓"可以选择"就是说可以在离境前办理年度汇算，也可以在正常的汇算期内办理年度汇算。

（2）如果纳税人要移居境外注销户籍，应当在申请注销户籍前办理年度汇算。因为移居境外注销户籍后，与中国境内的税收联系就变得比较淡薄，所以规定在注销户籍前"应当"办理年度汇算。

三、简易申报的特别汇算时间

对年收入额不超过 6 万元，又需要退税的，纳税人可以在 3 月 1 日至 5 月 31 日之间进行简易申报。

简易申报和正常申报的区别在于填写的内容很少，因为收入额低，可以在填写完已缴税款及相关信息后直接申请退税。之所以建立简易申报制度，首先是为了错峰分流，在年度汇算结束之前先引导一部分纳税人完成汇算，分摊汇算压力；其次是这部分纳税人特点突出，即不需要太复杂的判断和更多的信息（比如因为要扣除 6 万元的费用，专项附加扣除就没必要填），退税的流程也特别简单，设立简易申报可以为该部分纳税人带来极大的便利，减轻办税负担。

第四节　办理地点

严格来说，纳税人办理年度汇算的地点并不是一个具体的物理地址，而是纳税人办理年度汇算的主管税务机关，即主管税务机关所在地就是年度汇算地，二者是统一的。之所以要强调不是物理地址，是因为现在的年度汇算主要通过网上进行，实际操作中在远程办税端选择主管税务机关即可，只有需要到大厅办理的才会涉及现场办理。

那么，如何确定年度汇算的主管税务机关呢？

具体来说，有三个判定规则。

（一）自己办理的正常规则

正常情况下，根据纳税人自身的工资收入来源和居住信息来确认年度汇算地点：

1. 有一处工资、薪金收入的，为该处工资薪金对应单位所在地的主管税务机关。

2. 有多处工资、薪金收入的，可选择其中一处工资薪金对应单位所在地的主管税务机关；这里需要注意，多处工资、薪金收入即可能是同时为两个雇主工作，也可能是年中换工作，一年中在不同的时间为不同的雇主工作。

3. 没有工资、薪金收入的，可选择户籍所在地或者经常居住地的主管税务机关。户籍所在地依照户口簿即可，自然无需赘述；经常居住地的判断，首先看居住证，没有居住证的，则按实际居住地。

（二）委托他人代办的规则

委托他人代办，其实就是普通的民事代理行为，法律上，就相当于纳税人自己办理，所以，有两个实务要点：

1. 必须要有书面委托书。

2. 办理地点规则和纳税人自己办理的地点规则完全一致。

（三）特殊的"雇主代办"规则

为了让雇主代员工办理年度汇算，减少年度汇算的整体社会成本，在目前的规则中增加了"雇主代办"的规则，即如果选择了由雇主代办，则汇缴地为雇主所在地的主管税务机关。

综合上述三部分规则，年度汇算办理地点的选择如下表所示：

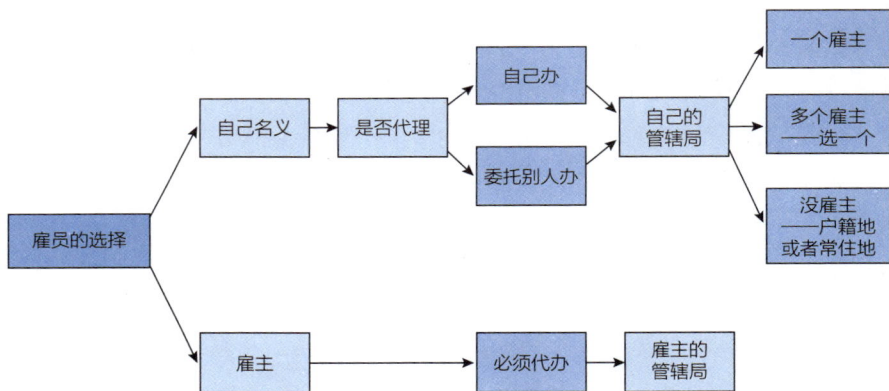

扫码后输入"图九"，可获取本图。

综上所述，您会发现以下现象：

1. 发放工资的单位所在地优先，所以工薪阶层的汇算地比较确定。

2. 只有"雇主代办"的汇算地点比较特别，否则都按纳税人自己的汇算地点规则。

3. 您有可能在 A 地预缴税款，却在 B 地办理年度汇算补（退）税。

第五节　特别程序——简易申报

办理公告在年度汇算流程中特别规定了一个简易申报流程，具体是：

如果综合所得年收入额不超过 6 万元且已预缴个人所得税的，纳税人可以选择在 3 月 1 日至 5 月 31 日期间，进行简易汇算申报。

关于上述规定，在实务中需要注意以下要点：

1.这是一个简化流程，其核心就是为了方便纳税人，提高申报效率，缓解汇算压力。如果纳税人没有选择简易流程，也可以通过正常流程进行汇算。

2.如果年收入额不超过6万元，纳税人无论有没有专项附加扣除、专项扣除、其他扣除或者减免优惠，都不需要纳税——因为有年度减除费用6万元的存在。所以在这种情况下，纳税人不需要填报其他任何信息，其应退税金额也是完全可以确定的。

3.显而易见，截止日定为5月31日的目的就是为了错峰分流。如果到时候没有来得及完成简易汇算申报，只能到6月进行正常的标准汇算申报了。

4.既然是简易流程，需要填写的内容自然要少很多。具体来说，纳税人只需要填写个人的基本信息、退税银行账号、退税金额就可以了。

难点讲解之 5   "雇主代办"年度汇算实务剖析

"雇主代办"这个规则的原文是"通过取得工资薪金或连续性取得劳务报酬所得的扣缴义务人代为办理"。

工资薪金自不待言，支付方肯定是雇主。而"连续性取得劳务报酬所得"其实指的就是保险营销员和证券经纪人，与个人所得税领域内其他法规中的"连续性劳务报酬"有所区别。这两类人比较特殊，取得的佣金收入和工资薪金性质其实很像。虽然严格意义上，发放工资薪金的才能叫"雇主"，但对保险营销员和证券经纪人而言，发放佣金的也可以参照这一叫法，因此统称为"雇主代办"。

一、是雇主的义务

办理公告对于"雇主代办"规定的比较明确，就是："纳税人向扣缴义务人提出代办要求的，扣缴义务人应当代为办理，或者培训、辅导纳税人通过网上税务局（包括手机个人所得税 APP）完成年度汇算申报和退（补）税。"这个规则的意思就是，如果雇员提出要求，雇主有代办或辅导办理的义务。一方面，雇主代办是总体社会成本最低的年度汇算方式，另一方面，通过更加熟悉雇员收入情况的雇主来办理年度汇算，纳税人也会更好的了解到年度汇算的各个细节，全面的了解自己的权利和义务。

二、确认时间有限制

雇员如果想找雇主代办，必须在 4 月 30 日前进行书面确认，并且补充提供相关资料。

这个规则意味着：如果雇员在 5 月 1 日以后要求雇主代办，雇主可以拒绝，这一天起，"雇主代办"对于雇主而言就不再是义务了。

这个时间限制也是很有必要的，它给了雇主准备资料与代办的时间，否则，万一员工在 6 月 30 日上午提出要求雇主代办，雇主就比较被动了。

三、法律责任由纳税人自己承担

虽然雇主经过要求，有代办的义务，但是纳税人的相关涉税信息，都掌握在自己手中，雇主代办本质其实还是一个受委托的行为。既然是受委托的行为，法律责任自然应该由委托方（纳税人）自己承担。具体来说：纳税人应该"补充提供其 2019 年度在本单位以外取得的综合所得收入、相关扣除、享受税收优惠等信息资料，并对所提交信息的真实性、准确性、完整性负责"。

那么，雇主有什么责任呢？雇主只需要确认自己发放收入的准确性，同时确保将员工提供的数据如实报送即可，并不需要对员工提供的数据进行核实。

四、注意汇算地点的错位

"雇主代办"是年度汇算的流程之一，其发生时点在第二年 6 月 30 日前。虽然办理年度汇算时间是从第二年 3 月 1 日开始，但由于涉及事先委托、授权、请求、提供资料等事项，所以可以理解为是从第二年 2

月 1 日开始（因为预缴期到 1 月 31 日完全结束）。尽管如此，有一个问题不得不注意，那就是年度汇算针对的所得是上一年度取得的，那么所得取得和年度汇算办理会出现一个时间上的错位。

以 2019 年度汇算为例，如果纳税人从 2019 年 1 月到 2020 年进行年度汇算时都是同一个雇主，那么代办的雇主是确定的，无需多言。

但是，如果 2019 年的雇主和 2020 年进行汇算时候的雇主不一样呢？这时候会出现前任雇主和现任雇主，那么，员工是找前任还是找现任代办呢？

与一般人理解的刚好相反，在"雇主代办"中，员工应该找前任办理，而非现任。

比如，2019 年为雇主 A 工作，2020 年跳槽为雇主 B 工作，如果委托现任雇主 B 代办，则不属于上文提到的"雇主代办"范围——因为 B 不是 2019 年的雇主。

为什么呢？

因为"雇主代办"里的"雇主"指的是 2019 年的雇主 A，与 2020 年办理年度汇算时候的雇主 B 没有任何关系。

我们先看一下年度汇算的范围。前文讲过，2020 年办理的年度汇算针对的仅是 2019 年的所得，与 2020 年的所得没有关系，既然没有关系，自然与 2020 年有没有雇主、雇主是谁也没有关系，因此，也就不存在要求 2020 年雇主"应当"代办的政策基础。

换个角度看，2019 年有雇主，不代表在 2020 年度办理汇算的时候一定有雇主——万一 2019 年底辞职去创业去了呢？所以，2020 年的雇主情况与 2019 年的年度汇算无关！

再看一下办理公告的原文："由扣缴义务人代为办理的，纳税人应……与扣缴义务人进行书面确认，补充提供其 2019 年度在本单位以外取得的综合所得收入、相关扣除、享受税收优惠等信息资料，并对所提交信息的真实性、准确性、完整性负责"。这句话表明：代办的雇主起码有一部分收入信息，这部分收入信息自然是 2019 年的收入。

综上可以看出，"雇主代办"的"雇主"指的是 2019 年的雇主 A。

所以，"雇主代办"这一流程适用于前任雇主 A，而非现任雇主 B。

之所以区分的这么清楚，就是因为二者在实务操作上区别很大：

1. 前任 A 是"应当办理"，现任 B 只是可以代办，并没有义务。

2. 如果让现任 B 代办，现任 B 也没有拒绝，那么他的身份就是一个普通的受托人，和涉税中介机构的法律地位没有区别，汇算地点地的选择自然也不能适用自己所在地的规则，而是应该适用根据纳税人来判定的正常规则，也就是前任 A 所在地的的主管税务机关。这样便会出现一个场景：现任 B 代纳税人在前任 A 所在地的主管税务机关办理年度汇算。

如果前任雇主不止 A 一个，而是有多个呢？

比如，2019 年有雇主 ABC 三个，2020 年为雇主 D 工作。

这种情况会稍微复杂一点，但本质不变，无非是从只能选择 A，调整到可自由选择 ABC 任意一个，主动权掌握在纳税人手中。

详见下图：

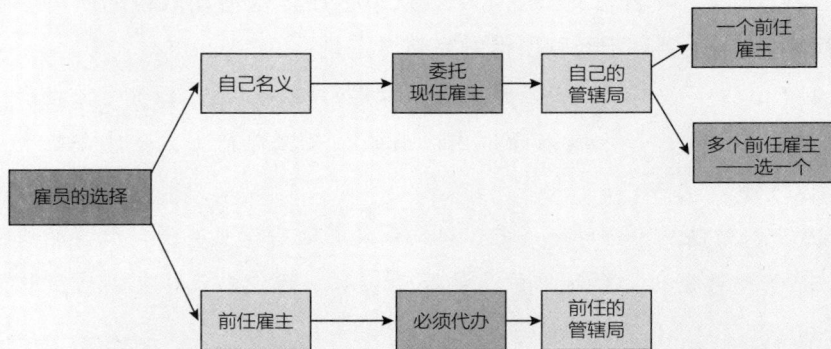

扫码后输入"图十"，可获取本图。

当然，现实中，选择委托现任雇主 D 办理或者自己办理的会比较多。毕竟，离职后再找前任雇主的顾虑多多，"相见不如不见"……这种情况下，就要特别留意汇算地点的选择不要出错。

第四章　经营所得汇算清缴

第一节　概述

经营所得，在新个人所得税法实施之前就属于需要汇算清缴的项目，需要将个人全年来自多处的经营所得加总计算。这里的经营所得可能包括来自于零星经营、个体工商户经营、独资企业经营、合伙企业的经营行为的一处或者多处收入。

一、什么是经营所得?

经营所得，顾名思义，就是个人从事生产经营活动取得的所得。个人所得税法实施条例对于经营所得的完整界定是：

1. 个体工商户从事生产、经营活动取得的所得，个人独资企业投资人、合伙企业的个人合伙人来源于境内注册的个人独资企业、合伙企业生产、经营的所得。

2. 个人依法从事办学、医疗、咨询以及其他有偿服务活动取得的所得。

3. 个人对企业、事业单位承包经营、承租经营以及转包、转租取得的所得。

4. 个人从事其他生产、经营活动取得的所得。

概括地讲，经营所得包括个体户的所得、个人独资企业的所得、个人从合伙取得的所得、个人承包承租所得还有其他类似个体经营的所得。

实务中很容易将这个税目和注册个体工商户或者其他注册行为直接关联，但不要忽视"个人从事其他生产、经营活动取得的所得"这条规定，这就意味着一些没有登记，但是实质上属于个体经营性质的个人所得也适用于这个税目，这一点在下文的难点讲解之6中会详细说明。

值得注意的是，定义中所称的个体工商户、个人独资企业、合伙企业都需要经过登记注册手续，而且仅指境内注册。个人通过境外注册的类似机构（因为各国形式和叫法都不同，只能说性质类似）取得的所得，目前并没有文件对其明确。现行文件对经营所得境外所得的定义为"在中国境外从事生产、经营活动而取得的与生产、经营活动相关的所得"（财政部税务总局公告 2020 年第 3 号公告），但并未对在境外从事生产经营活动需要的境外注册形式进行明确。

对于承包承租经营和转包转租所得，在旧税法下属于一个单独的税目，2018 年税法改革后并入了经营所得。也就是说，在个人所得税领域，个人承包承租、转包转租取得的所得也属于经营所得的范围。

此外，对于两个特别行业的经营所得进行了明确的规定。

1. 出租车行业：

从事个体出租车运营的出租车驾驶员取得的收入中，出租车属个人所有，但挂靠出租汽车经营单位或企事业单位，驾驶员向挂靠单位缴纳管理费的，或出租汽车经营单位将出租车所有权转移给驾驶员的，出租车驾驶员从事客货运营取得的收入，比照经营所得项目征税。

——《国家税务总局关于印发〈机动出租车驾驶员个人所得税征收管理暂行办法〉的通知》（国税发〔1995〕050 号）

2. 建筑安装业：

承包建筑安装业各项工程作业的承包人取得的所得，经营成果归承包人个人所有的所得，或按照承包合同（协议）规定，将一部分经营成果留归承包人个人的所得，按经营所得项目征税；以其他分配方式取得的所得，按工资、薪金所得项目征税。

从事建筑安装业的个体工商户和未领取营业执照承揽建筑安装业工程作业的建筑安装队和个人，以及建筑安装企业实行个人承包后工商登记改变为个体经济性质的，其从事建筑安装业取得的收入应依照经营所得项目征税。

——《建筑安装业个人所得税征收管理暂行办法》（国税发〔1996〕127 号文）

难点讲解之6 怎么区分经营所得和其他税目?

经营所得包括个体户的所得、个人独资企业的所得、个人从合伙取得的所得、个人承包承租所得，还有其他类似个体经营的所得。

前三种都是通过正规市场监管部门登记注册的主体进行经营的，其所得认定没有争议。后两种属于个人直接获得收入，在和其他税目之间的区分上就有难度了。认定难点主要是和劳务报酬的区分，其次是和财产转让所得之间的区分。

一、经营所得和劳务报酬所得的纠缠

经营所得和劳务报酬所得有个很大的共同点——独立性。在这两个所得项目的实务判定中，个人都是独立的，提供独立的服务，获得相应的报酬，这一点和"工资、薪金所得"很容易区分。但在独立服务的领域内，想区分劳务报酬所得和经营所得却比较难。

它俩的混淆首先就体现在实施条例的定义中。

实施条例对劳务报酬所得的定义是：

劳务报酬所得，是指个人从事劳务取得的所得，包括从事设计、装潢、安装、制图、化验、测试、医疗、法律、会计、咨询、讲学、翻译、审稿、书画、雕刻、影视、录音、录像、演出、表演、广告、展览、技术服务、介绍服务、经纪服务、代办服务以及其他劳务取得的所得。

而经营所得的定义中，对独立个人劳务明确的部分是：个人依法从事办学、医疗、咨询以及其他有偿服务活动取得的所得。

从字面将二者进行比较就会发现，个人依法从事办学的，属于经营所得，这没有问题。可是个人从事医疗和咨询呢？劳务报酬所得的定义中也有这两项的规定，区别仅仅在于经营所得中加了个"依法从事"，有些人就按照字面意思理解，是不是劳务报酬所得中的医疗、咨询属于非法医疗和非法咨询？显然，这种理解有些偏颇。那应该怎么理解"依法从事"呢？

　　还有，经营所得中还规定了"其他有偿服务活动"，如果这些"其他有偿服务活动"中有劳务报酬中提到的"设计、装潢……"这些项目，应该怎么判断呢？它们属于经营所得中的"有偿服务"，还是劳务报酬所得中的"劳务"所得呢？

　　我们先来看两个文件：

　　一个是关于办学的，《国家税务总局关于个人举办各类学习班取得的收入征收个人所得税问题的批复》（国税函发〔〔1996〕〕658号）规定：

　　一、个人经政府有关部门批准并取得执照举办学习班，培训班的，其取得的办班收入属于经营所得（作者注：这是个老文件，原文是"个体工商户的生产、经营所得"，我按照新法进行了调整，下文引用部分也是如此）应税项目，应按《中华人民共和国个人所得税法》（下文引用中简称税法）规定计征个人所得税。

　　二、个人无须经政府有关部门批准并取得执照举办学习班，培训班的，其取得的办班收入属于劳务报酬所得应税项目，应按税法规定计征个人所得税。

　　从这个文件可以看出，对于办学取得的收入，如果需要取得执照办学的，办好执照后就属于经营所得；如果不需要执照办学的，就属于劳务报酬所得。

　　要知道，"办学"这个概念是比较模糊的，开一所学校叫办学，做一点家教也叫办学。因此，文件中提到的这两类所得都是合法收入，并不存在合法与非法的划分。对办学而言，同样是合法的收入，经营所得和劳务报酬所得的区分界限在于需不需要办执照。

　　这个规定体现了实施条例对经营所得的定义中"依法从事"的意思，其实际含义是：依法办理执照后或者按照相关流程从事。

　　我之所以没有考虑非法收入的提法，是因为在我国税法体系中，对于非法收入根本就不考虑征税问题，这在法律上是属于要不要没收的问题……

　　另外一个文件，对经营所得和劳务报酬所得的划分标准又进一步细化。《国家税务总局关于个人从事医疗服务活动征收个人所得税问题的通知》（国税发〔1997〕178号）规定：

一、个人经政府有关部门批准，取得执照，以门诊部，诊所，卫生所（室），卫生院，医院等医疗机构形式从事疾病诊断，治疗及售药等服务活动，应当以该医疗机构取得的所得，作为个人的应纳税所得，按照经营所得应税项目缴纳个人所得税。

个人未经政府有关部门批准，自行连续从事医疗服务活动，不管是否有经营场所，其取得与医疗服务活动相关的所得，按照经营所得应税项目缴纳个人所得税。

……

三、受医疗机构临时聘请坐堂门诊及售药，由该医疗机构支付报酬，或收入与该医疗机构按比例分成的人员，其取得的所得，按照劳务报酬所得应税项目缴纳个人所得税，以一个月内取得的所得为一次，税款由该医疗机构代扣代缴。

把这个规定翻译一下，就是说：

1. 个人取得执照以医疗机构形式合法行医取得的所得，按经营所得项目计税。

2. 个人没有取得执照自己独立持续行医取得的所得，也按经营所得项目计税。如果按照办学收入的标准，没有取得执照自己行医的，应该是劳务报酬所得，但是这里又加了一个标准——独立持续。在没有执照、又"独立持续"的情况下，取得的所得按经营所得。

3. 个人没有取得执照与机构合作行医取得的所得，可以理解为"不完全独立，也不一定持续"，按劳务报酬所得项目计税。

这样看来，对于医疗服务，除了执照标准外，又增加了"独立持续"的标准。当不符合执照标准后，符合独立持续标准的，也适用经营所得，否则适用劳务报酬所得。

但实务中，偏偏是这种独立性和持续性是最不好判断的。因为劳务报酬所得和工资、薪金所得的区分就是按照独立性原则，再加上经营所得，就将劳务报酬所得的独立性介于工资、薪金所得和经营所得之间，这样在判定时实在太难了。

引用某地税务机关的认定原则：经营所得一般具有相对固定的场所，主动且连续经营，收入事先不确定的特征；而劳务报酬所得一般具有偶然性、收入事先确定和被动接受委托的特征。

这个判定原则还是比较务实的，也有实际指导意义。

综上所述，对劳务报酬所得和经营所得的划分标准可如下图所示：

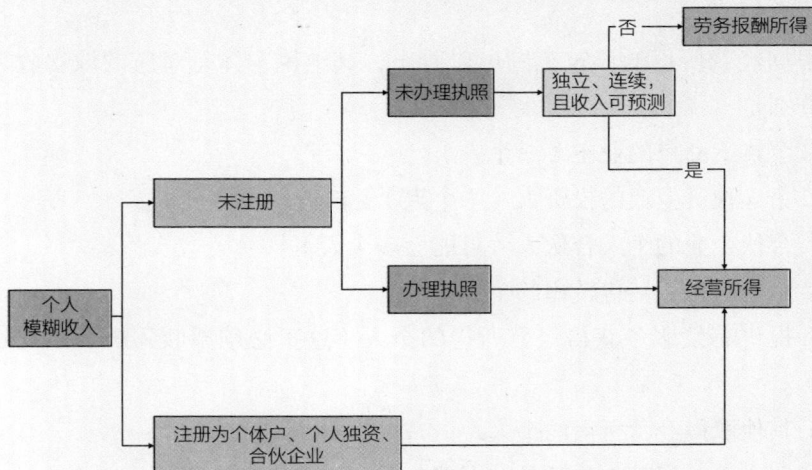

扫码后输入"图十一"，可获取本图。

二、经营所得和财产转让所得的区别

经营所得和财产转让所得的区别在实务中也是比较模糊的，模糊领域主要集中在买卖行为上。比如，张翠山是个卖旧机器设备的，不通过任何载体自行买卖。单独看每次的买卖行为，符合个人所得税法中对于财产转让所得的定义，但连续看张翠山这一年来卖旧设备的行为呢？界定为生产经营行为显然更合适，这样一来就应该按照"经营所得"。

也就是说，在自然人个人层面上，经营所得和财产转让所得的判定标准是看转让行为是偶然性的还是连续性的，偶然性的按照财产转让所得，连续性的按照经营所得。需要注意的是，如果是个体工商户、个人独资企业和合伙企业转让财产取得的所得，即使是偶然性的，个体工商户业主、个人独资企业投资者和合伙企业（创投合伙企业除外）个人合伙人应按照经营所得项目计税。

但是，实务中对"连续性"时间的长短很难界定。对于税务机关来说，纳税人来进行一次收入的申报纳税，如何判定这是唯一的一次还是连续经营中的一次也很困难，还是要具体情况具体分析。

二、谁应当申报？

根据经营所得的界定范围可以看出，其纳税主体是对应的取得收入的人，分别是：

1. 个体工商户的业主（一个人）。

2. 个人独资企业的投资人（一个人）。

3. 合伙企业的个人合伙人（可能会多个人）。

4. 承包承租、转包转租的个人。

5. 提供有偿服务获得经营所得的个人（这里必须要收入被认定为经营所得）。

6. 其他取得经营所得的个人。

这些个人（规范的称呼是"自然人"）就是经营所得的纳税人。

确认了纳税人，谁来申报税款呢？

注意，纳税人和申报人经常是不一样的，因为根据我国个人所得税法，申报方式包括扣缴申报、自行申报两种（代理申报是委托关系，其实质还是这两种）。而在日常申报中，扣缴申报是我国的主流申报方式。

对于上述后三种人，经营行为和经营收入都是通过纳税人本人，因此纳税人和申报人统一。

对于前三种人，都是通过一种经营机构（个体户、独资企业或者合伙企业）从事经营、取得收入。这就涉及到经营机构和个人谁来申报的问题。

在个人所得税法的申报体系中，这三种经营机构并没有独立的法人地位——既不是纳税人，也不是扣缴义务人。不是纳税人很好理解，不是扣缴义务人的原因在于：我国税法规定支付所得的才是扣缴义务人，而个体户、独资企业或者合伙企业是接收所得方，并不需要支付所得。而它们把这些收入或者所得转移给投资者本人不视为分配行为，是不需要交税的，也就是说，在个人所得税领域，个体户、独资企业或者合伙企业可以视作是透明体，并不实际发生权利和义务。这也是为什么它们看上去是企业却不交企业所得税的原因。

在以前的操作流程中，都是通过对应经营机构本身的账户进行申报。其实，就是将这三种经营机构视作企业来管理，申报流程和政策规定中的义务是脱节的。2019年，为了适应新个人所得税法对税种管理的要求，将申报流程进行重新整理，明确申报主体是个人，税款账户也是个人。这和税法体系比较契合——将经营机构视作透明体，纳税申报的责任和义务归于投资者个人。

因此，现在的经营所得，纳税人和申报人都是投资者本人。

那经营机构本身在个税申报方面有什么作用呢？它只有计算载体和辅助申报的作用，并没有扣缴义务。

合伙企业对合伙人有扣缴义务的规定，只出现在《财政部　国家发展和改革委员会　国家税务总局　中国证券监督管理委员会关于创业投资企业个人合伙人所得税政策问题的通知》（财税〔2019〕年8号）文件中，但其前提也是经营所得转变为财产转让所得，属于特别规定。

还有个规定需要留意：出租车驾驶员，可能会成为经营所得纳税人。在这种情况下，税务机关可以委托出租汽车经营单位、交通管理部门和运输服务站或者其他有关部门（单位）代收代缴出租车驾驶员应纳的个人所得税。被委托的单位为扣缴义务人，应按期代收代缴出租车驾驶员应纳的个人所得税（来自国税发〔1995〕050号文件）。这是对于经营所得代扣代缴的一个非常独特的规定。

三、怎么计算税款？

（一）基本认知

从性质上看，个人从事生产经营活动取得所得和企业从事生产经营活动取得所得很像。企业生产经营取得所得，以按照税法规定计算的净利润为应纳税所得额，计算缴纳企业所得税。如果把企业换成个人，则就是个人生产经营取得所得，以按照税法规定计算的净利润为应纳税所得额，计算缴纳个人所得税。所以，经营所得个人所得税款的计算遵循以下几个基本认知：

1.经营所得个税的计算主要就是围绕净利润的计算。

2.既然是净利润，就意味着有收入，扣成本，扣费用，扣损失，还要按照税法规定的标准来计算。

所以，税法主要是对于收入、成本、费用、损失进行规范。

3.这是个人所得税的一个税目，纳税人只能是个人。因此，遇到本质上属于个人直接获得净利润的单位或组织，不将其视为企业，而是直接穿透到个人，由个人缴纳个人所得税。

所以，个体工商户不交企业所得税，因为税法认为它的本质就是个体业主，只交个人所得税。个人独资企业也是如此，因为税法认为它的本质就是投资者本人，只交个人所得税。合伙企业整体上和个人独资企业类似，只是相当于多个合伙人对净利润进行切分，切分到个人合伙人的，就交个人所得税，切分到企业合伙人的，就交企业所得税。

（二）计算过程

掌握上述基本认知后，我们再仔细看看经营所得如何计算税款。

首先，经营所得的计税对象是个人经营的净收入，因此：

经营所得个税税款 ＝ 净收入 × 税率 － 速算扣除数

其次，净收入怎么算呢？

净收入 ＝ 每一纳税年度的收入总额减除成本、费用以及损失

最后，可以得出公式如下：

经营所得个税税款 ＝（收入总额 － 成本 － 费用 － 损失）× 税率 － 速算扣除数

关于这个公式，有三个注意的地方：

1.多处取得经营所得的，应当加在一起计算。

2.对于合伙企业的合伙人，还有一个切分环节。即将合伙企业的净收入计算出来后，切分到每个合伙人，就是所谓的"先分后税"。对于这点，在后面的合伙专题中还会详细讲解。

3.个人取得经营所得适用 5% ~ 35% 的五级超额累进税率，具体如下表所示。

级数	应纳税所得额（含税）	税率（%）	速算扣除数
1	不超过30000元的部分	5	0
2	超过30000元至90000元的部分	10	1500
3	超过90000元至300000元的部分	20	10500
4	超过300000元至500000元的部分	30	40500
5	超过500000元的部分	35	65500

扫码后输入"表六"，可获取本表。

注：本表所称全年应纳税所得额是指依照本法第六条的规定，以每一纳税年度的收入总额减除成本、费用以及损失后的余额。经营所得包括个体工商户的生产、经营所得和对企事业单位的承包经营、承租经营所得

（三）例外情形

上述公式有两个例外情形：

1.如果纳税人当年没有综合所得，可以另外减除 60000 元 / 年的减除费用、专项扣除、专项附加扣除及其他扣除。

这就延伸出一个有条件限制的公式：

经营所得税款 =（收入总额 − 成本 − 费用 − 损失 −60000− 专项扣除 − 专项附加扣除 − 其他扣除）× 税率 − 速算扣除数

税法原文是：取得经营所得的个人，没有综合所得的，计算其每一纳税年度的应纳税所得额时，应当减除费用 6 万元、专项扣除、专项附加扣除以及依法确定的其他扣除。专项附加扣除在办理汇算清缴时减除。

税法并没有说是不是居民个人，但是结合个人所得税法的整体设计来看，应当只针对居民个人，非居民个人不能享受这一条规定。

可以看出，这个计算规则的本意就是确保那些在综合所得中没有享受到 60000 元减除费用扣除、专项扣除（"三险一金"）、专项附加扣除以及其他扣除的居民个人，能够在经营所得中享受。

要特别注意：适用这个计算规则的前提是"没有"综合所得，而不是综合所得中的费用没扣足。也就是说，只要有综合所得了，哪怕只有 10 元钱，也不能在经营所得中增加这几项扣除。

举 例

邓子棋开了一个小店，属于个体工商户，今年的净利润是 10 万元。此外，邓子棋偶尔也去做做小工粉刷墙壁，今年就干了两天，拿到了 500 元劳务报酬。这就属于取得经营所得的个人，"有了"综合所得的情况。尽管综合所得中的几项扣除肯定扣不足，但不能在经营所得中的净利润中再进行扣除。

这其实就是将综合所得与经营所得在扣除上做了个隔断，你扣了我就不能扣，而且综合所得优先享受扣除。

这一点可能很多人不能理解。但您设想一下，如果在一方没扣完的可以在另一方扣，再加上综合所得和经营所得的税率其实比较相近，这两部分干脆就可以合二为一了。从改革的角度来讲，和旧税法相比变化太大。估计不远的将来会这样做，但目前还没有达到条件。

2. 核定的情况下就不适用这一公式。

核定的前提是无法准确核算，既然无法准确核算，上述公式中的详细计算过程就变得没有意义。因此，在核定的情况下不再适用这一公式，而是适用核定特有的公式。具体说来有如下两个：

（1）应纳税额 = 收入额 × 征收率

（2）应纳税额 = 收入额 × 核定的应税所得率 × 税率 – 速算扣除数 = 成本费用 ÷（1– 核定的应税所得率）× 税率 – 速算扣除数

对于核定的原因及影响，我会在难点讲解之 7 中会详细讲解，在此不予赘述。

四、什么时候申报?

经营所得的申报分为预缴申报和汇缴申报。

经营所得的预缴申报时间为月度或者季度终了后 15 日内，具体按月还是按季，需要看税务机关在办理税种鉴定时确认的预缴周期是月度还是季度，一般都是按季度鉴定。也就是说，经营所得的预缴时间基本上都是每个季度初的 15 日内。

经营所得的汇缴申报时间为次年的 3 月 31 日之前。

这里说的都是正常情况，如果在年度中间就结束经营了，应该在什么时候汇缴呢?

注意，年度中间结束经营至少包括两种情况：一是个体户、独资企业、合伙企业终止经营了；二是这些机构还在经营，但是个人退出了（整体转让或转让份额）。

按照以前的规定，年度中间结束经营，应纳税额按照不足 12 个月的实际经营期计算，并且在停止经营 60 天内就办理汇算清缴。《政部、国家税务总局关于印发〈关于个人独资企业和合伙企业投资者征收个人所得税的法规〉的通知》（财税〔2000〕年 91 号文）规定如下：

第十八条　企业在年度中间合并、分立、终止时，投资者应当在停止生产经营之日起 60 日内，向主管税务机关办理当期个人所得税汇算清缴。

第十九条　企业在纳税年度的中间开业，或者由于合并、关闭等原因，使该纳税年度的实际经营期不足 12 个月的，应当以其实际经营期为一个纳税年度。

在现有税法体系下，这种规定其实是有瑕疵的。

纳税人只有一处经营所得自然无可厚非，如果纳税人有多处经营所得，其中的一处结束经营了，只能说应该对这一处的经营所得进行清算，这时候称之为"汇算清缴"还为时过早。对于这个纳税人来说，还需要到次年初，把各处的经营所得加在一起才能进行汇算清缴。

在这一点上，个体工商户的规定更为准确些：个体工商户终止生产经营的，应当在注销工商登记或者向政府有关部门办理注销前向主管税务机

关结清有关纳税事宜。（国家税务总局令第 35 号）

新税法下的经营所得汇算清缴还要受到一个条件的限制：全年有没有综合所得。这个条件影响汇算清缴的税款计算，而这个条件的判断只能在次年才能有明确的答案。旧税法体系下，如果纳税人只有一处经营所得，结束经营就可以汇算清缴了。新税法体系下，即使只有一处经营所得，年中结束经营也没有办法准确的汇算清缴，还要等第二年年初看全年是否有综合所得。这样看来，经营所得汇算清缴的时间就应该统一为次年 3 月 31 日之前，在年中结束经营也不能将汇算清缴的时间提前。这部分实务如何处理应该会有后续文件进行明确。

五、在哪里申报？

经营所得的申报地是在实际经营地，标准称谓是"经营管理所在地"。

对于个体户业主、个人独资企业投资人、合伙企业个人合伙人以及其他需要个人登记注册的情况，会存在"登记注册地"和"实际经营地"两个地点。大多数情况二者是一致的，不一致时，以实际经营地——经营管理所在地——为申报地。而对于没有进行登记注册的个人，则是在经营所得发生的当地。这个地点一般是纳税人经营活动的地方，实务中很少有争议，也不再赘述。

平时预缴申报的环节，申报地点自然是在经营地。如果有多处经营所得，就是分别在多处经营地进行预缴。

在年度汇算清缴的环节，正常情况下肯定也是在经营地申报。如果有多处经营所得，先分别在各地经营地办理汇算清缴，再选择其中一处经营地汇总申报。

六、报送哪张申报表？

上文提到过，申报分为预缴社保和汇缴申报。在多处取得经营所得的，可能会选择一地进行汇缴申报。这样一来，报送的申报表就有三个选择。

平时预缴申报的，报送《个人所得税经营所得纳税申报表（A 表）》；年底办理汇缴的，报送《个人所得税经营所得纳税申报表（B 表）》；有两处以上经营所得的，年底办理汇总申报时，报送《个人所得税经营所得纳税申报表（C表）》。

难点讲解之7　关于核定的特别讲解

一、核定的起因

税务机关对于税款有核定的权力，这个权力来源于税收征管法的规定，具体规定如下：

第三十五条　纳税人有下列情形之一的，税务机关有权核定其应纳税额：

（一）依照法律、行政法规的规定可以不设置账簿的；

（二）依照法律、行政法规的规定应当设置但未设置账簿的；

（三）擅自销毁账簿或者拒不提供纳税资料的；

（四）虽设置账簿，但账目混乱或者成本资料、收入凭证、费用凭证残缺不全，难以查账的；

（五）发生纳税义务，未按照规定的期限办理纳税申报，经税务机关责令限期申报，逾期仍不申报的；

（六）纳税人申报的计税依据明显偏低，又无正当理由的。

税务机关核定应纳税额的具体程序和方法由国务院税务主管部门规定。

上面列举了六种情况，简单的来说其实就是两个原因：前四种可以概括成为"算不清"，是税款计算方面的原因；后两种可以概括成为"不正常"，是税收管理方面的原因。笼统的讲，也可以说它们其实就是一种情况："算不对"。

也就是说，在纳税人提供的信息无法算准应纳税款的情况下，税务机关可以对税款进行核定征收。这个权力贯穿于税收征管各个领域，当然也包括对个人所得税款的核定。

二、个人所得税核定的范围

由于上述核定起因的后两种情形属于"不正常"，核定更像是管理或惩罚手段，不再分析。

前四种情形才是从计算角度出发的核定情形。从计算角度看，个人所得税对于核定范围包含两个层次：

一是分税目的核定，这是比较宏观的一个层次；二是在具体某个税目中的核定，这是比较微观的一个层次。

（一）税目层面的核定

现行个人所得税共有九个税目。

工资、薪金所得基本上不会进行核定，因为给一个员工发多少工资是非常确定的，而且工资、薪金所得收入额的计算并不需要扣除成本费用等。在当前电子支付手段这么发达的情况下，对工资进行核定的情况非常罕见。

劳务报酬所得、稿酬所得、特许权使用费所得的税款计算本身就已经包含了核定的因素，因此不适合核定。对于这三个税目，税法规定按20%的比例减除费用。显然，纳税人取得这几种收入的实际成本费用不可能都是20%，税法将其统一比例进行扣除，本质上就是一种为了征管方便而对于费用成本的法定核定，而每笔收入额和工资一样也是明确的，因此对于这几个税目就不存在再核定计算的法律基础。

——这也是2019年各地纷纷发布公告明确个人临时开票时不再对"劳务报酬所得"进行核定征收的原因。

偶然所得和利息股息红利所得这两个税目是根据收入额全额计算的，没有扣除项目，当前也没有核定的基础。

因此，个人所得税的核定大量集中在以下三个税目：经营所得、财产转让所得、财产租赁所得。

（二）微观层面的核定

微观层面对于具体某笔收入的核定则可能无处不在，但这种微观上的核定并不影响宏观层面上的查账征收计税方式。

举例

公司给员工王启年发放了一批自家生产的产品当作福利，属于工资、薪金所得。这些产品的价值没有现金标准来衡量，只能进行核定，这就相当于对该员工的部分工资、薪金所得进行了核定，但王启年当年的综合所得还是可以准确计算的。

再比如，对于不实际报销、按比例进行收入分成的律师的费用直接按照30%进行核定，但整个律师事务所仍然是按照查账计税的方式进行。

之所以区分这两种核定，就是为了在明确具体的汇算清缴范围时避免误判，因为核定和汇缴存在冲突的部分。详细内容将在第四部分中再展开讨论。

三、经营所得个人所得税核定的方法

单从政策角度，经营所得的核定包括三种方法：定期定额、应税所得率和征收率（附征率）。

（一）定期定额核定

定期定额，是指假设纳税人在一定期间内的经营数量或者净收入是固定的。如果确定了经营数量（这种方式涉及领域非常少），还要看单价的变动才能计算出净收入，否则就是直接固定净收入。也可以简单的理解为将生产经营的净收入进行固定，继而直接根据税率计算税款。除非固定了经营数量，其价格又发生了波动，否则这种核定方式下的税款是固定的。

文件依据来自于《个体工商户税收定期定额征收管理办法》（国家税务总局令第16号）：

个体工商户税收定期定额征收，是指税务机关依照法律、行政法规及本办法的规定，对个体工商户在一定经营地点、一定经营时期、一定经营范围内的应纳税经营额（包括经营数量）或所得额（以下简称定额）

进行核定，并以此为计税依据，确定其应纳税额的一种征收方式。

值得注意的是，定期定额核定中的"定额"是一个标准值，并不一定是最终纳税依据。如果纳税人实际所得低于定额，则按定额纳税，如果高于定额，则按实际所得纳税。这一规定在实务中的意义主要是防止虚开收入发票。

原文规定是：

定期定额户在定额执行期结束后，应当以该期每月实际发生的经营额、所得额向税务机关申报，申报额超过定额的，按申报额缴纳税款；申报额低于定额的，按定额缴纳税款。具体申报期限由省税务机关确定。

（二）应税所得率核定

应税所得率的核定是指为纳税人确定一个应税所得率，即其经营收入中净收入的占比，然后再根据税率计算应纳税额。

这里的应税所得率类似于净利润率的概念，可以和收入一起计算，也可以和成本费用一起计算。具体计算公式如下：

应纳税额 ＝ 应纳税所得额 × 适用税率

应纳税所得额 ＝ 收入总额 × 应税所得率

　　　　或　　　＝ 成本费用支出额 ÷（1− 应税所得率）× 应税所得率

各行业核定的应税所得率应按下表规定的标准执行：

扫码后输入
"表七"，可
获取本表。

行　业	应税所得率（%）
工业、交通运输业、商业	5–20
建筑业、房地产开发业	7–20
饮食服务业	7–25
娱乐业	20–40
其他行业	10–30

实务中，各地一般都确定最低应税所得率，比如工业，就将应税所得率确定为5%，娱乐业就确定为20%。

企业经营多个行业的，无论其经营项目是否单独核算，都根据主营项目确定应税所得率。

文件依据来自于《关于个人独资企业和合伙企业投资者征收个人所得税的规定》（财税〔2000〕91号）第九条，内容与上文区别不大，不再引用。

（三）征收率（附征率）核定

征收率（也叫附征率，下文不再区分）是一种比较特别的核定方式，就是按照收入额乘以一定比例计算出应纳税额。

公式是：应纳税额 = 收入额 × 征收率

虽然在个人所得税领域之外的少数税收管理的文件中提到过"征收率"，但对于征收率的来历，我并没有在个人所得税法律法规体系中找到直接的依据。

实施条例中有一句：

从事生产、经营活动，未提供完整、准确的纳税资料，不能正确计算应纳税所得额的，由主管税务机关核定应纳税所得额或者应纳税额。（第十五条）

征收率核定应当算核定"应纳税额"的一种方式，这样说起来，可能也算有法律依据支撑。

《个人所得税管理办法》（国税发〔2005〕120号）：

第四十三条　各级税务机关在加强查账征收工作的基础上，对符合征管法第三十五条规定情形的，采取定期定额征收和核定应税所得率征收，以及其他合理的办法核定征收个人所得税。

还有财税〔2000〕91号文：

第八条　第七条所说核定征收方式，包括定额征收、核定应税所得率征收以及其他合理的征收方式。

征收率核定应该属于上述文件中的"其他方法"。

（四）适用情形

以上三种核定方法可以在哪里适用呢？

第一种，定期定额核定：可以适用于个体工商户（包括未注册的个人经营行为）、个人独资企业和合伙企业。

第二种，应税所得率：只适用于个人独资企业和合伙企业，现行法规中并没有直接规定个体工商户可以采取应税所得率的核定方式。

第三种，征收率核定，无直接的范围规定。实务中被大量适用于个人临时经营行为中。

但考虑到征管法关于核定的规定、实施条例中的规定以及上文中国税发〔2005〕120号的规定，税务机关通过上述方法进行核定并不受具体某个文件的限制，只要必要加合理就行。

四、核定和汇缴的关系

汇算清缴的核心含义，是指将所有的收入算清楚再汇总计算税款。而核定的起因就是因为应税收入算不清楚。从这一点上，核定和汇算清缴天然不相容。理论上，核定的收入部分就不应该进入汇算清缴，汇算清缴的应当仅限于查账部分。

但正如核定的层次有细分一样，"算清楚"的概念也可以细分。

上文说过，一个员工的绝大部分工资都算的清楚，只有其中一小笔福利因为不是现金发放而被核定了，并不会影响他所有收入的汇算清缴。

对于经营所得个人纳税人来讲，汇算清缴就是要将其每一处的经营所得净收入都算清楚，然后加总计算全年总税款。这个"算清楚"可以是每一处的收入、成本、费用等都核算的清清楚楚明明白白，也可以是每一处的净收入都能确定，继而将各处的净收入相加，计算总税款。

> **举例**
>
> 李小现成立了三家个体工商户ABC。A查账征收，今年的净收入是5万元；B也是查账征收，今年的净收入是6万元；C按照定额核定，核定后的净收入是8万元。
>
> 如果认为核定的收入部分不应该进行汇算清缴，李小现的汇算清缴净收入就是11万元；如果认为C尽管被核定，但是净收入仍然能够确定，也不影响其汇算清缴税款计算，则李小现的汇算清缴净收入就是19万元。

显然，后一种理解更合理一些。

这一点在新税法实施之前的年所得 12 万元以上自行纳税申报（一般被简称为"12 万申报"）工作中就有所体现。12 万元是高收入者的一个判定标准，对于收入中的核定部分，加总规则要求倒算出应纳税所得额后加入年收入一起进行 12 万申报。

在现在的经营所得汇算清缴过程中，核定部分应该计入汇算清缴范围吗？目前没有明确的文件规定，请以申报系统确定的规则为准。

不过按征收率方式核定的比较特别。

比较三种核定方式我们会发现：前两种，即定额征收和应税所得率征收，确定的其实是经营的净收入，即应纳税所得额，然后再根据 5%—35% 的税率表计算税款，核定的净收入越高，税负越高。而征收率核定方式则不然，它本质上就是一个税款计算的简便方式，100 万的总收入和 1 万的总收入税负一样，没有考虑净收入这一因素。其实质是忽略了净收入、也改变了税率结构，将累进税率变成了固定税率。这样一来，通过征收率核定方式计算出税款，即使按照计算结果倒算出净收入，这个净收入也没有太大参考价值。

因此，无论从哪个角度看，按核定率核定的收入都不应当并入汇算清缴范围。

再深入思考，征收率这种征收方式就不应该在经营所得中存在，它只适合固定税率的所得项目，比如财产转让所得、财产租赁所得。在固定税率下，征收率只是应税所得率或者定额方式的简便计算率，并不影响核定的本质，也不会改变法定税率，对于累进税率则相反，而经营所得恰恰是累进税率……从征收率核定方式的角度看，个人所得税法对于经营所得的累进税率设置变得毫无意义。

第二节　个体户业主应纳税所得额的计算

根据上一节的内容可知，经营所得税款计算的核心是确定应该交税的净利润，即应纳税所得额。核定的情形只要按核定方式计算即可，不需要过多讲解，所以下文对于计算讲解的前提自然是在查账征收状态下、纳税人的应纳税所得额可以清楚的计算出来。本节讲的就是个体工商户应纳税所得额的计算。文件依据主要是《个体工商户个人所得税计税办法》（国家税务总局令第 35 号，以下简称 35 号令）。

一、个体工商户的范围

个体工商户指的是依法取得个体工商户营业执照，从事生产经营的个体工商户，因为有市场监管部门的登记流程，所以非常好界定。

只不过 35 号令还规定了未经过注册手续进行经营活动的个人也和个体工商户采用相同的计税方式。具体是：经政府有关部门批准，从事办学、医疗、咨询等有偿服务活动的个人；其他从事个体生产、经营的个人。

可以看出，这就是个人所得税法实施条例对于经营所得的界定中两种未经过注册手续、类似个体经营的情形。

此外，35 号令的发文时间在新个人所得税法实施之前，当时的承包承租和转包转租行为还不是经营所得。所以，35 号令中并没有规定承包承租和转包转租行为也可以适用个体工商户的计税方式。但其本质也属于类似个体经营的情形，适用个体工商户的计税方式完全无可厚非。

这样一来，35 号令中的个体工商户其实包括了取得经营所得的大部分纳税人，只有独资企业的投资人和合伙企业合伙人被排除在外。本节中讲解的个体工商户也是这一概念，而不能狭义地理解为市场监管部门登记的个体工商户。

二、计算的基本前提

个体工商户经营所得税款计算的基本前提是建账并实行查账征收。查账征收是计算应纳税所得额的前提，而这是建立在个体工商户建账的基础上的。

根据《个体工商户建账管理暂行办法》（国家税务总局令第 17 号）的规定：

符合下列情形之一的个体工商户，应当设置复式账：

（一）注册资金在 20 万元以上的。

（二）销售增值税应税劳务的纳税人或营业税纳税人月销售（营业）额在 40000 元以上；从事货物生产的增值税纳税人月销售额在 60000 元以上；从事货物批发或零售的增值税纳税人月销售额在 80000 元以上的。

（三）省税务机关确定应设置复式账的其他情形。

符合下列情形之一的个体工商户，应当设置简易账，并积极创造条件设置复式账：

（一）注册资金在 10 万元以上 20 万元以下的。

（二）销售增值税应税劳务的纳税人或营业税纳税人月销售（营业）额在 15000 元至 40000 元；从事货物生产的增值税纳税人月销售额在 30000 元至 60000 元；从事货物批发或零售的增值税纳税人月销售额在 40000 元至 80000 元的。

（三）省税务机关确定应当设置简易账的其他情形。

建账之后，账簿还要符合会计制度的要求：

设置复式账的个体工商户应按《个体工商户会计制度（试行）》的规定设置总分类账、明细分类账、日记账等，进行财务会计核算，如实记载财务收支情况。

设置简易账的个体工商户应当设置经营收入账、经营费用账、商品（材料）购进账、库存商品（材料）盘点表和利润表，以收支方式记录、反映生产、经营情况并进行简易会计核算。

也就是说，对于建账的个体工商户相关的核算方法及规则，应当遵循会计制度的要求。

三、收入的计算规则

收入总额指的是个体工商户从事生产经营以及与生产经营有关的活动取得的货币形式和非货币形式的各项收入。具体包括：销售货物收入、提供劳务收入、转让财产收入、利息收入、租金收入、接受捐赠收入、其他收入。

其他收入包括个体工商户资产溢余收入、逾期一年以上的未退包装物押金收入、确实无法偿付的应付款项、已作坏账损失处理后又收回的应收款项、债务重组收入、补贴收入、违约金收入、汇兑收益等。

四、成本的计算规则

成本是指个体工商户在生产经营活动中发生的销售成本、销货成本、业务支出以及其他耗费。

个体工商户使用或者销售存货，按照规定计算的存货成本，准予在计算应纳税所得额时扣除。

五、费用的计算规则

费用是指个体工商户在生产经营活动中发生的销售费用、管理费用和财务费用等已经计入成本的有关费用除外。

一些特别的费用扣除规则如下：

（一）个人家庭混用费用

个体工商户生产经营活动中，应当分别核算生产经营费用和个人、家庭费用。对于生产经营与个人、家庭生活混用难以分清的费用，其40%视为与生产经营有关费用，准予扣除。

——这就是前文中所说的部分核定、整体查账的情形。

（二）保险费

个体工商户为从业人员缴纳的补充养老保险费、补充医疗保险费，分别在不超过从业人员工资总额5%标准内的部分据实扣除；超过部分，不得扣除。个体工商户业主本人缴纳的补充养老保险费、补充医疗保险费，以当地（地级市）上年度社会平均工资的3倍为计算基数，分别在不超过该计算基数5%标准内的部分据实扣除；超过部分，不得扣除。

除个体工商户依照国家有关规定为特殊工种从业人员支付的人身安全保险费和财政部、国家税务总局规定可以扣除的其他商业保险费外，个体工商户业主本人或者为从业人员支付的商业保险费，不得扣除。

（三）资金相关费用

1.个体工商户在生产经营活动中发生的合理的不需要资本化的借款费

用，准予扣除。个体工商户为购置、建造固定资产、无形资产和经过 12 个月以上的建造才能达到预定可销售状态的存货发生借款的，在有关资产购置、建造期间发生的合理的借款费用，应当作为资本性支出计入有关资产的成本予以扣除。

2. 个体工商户在生产经营活动中发生的下列利息支出，准予扣除：向金融企业借款的利息支出；向非金融企业和个人借款的利息支出，不超过按照金融企业同期同类贷款利率计算的数额的部分。

3. 个体工商户在货币交易中，以及纳税年度终了时将人民币以外的货币性资产、负债按照期末即期人民币汇率中间价折算为人民币时产生的汇兑损失，除已经计入有关资产成本部分外，准予扣除。（算法类似，不再单列）

（四）根据工资薪金总额限定比例的几项费用

个体工商户向当地工会组织拨缴的工会经费、实际发生的职工福利费支出、职工教育经费支出分别在工资薪金总额的 2%、14%、2.5% 的标准内据实扣除。

工资薪金总额是指允许在当期税前扣除的工资薪金支出数额。

职工教育经费的实际发生数额超出规定比例当期不能扣除的数额，准予在以后纳税年度结转扣除。

个体工商户业主本人向当地工会组织缴纳的工会经费、实际发生的职工福利费支出、职工教育经费支出，以当地（地级市）上年度社会平均工资的 3 倍为计算基数，在规定比例内据实扣除。

（五）业务招待费

个体工商户发生的与生产经营活动有关的业务招待费，按照实际发生额的 60% 扣除，但最高不得超过当年销售（营业）收入的 5‰。业主自申请营业执照之日起至开始生产经营之日止所发生的业务招待费，按照实际发生额的 60% 计入个体工商户的开办费。

（六）广告费和业务宣传费

个体工商户每一纳税年度发生的与其生产经营活动直接相关的广告费和业务宣传费不超过当年销售（营业）收入 15% 的部分，可以据实扣除；超过部分，准予在以后纳税年度结转扣除。

六、损失的计算规则

损失是指个体工商户在生产经营活动中发生的固定资产和存货的盘亏、毁损、报废损失，转让财产损失，坏账损失，自然灾害等不可抗力因素造成的损失以及其他损失。

个体工商户发生的损失，减除责任人赔偿和保险赔款后的余额，参照财政部、国家税务总局有关企业资产损失税前扣除的规定扣除。

个体工商户已经作为损失处理的资产，在以后纳税年度又全部收回或者部分收回时，应当计入收回当期的收入。

七、其他可扣和不可扣的项目

（一）可扣的项目

计算个体工商户经营所得应纳税所得额时，还有两个可扣的项目：税金与以前年度发生的亏损。这在个人所得税法的经营所得计算条款中并未提及，但 35 号令进行了细化规定。

税金：是指个体工商户在生产经营活动中发生的除个人所得税和允许抵扣的增值税以外的各项税金及其附加。

亏损：个体工商户纳税年度发生的亏损，准予向以后年度结转，用以后年度的生产经营所得弥补，但结转年限最长不得超过五年。

（二）不可扣的项目

以下项目不得扣除：个体工商户业主的工资薪金支出；个人所得税税款；税收滞纳金；罚金、罚款和被没收财物的损失；不符合扣除规定的捐赠支出；赞助支出；用于个人和家庭的支出；与取得生产经营收入无关的其他支出；国家税务总局规定不准扣除的支出。

这里要特别说明的是业主本人的工资薪金支出，它不能被扣除原因其实很简单，作为同一个人（业主本人）的同一笔收入，不可能既是工资、薪金所得又是经营所得。从个人所得税的角度看，这笔"工资"属于业主本人发给自己，作为工资、薪金所得显然是不合适的，因此应当按经营所得计算税款，这也是它不能被扣除的实际含义。

第三节　个人独资企业投资者应纳税所得额的计算

依照《中华人民共和国个人独资企业法》登记成立的个人独资企业，其应纳税所得额的计算基本依照个体工商户的计算方法，区别之处在于：

1. 收入中：

对外投资取得的利息股息红利剔除，单独按"利息股息红利所得"税目征税。对于个体工商户业主，与企业联营分得的利润采用相同处理方式。

2. 三项支出扣除的规定：

投资者及其家庭发生的生活费用不允许在税前扣除。投资者及其家庭发生的生活费用与企业生产经营费用混合在一起，并且难以划分的，全部视为投资者个人及其家庭发生的生活费用，不允许在税前扣除。

企业生产经营和投资者及其家庭生活共用的固定资产，难以划分的，由主管税务机关根据企业的生产经营类型、规模等具体情况，核定准予在税前扣除的折旧费用的数额或比例。

——这也属于我在前文所说的部分核定、整体查账的情形。

企业计提的各种准备金不得扣除。

3. 企业与其关联企业之间的业务往来，应当按照独立企业之间的业务往来收取或者支付价款、费用。不按照独立企业之间的业务往来收取或者支付价款、费用，而减少其应纳税所得额的，主管税务机关有权进行合理调整。

第四节　合伙人的个人所得税

合伙企业本身净利润的计算方法，在一般情况下和个人独资企业一致，见上两节内容即可。

主要不同之处，在于投资者的数量。

　　个人独资企业投资者只有一个纳税人，核算清楚个人独资企业的净利润后，就可以直接据以计算个人所得税税款。而合伙企业的合伙人有多个，必须将合伙企业的净利润切分为每个合伙人的净利润，再据以计算个人所得税税款。从计算过程上，可以理解为先把合伙企业的净利润按照个人独资企业的规定一模一样的计算出来，然后再按规定进行切分。此外，由于合伙企业在投资领域被广泛应用，形式多样，面临的问题比较复杂，还有一些特别的政策，因此本节中将分专题进行详细讲解。

一、合伙的性质

　　合伙企业是根据《合伙企业法》设立的一种企业形式。它最大的特点就是其中一定有部分合伙人对合伙企业的债务承担无限连带责任，这使得合伙企业具有个人的特性。具体来说，分为三种形式：

　　一是普通合伙企业，由两个以上的合伙人组成，每个合伙人都要承担无限连带责任。

　　二是特殊普通合伙企业，一般称为特殊合伙，这种形式主要在律师事务所、会计师事务所、设计师事务所（我们可以统称为专业事务所）中盛行。因为合伙人是要承担连带责任的，但一旦事务所里其他合伙人因故意或者重大过失造成了巨额债务，其他人根本就不知情，也要为此承担债务甚至职业风险显然不合理，所以产生了这种合伙形式。在一些极端情况下，其他合伙人只用承担有限责任，而犯错者本人承担无限连带责任。

　　三是有限合伙企业，就是相当于把其中部分（不能是全部）普通合伙人换成有限合伙人，这个有限合伙人只就出资额为限承担责任。

　　当然，上述是我对合伙企业简单的介绍，表述的并不是非常严谨，只是为了有助于快速理解。

　　实务中，很多人看到上述分类都会云山雾罩，想一探究竟。其实您在处理个人所得税的时候根本就不用这么麻烦，不管合伙企业是哪种形式，只要合伙人是自然人，就缴纳个人所得税，合伙人是法人企业，就缴纳企业所得税，不用考虑个人所得税。如果合伙人是另一个合伙企业呢？再根据这个原则向上穿透，直到再没有合伙企业为止！

无论什么合伙，自然人合伙人在税法上的地位和处理都是一样的，不必太拘泥于形式。所以，在实务中，您都没必要去刻意区分合伙是哪种类型，只要确认合伙人是不是自然人就可以了。

二、透明体的概念

近几年，合伙企业的所得税政策受到了热议，主要原因是创业投资行业中合伙企业越来越多。

人们选择合伙企业这种形式的一个很重要的原因是它有个非常诱人的政策优势：它在税收政策上被视为透明体。

所谓税收透明体就是本身不作为中间环节产生多余的税负。

为什么呢？

一个正常的公司，股东进行投资，从中取得分红，这就是经营中的收益回报。但分红来自于公司的经营利润，而经营利润是需要缴纳企业所得税的，交完企业所得税后，作为红利分给个人股东时，个人股东还需要缴纳一道个人所得税，从这个角度上讲，对于个人股东最终拿到的经营利润部分，事实上缴纳了两道所得税，税负大约是 40%。

但如果我们能把企业的那一道所得税省略掉呢？岂不就只用缴纳一道个人所得税了？税负岂不就能大大下降？

目前被税法承认的省去企业所得税的两种形式就是合伙企业和独资企业，而它们适用的个人所得税法规是基本相同的。

在税法中，认为合伙企业只是各个合伙人表面产生联系的一种组织形式，其实质还是各个合伙人自己。——这样一来，合伙企业获得的收益本质上就是合伙人自己获得的直接收益，自然人合伙人就缴纳个人所得税，法人合伙人就缴纳企业所得税。

因此，理论上说，合伙企业就不会因为其本身的存在产生多余的税负，就成为所谓的税收透明体。

理解了这个透明体的概念，您就会对合伙企业中的所得税政策有个清晰的把握，很多看上去有点奇怪的规定都会找到比较合理的解释。

创业投资行业最多

根据上述表述，既然合伙企业在税负上有如此大的优势，为什么大家不都去采用这种形式呢？问题还是在于无限连带责任上。一旦发生了债务，投资人的风险将不可控制。所以，没有债务风险的、以投资为主或个人服务为主的行业才会有最多的合伙企业，比如各种事务所，再比如现在发展的越来越快的创业投资行业。

透明体的不透明

单从税收的角度，合伙企业之所以备受推崇就是因为大家看中了它税收透明体的身份。但是随着合伙企业的形式越来越多，发展得越来越快，相应的税收法规却没有及时地跟上，虽然有些原则性的规定，可一旦进行实际操作就发现相对于合伙企业的发展，税收政策滞后了很多，因此就造成实际操作层面上有很多不合理或者看上去比较矛盾的地方，这也是这几年来合伙企业所得税政策被炒得越来越热的原因。

当年设立合伙企业的人只是看中了它税收透明体的身份，但获得收益的时候才发现这个"透明体"竟然不是完全透明的，或者是和一开始的概念有很大差别，造成了税负比预期的要高，因此引发了纳税人对税收政策各方面的需求。比如下文要讲的针对创投合伙企业发布的单一投资基金核算优惠政策。

三、政策文件依据

关于合伙企业的基本规定文件是《财政部、国家税务总局关于印发〈关于个人独资企业和合伙企业投资者征收个人所得税的规定〉的通知》（财税〔2000〕91号），该文件从合伙企业的界定、税款计算、纳税申报等各方面对合伙企业投资者个人所得税进行了规定，可以说是合伙个人所得税最基础的规定。

该文出台后，紧接着出台了《国家税务总局关于〈关于个人独资企业和合伙企业投资者征收个人所得税的规定〉执行口径的通知》（国税函〔2001〕84号），除了一些操作细节规定外，主要的新规就是明确对外投资的利息、股息和红利不作为合伙企业正常的生产经营所得计算纳税，而是作为"利息股息红利所得"税目计算纳税，从实际意义上看这在税负上是一个重大调整。

随着合伙企业数量的不断增加，以前并不显眼的一些问题逐渐显露出来，在此基础上，又出台了《财政部、国家税务总局关于合伙企业合伙人所得税问题的通知》（财税〔2008〕159号），这个文件最大的作用是规定了应纳税所得额在各个合伙人之间的分配规则，也直接提出了"先分后税"的计算原则。

此外还有《财政部、国家税务总局关于个人独资企业和合伙企业投资者取得种植业、养殖业、饲养业、捕捞业所得有关个人所得税问题的批复》（财税〔2010〕96号），主要规定了农村的这四个行业合伙企业所得免税，这和农民不纳税的政策是一脉相承的。

2019年，为了鼓励创投行业发展，出台了《关于创业投资企业个人合伙人所得税政策问题的通知》（财税〔2019〕8号）增加了特别的核算方式，允许创投行业个人合伙人的股权转让所得不再按经营所得纳税，而是按财产转让所得纳税，降低税负。

以上就是与合伙个人所得税政策直接相关的文件。其他的相关文件主要有两部分：一是每次个人所得税工资、薪金所得基本减除费用扣除标准（"起征点"）修改后，相应的合伙企业投资者税前扣除标准也需要发文修改；二是涉及汇算清缴地点、自行申报以及其他的操作口径。

但在新个人所得税法实施后，减除费用扣除标准没有太大的存在意义，汇缴和申报的规定也发生了巨大的变化，这两部分的内容参考上文经营所得的统一规定即可，具体文件无需关注。

四、一直被误解的"先分后税"

我们一直在说，合伙人在计算缴纳个人所得税的时候要"先分后税"，什么是"先分后税"呢？

这个概念来自于财税〔2008〕159号文第三条：

三、合伙企业生产经营所得和其他所得采取"先分后税"的原则。具体应纳税所得额的计算按照《关于个人独资企业和合伙企业投资者征收个人所得税的规定》（财税〔2000〕91号）及《财政部国家税务总局关于调整个体工商户个人独资企业和合伙企业个人所得税税前扣除标准有关问题的通知》（财税〔2008〕65号，注意，这个文件已经失效了，因为标准变了）的有关规定执行。

前款所称生产经营所得和其他所得，包括合伙企业分配给所有合伙人的所得和企业当年留存的所得（利润）。

这个"先分后税"的提法并没有解释和出处，因此在实务中很容易造成误解。

（一）不是先分配再交税

按照一般的思维方式，企业股东分红是先分配利润，然后进行纳税，因此，一般的纳税人和从业人员看到"先分后税"自然而然想到的是先分配再交税，反过来呢，如果不分配，则不用交税。

这种理解是合理的，在合伙人个人所得税上却是错误的。

前面我已经分析过，合伙企业是个税收透明体，合伙企业从外面获得的收益、产生的利润不属于合伙企业本身，在税法上经过了穿透，相当于合伙人自己从外面获得的收益、产生的利润，在这种情况下，合伙企业分配利润这个动作就好比合伙人把自己的钱给了自己，在税收层面上它的本质完全是财产在自己账户上的转移，根本就不产生所得，和股东从企业分红是完全不同的概念。因此我一再强调：合伙企业分红这个环节是没有个人所得税的。

（二）是先拆分应纳税所得额再交税

对于"先分后税"，税法没有直接解释，但是对于合伙企业生产经营所得和其他所得应该怎么"分"，怎么"税"，税法是非常明确的。

财税〔2000〕91号文规定：

第五条　个人独资企业的投资者以全部生产经营所得为应纳税所得额；合伙企业的投资者按照合伙企业的全部生产经营所得和合伙协议约定的分配比例确定应纳税所得额，合伙协议没有约定分配比例的，以全部生产经营所得和合伙人数量平均计算每个投资者的应纳税所得额。

前款所称生产经营所得，包括企业分配给投资者个人的所得和企业当年留存的所得（利润）。

这两条表述的很清楚，合伙人应该以合伙企业的全部生产经营所得（不管利润分不分配，全都要包含在内）作为应纳税所得额，对于如何分，财税〔2008〕159 号文的第四条进行了进一步的明确，我在下文中会单独讲解。

综合这些规定就非常明确了：所谓"先分后税"就是先拆分应纳税所得额再交税，不是先分配再交税。

五、合伙企业的应纳税所得额分配

在税款计算时，我们会发现，无论费用怎么扣，每个投资者还是单独的一张申报表，到最后计算投资者的应纳税所得额时必须要将应税所得分配到投资者本人身上，这是一个必需的过程，也是最重要的一个过程，因为个人所得税本来就是针对个人的一个税种。

问题就来了：怎么分呢？

（一）现行规定中的分配规则

对于合伙人之间应纳税所得额的分配，财税〔2000〕91 号文件第五条是做过规定的，但是请注意，最新最完整的规定是在财税〔2008〕159 号文件里，该文第四条规定：

合伙企业的合伙人按照下列原则确定应纳税所得额：

（一）合伙企业的合伙人以合伙企业的生产经营所得和其他所得，按照合伙协议约定的分配比例确定应纳税所得额。

（二）合伙协议未约定或者约定不明确的，以全部生产经营所得和其他所得，按照合伙人协商决定的分配比例确定应纳税所得额。

（三）协商不成的，以全部生产经营所得和其他所得，按照合伙人实缴出资比例确定应纳税所得额。

（四）无法确定出资比例的，以全部生产经营所得和其他所得，按照合伙人数量平均计算每个合伙人的应纳税所得额。

合伙协议不得约定将全部利润分配给部分合伙人。

上述规定表达的意思很明确，即在确定分配应纳税所得额的方法时，有明确的选择顺序：先按协议（协商其实也是一种协议），再按出资额，最后才平均计算。

　　这个顺序是比较合理的，它契合了合伙企业的本质，也完全符合分配的现状，只不过当合伙协议约定的分配方法比较复杂时，会让应纳税所得额的分配更麻烦些，请您在实务中务必要注意。

　　整体图示如下所示：

扫码后输入
"图十二"，
可获取本
图。

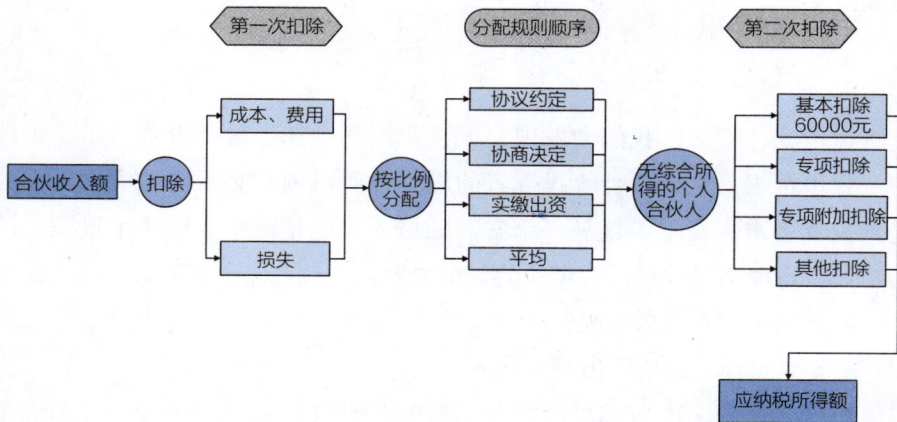

第一次扣除　　　　分配规则顺序　　　　第二次扣除

合伙收入额 → 扣除 → 成本、费用 / 损失 → 按比例分配 → 协议约定 / 协商决定 / 实缴出资 / 平均 → 无综合所得的个人合伙人 → 基本扣除60000元 / 专项扣除 / 专项附加扣除 / 其他扣除 → 应纳税所得额

（二）可分配收入及应纳税所得额之间的差额怎么解

　　在企业所得税中，企业的利润和应纳税所得额之间是有差异的，就是所谓的会计和税收处理上的差异，这些差异都是正常的。同样的道理，合伙企业的利润和最后的应纳税所得额之间也会有差异。但问题就在于，合伙企业的分配协议一般都是按照合伙企业的利润来约定的，不可能直接根据应纳税所得额来约定分配方式。一旦应纳税所得额和合伙利润之间产生了差异（这是必然的），如果合伙人都是以一定比例进行分配倒还好说，如果不是按比例分配的应该怎么办呢？

　　在实务中，如果碰到这种情况，我的建议是先参照原来的合伙协议解决差额部分的分配问题。如果实在不好解决，可以由合伙人重新补充附加协议，对这一部分的处理规则进行确定，以便准确计算每个合伙人的税款。毕竟，合伙人之间的协议是最重要的依据，也没有哪里规定不能修改！

　　这里需要特别注意的是给部分合伙人发放的工资。合伙人从合伙企业领取的工资不能在计算应纳税所得额时作为费用支出予以扣除，其原因和个体工商户业主的工资不能扣除是一个道理，不再赘述。这就导致在切分每个合伙人的应纳税所得额时出现了问题。

举例

陈萍萍和范建成立一个合伙企业，约定二人在利润分配上，陈萍萍拿40%，范建拿60%。同时，由于范建是执行合伙人，约定其可以每年领取20万元的工资。2019年，合伙企业会计利润是100万，陈萍萍应拿40万，范建应拿60万。由于20万的工资需要进行调增，对于合伙企业，总的供切分的应纳税所得额就应该是120万，这时候再按照利润分配比例（4：6）切分二人各自的应纳税所得额（陈萍萍48万、范建72万）显然是不合适的。

我们仔细看看这个约定就会发现，这个约定的本质并不是简单的四六开，而是"范建可以分配20万以及扣除20万后净收入的60%，陈萍萍可以分配扣除20万后净收入的40%"，根据合伙人协议优先的原则，在切分二人的应纳税所得额时也应该按这一协议规则，即范建的应纳税所得额应该是80万，陈萍萍的应该是40万。

实务中，不按出资比例分配利润的合伙企业比比皆是，部分合伙人领取工资的合伙也比比皆是，甚至有些创投合伙的利润约定是一些附有触发条件的累进分配方式，比如盈利100万以下分配10%，盈利100万至1000万之间分配20%，盈利1000万以上分配30%。对于合伙企业应纳税所得额总额的最终切分应当尊重合伙人的真实约定，符合合伙人的实际分得利益。

六、创投界最为关注的适用税目

（一）普通的合伙企业个人合伙人只适用两个税目

尽管合伙企业被视作税收透明体，但毕竟是一个组织形式，和个人直接去开展各种经济活动、获得各种所得还是不相同的。所以，个人通过合伙企业获得的所有收益，以前只适用两个税目：经营所得，利息股息红利所得。这两个税目的文件规定分别来自于财税〔2000〕91号文和国税函〔2001〕

84号文。基本理解就是：合伙企业对外投资分回的利息或股息、红利，不并入企业的收入，而应单独作为投资者个人取得的利息、股息、红利所得，适用"利息、股息、红利所得"税目计算缴纳个税，对应税率为20%；除此之外，合伙企业获得的所有收入，按规定计算成投资者个人取得的所得，适用"经营所得"税目。

除了下文所提到的创投企业新政之外，只要是通过合伙企业获得的所得，都只可能是这两个税目之一。如果适用了其他税目，起码说明这笔所得和合伙企业本身无关！

请务必注意这一条！否则在做投资决策时会发生信息偏差。

（二）创投合伙的单一基金核算方式

在实务中引起争议最大的就是对外投资的股权转让所得，尤其是在创投行业更是如此。

前面说过，有很多投资者成立合伙企业就是看中了它灵活的方式以及税收透明体的地位，创业投资行业尤其需要这样的形式，所以近几年来创投合伙越来越多。这些创投合伙其实没有实际的日常经营行为，成立及运行的目的就是投资，准确地说，就是低价买入企业股权待其增值后卖出，其主要收入就是股权转让所得；或者是干脆直接以基金的形式进行投资，除了分红之外，主要目的也是获得股权转让所得。当然，这里提到的股权转让，有可能是非上市公司获得发展后市场价值升高，也有可能是非上市公司上市后股权升值变现，甚至直接就是买卖上市公司的股票。总之，无论哪种方式，其本质就是股权转让所得，对于合伙企业和投资者个人来说都是如此。其实从税收完全透明体的角度上看，和个人直接进行股权转让获得的所得是一个性质，而税法中对于股权转让所得适用的税目就是"财产转让所得"，税率为20%。

但是现行规定已经很明确了：合伙企业投资者不可能适用"财产转让所得"税目。财税〔2000〕91号文也规定的很清楚：收入总额，是指企业从事生产经营以及与生产经营有关的活动所取得的各项收入，包括……财产出租或转让收入……其他业务收入。也就是说，财产转让所得是合伙企业生产经营收入的一部分，对应的税目是"经营所得"，实际基本上是适用最高档 35% 的税率了。

很明显，35% 的税负和 20% 的税负差异是巨大的，也让很多设立合伙企业时不了解政策的投资者在取得收益时大感肉痛。再考虑到"税收透明体"的法理，参考"利息股息红利所得"20% 的税负对比，自然引起很多争议。

因此，在 2019 年，国家出台了《财政部 税务总局 发展改革委 证监会关于创业投资企业个人合伙人所得税政策问题的通知》（财税〔2019〕8 号，以下简称 8 号文），增加了"单一投资基金核算方式"，将财产转让所得引入合伙人的个人所得税计算。

根据 8 号文有关规定，对于在发改委或者证监部门按规定进行备案的创投合伙企业，可以选择按单一投资基金核算或者年度所得整体核算两种方式之一，对其个人合伙人来源于创投企业的所得计算个人所得税应纳税额。

这里的"单一投资基金核算方式"有如下规定：

1. 这是一个可主动选择的核算方式，一旦选定，三年不变。

2. 选择单一投资紧急核算方式的创投企业，个人合伙人从该基金应分得的股权转让所得和股息红利所得，可以按照 20% 的税率计算缴纳个税。

3. 股权转让所得一年度内不同项目的盈利和亏损可以相互抵减，但是如果抵减后为负数，则不能跨年结转。

举例

创投合伙企业 A 投资了三个股权，2019 年退出了两个，一个净赚 1000 万元，另一个小亏 200 万元，最终可以按照 800 万元的股权转让所得计算总的应纳税所得额，再在各个合伙人之间进行切分。假如两个项目合起来亏了 300 万元，当年纳税为 0，而且不能在第二年再计算这 300 万亏损。

4. 股权转让所得的成本和费用仅限于股权转让本身的成本和费用，其他的费用，比如管理费和业绩报酬等支出，不能进行扣除。

5. 万一合伙企业选择了单一投资基金核算方式，除了股权转让收入和股息红利收入，还有其他的收入，应当怎么办？8号文并未明确，实务中创投合伙发生这种情形非常罕见，综合目前的规定，如果发生了这类收入，应当单独按经营所得计算交税。

6. 这种方式仅限于个人合伙人计算税款。如果是法人合伙人呢？则需要重新按照整体核算方式进行计算。也就是说，如果一个合伙企业既有个人合伙人又有法人合伙人，可能会出现个人选择单一投资基金核算方式、而法人合伙人只能选择整体核算方式的情形。

可以看出，这种核算方式的出台就是为了解决合伙企业对外转让股权获得的收益与个人转让股权收益之间税负不平衡的问题。

与这一核算方式相对应的是"年度所得整体核算方式"。

这一核算方式的规定原文是：其个人合伙人应从创投企业取得的所得，按照"经营所得"项目、5%—35%的超额累进税率计算缴纳个人所得税。

从这种核算名称到定义都可以看出，其含义是将创投合伙的全部所得按照经营所得税目计税。但这个规定在实务中有一个很重要的问题：对外投资产生的股息红利怎么办？

上文说过，在没有8号文之前，合伙个人的经营所得中需要将股息红利剔除，也就是说，以前并非"整体核算"方式，而是剔除股息红利之后的核算方式。在8号文之后，如果选择"年度所得整体核算方式"，是不是股息红利所得也要并入经营所得按照5%—35%的税率计税呢？

"年度所得整体核算方式"下，对外投资分回的股息红利仍然按照原来的规定执行，即不并入经营所得，按照"利息、股息、红利所得"单独计算税款。理由有二：

1. 8号文出台的目的是"为进一步支持创业投资企业发展"。结合文件出台背景，这本质上是一个优惠政策，而股息红利单独计税在以前也算是一个优惠政策。在出台一个新优惠政策的同时取消之前的优惠政策不符合文件出台本意。

2. 8号文对于核算方式的选择，规定"未按规定备案的，视同选择按创投企业年度所得整体核算"。也就是说，创投合伙企业如果什么都不做，应该按照"年度所得整体核算方式"，应该理解为就是以前的核算方式。

否则，相当于对一般的合伙采用股息红利剔除的算法，而对于创投合伙又变为股息红利不剔除的算法，产生新的不公平。

难点讲解之 8 分支机构纳税问题

合伙企业的纳税申报地点其实还是比较清楚的，肯定是在合伙企业的注册地，在实务中有争议的是合伙企业的分支机构在哪里纳税。

举例

一家上海的律师事务所在南京开了个分所，并非完整的合伙企业，这家分所的经营所得平时的纳税申报是应该在上海还是在南京呢？表面上看，肯定要在南京，因为是实际生产经营地嘛！但在上海其实也是有道理的，毕竟南京的是分所，收入费用核算都只是上海所的一部分，在法律主体上并非完整的主体，就好比投资人的一部分，在南京纳税，从法律主体的视角看有点像一只手在异地纳税，实在也有些奇怪。

具体在哪里纳税税法其实并没有规定，追根溯源其实还是因为合伙企业的法律地位和税法中的界定没有涵盖这一部分内容，所以还是要咨询当地税务机关的意见。

实务中，在实际生产经营地南京申报缴税更为合理。

因为南京的分所也是通过市场监管部门进行备案注册的，相对独立的从事自己的经营活动，也可以独立的对外承担部分责任。在实务中，很多分所其实就是由以前的独立的事务所进行了兼并，名义上是分所，实际运营上和兼并前独立的事务所没有太大区别，按实际经营地点判定为分所经营地南京比较容易为各方所接受。

难点讲解之 9 合伙人退伙及转移份额

当合伙人涉及处置财产时，自然也会涉及个人所得税，具体来说包括退伙和转移份额两种情形。

退伙就是退出投资的行为，比较好理解。

转移份额是一个比较独特的实务现象，就是原合伙人并不完全退出，而是将其一部分份额转让给其他人。也许是过于习惯从个人所得税的角度去看问题的缘故，转移份额这个行为的界定有些奇怪：既然合伙企业的出资额与他享有的权利（利润分配比例）、承担的法律责任没有必然的联系（相比较股权而言），那么转移份额不就是有人退伙有人入伙吗？与退伙有什么本质的区别呢？哪怕合伙人不完全退出，也可以理解为一部分退伙啊？

我国的《合伙企业法》中，并没有规定合伙人转让部分份额的情形，从合伙"人合"的性质分析，如果转让部分份额给新的合伙人，其实就相当于新人入伙、重新约定份额，只是新人的那部分份额从转让份额的合伙人手中切分；如果转让部分份额给其他的合伙人，其实就相当于重新签订协议。由于合伙的分配协议随时可以更改，这些行为中产生影响的主要是出资义务和承担法律责任的义务。

从个人所得税的角度上看，无论是退伙还是转移份额，都应该拆分为两步：第一步是将已有的经营所得（以及利息股息红利）应纳税款计算清楚；第二步是将投资人转让自己权利从而获利的应纳税款计算清楚。

第一步对应的税目就是"经营所得"和"利息股息红利所得"。当然，创投合伙人也许还会涉及到"财产转让所得"，其实质可以理解为清算或者汇算清缴，具体算法见上文，就不再多说了。

第二步对应的税目是"财产转让所得"，在实务中反而相对复杂一些。

举例

假如合伙人范闲闲投资 10 万元与他人成立了一家合伙企业，占了份额 50%，运营了一年，账面利润为 60 万，其中范闲闲拥有的份额对应的部分为 30 万元（没有分配，也不是股权转让和利息收入），他将自己的份额以 80 万元转让给另外一人，应该怎么计算税款？

首先可以确定的是：范闲闲拥有的账面利润 30 万元肯定是要按照"经营所得"相关规定缴纳税款。这是范闲闲本身的纳税义务，应当在退出之前完成。——虽然没有分配，但是也有纳税义务，注意看上文对于"先分后税"的讲解。

其次，份额转让所得肯定是要按"财产转让所得"缴纳税款，这一点在新个人所得税法实施条例中特别加以明确。既然是财产转让所得，就存在收入和成本，收入是 80 万元毫无疑问，问题在于成本是多少？

实务中可能会存在一种观点认为成本是 10 万元，因为这确实是合伙人的原始成本，而且是有依据的。

《国家税务总局关于个人终止投资经营收回款项征收个人所得税问题的公告》（国家税务总局公告 2011 年第 41 号）规定：

个人因各种原因终止投资、联营、经营合作等行为，从被投资企业或合作项目、被投资企业的其他投资者以及合作项目的经营合作人取得股权转让收入、违约金、补偿金、赔偿金及以其他名目收回的款项等，均属于个人所得税应税收入，应按照"财产转让所得"项目适用的规定计算缴纳个人所得税。应纳税所得额的计算公式如下：应纳税所得额＝个人取得的股权转让收入、违约金、补偿金、赔偿金及以其他名目收回款项合计数－原实际出资额（投入额）及相关税费。

从文件规定的字面意思上看，是包含了合伙人终止投资的情形的。那么，按照收回款减去投入额的计算方法，应该就转让所得 80 万 –10 万 =70 万元交税。

但问题在于，合伙企业的利润分配非常特别，和普通企业完全不同。普通企业产生了利润，如果不分配给股东，自然就不存在个人所得税；而合伙企业产生了利润，无论是否分配给合伙人，都算作是合伙人自己获得了利润，是需要交税的。我前面已经再三强调过：合伙企业向合伙人分配利润时是不用交税的！合伙企业的利润就算留存在账面上，既是合伙人自己的财产，又是已经合法完税后的财产，和合伙人自己拿走利润再以现金形式投资进来没有任何区别。

在本例中，30 万元的留存利润就相当于范闲闲再次投资的金额，应该在计算财产转让所得时扣除。否则，就是典型的重复征税！

那么，怎么理解 2011 年第 41 号公告的规定呢？有两处可以斟酌：

1. 这个公告内容比较笼统。"个人因各种原因终止投资、联营、经营合作等行为，从被投资企业或合作项目、被投资企业的其他投资者以及合作项目的经营合作人取得股权转让收入、违约金、补偿金、赔偿金及以其他名目收回的款项等"并没有明确地规定包括合伙人从合伙企业撤出投资的情况，可以理解为包含，也可以理解为未包含，仅仅作为普通企业的规定比较合乎法理。

2. 公告规定的公式中扣除项是"原实际出资额（投入额）及相关税费"，在前面已经分析过，30 万元的留存利润本来就和合伙人自己的现金没有任何区别，应当也应该计入"投入额"中进行扣除。范闲闲应该就转让所得 80 万 –10 万 –30 万 =40 万元交税。您可以看出，这 40 万元实际上也就是范闲闲转让份额真正获益的部分。

难点讲解之 10 对外投资收益先抵成本可以不交税吗？

对外投资收益先抵成本是否可以不交税，这是很多合伙人都关心的问题，它是什么意思呢？

举例

陈家洛和十几个兄弟合伙，成立了一个合伙公司叫红花会，专门投资红花基金。陈家洛投了 1000 万元，他在投资红花基金的合同中约定的条款比较特别：我投资 1000 万，每次有投资收益，就先抵掉我的投资本金，比方说第一年分红了 200 万，我的本金就变成了 800 万了，第二年获得转让收益 300 万，我的本金就变成 500 万了。陈家洛的问题就来了：我获得的投资收益在 1000 万以内的部分可以不交税吗？

虽然这个条款比较特别，但在实务中很多投资人采用这种模式，因为他从约定上看比较能保护投资者的本金。像陈家洛一样的投资者们为什么认为自己不用交税呢？因为这明显是个收回投资本金的约定，我把我自己投入的本金收回还要交税？当然不用！我应该就1000万以外的收益部分交税。

我们先来分析一下这种观点的合理性。

首先来看看一个正常完整的投资过程：陈家洛投了1000万，投资过程中获得收益500万，然后合伙关闭，他把本金1000万再全部收回。

这是陈家洛身为一个投资人在投资时设想的正常画面，其中金额可能有所不同，但环节和过程并不会有实质性变化。

然而，有两句俗话不得不提：投资有风险，计划赶不上变化快。

所以，还有一种很可能发生的情况是：陈家洛投了1000万，获得分红100万，后来就没有收益了，项目终止，合伙关闭，他只收回了300万本金。

按正常的实务操作，假设没有上述的特别条款约定，这种情况下，陈家洛要先按100万的收益交税，至于他没有收回全部投资本金这件事，因为税法只管收益，不管亏损，所以不交税也不抵税。

这样再看，陈家洛的观点就是这样的：你现在要求我拿到收益就交税，如果是第一种投资结果，那自然没问题，我反正都是要交税的，无非有一些时间成本；但如果是第二种结果，我的投资整体上还亏了600万，却还交了税，当然不合理。所以设置了这个条款，我先把本金收回，按财产转让所得是不用交税的，收益抵完本金后，剩下的都是我的纯投资收益，再依法纳税。

这种操作其实在法律上有个小小争议的地方：如果陈家洛收到了1000万都算做本金收回，相当于减资退出，那么退出后到底还有没有份额获得分红？如果退出后不保留份额、也没分红，那他这个行为肯定就不叫投资了，那叫借款，还是免息的。但退出后没有任何本金还保留份额继续分红的依据是什么？但这个争议并不影响我们在个人所得税领域的讨论，反正合伙是可以自己约定分配方式的，就不再展开讨论。

这种收益冲抵本金不交税的观点看上去真的很合理，但是在现行税法中得不到任何支持！

为什么呢？

我们来看看陈家洛的 500 万收益。红花基金产生了收益，给了合伙公司红花会，这一步按照现行税法就必须交税了，无论是当作利息股息红利所得还是经营所得，这一道环节无论如何也省略不了。至于这笔收益再给陈家洛冲抵掉投资成本，只要符合法律规定即可，税法并没有特别约束，最后合伙关闭时，陈家洛收到的退出款超过 1000 万就是财产转让所得，不超过 1000 万就不用交税。

也就是说，这 500 万一定也必须是先被认定为收益，然后再和成本去对冲，而认定为收益这个环节是无法免税的。陈家洛把收益直接冲抵掉投资成本的想法只可以作为一个约定，但在个人所得税的收入性质确认以及征税环节上绕不过去。也就是说，实务上不可能！

这和其他税种的原理其实是一样的，比如投资 1000 万开了一家有限责任公司，是不是在赚到 1000 万之前都不用交任何税呢？显然不是。

如果个人所得税制在投资领域不只考虑单笔所得，还考虑整体收益，可能就不会有这个误解。这也是我们未来的税制改革应当重点关注的领域。

难点讲解之 11　多层合伙的纳税疑难

合伙企业获得收益由谁来纳税？合伙人！这点从前面的几个专题讲解中应该可以看的比较清楚：合伙企业都是税收透明体嘛！收益必须穿透到合伙人那里！

如果合伙企业的合伙人也是个合伙企业呢？如果那个合伙人的合伙人又是一个合伙企业呢？如果这笔收益穿透下去穿过了十层合伙呢？

这就是多层合伙的涉税问题。

举例

中国最精明的投资人黄蓉，为了帮助小龙女、周伯通等不善理财的亲朋好友，和他们合伙出资成立了一家桃花岛合伙企业（有限合伙），注册在浙江舟山。由于黄蓉在投资界的江湖地位无人能及，参与了很多优质项目。其中，桃花岛合伙参与成立了桃花一号合伙注册在湖北襄阳，桃花一号又参与成立了桃花二号合伙注册在河南少林，桃花二号投资了一家很有前途的公司叫倚天屠龙有限公司，这家公司注册在四川峨嵋。

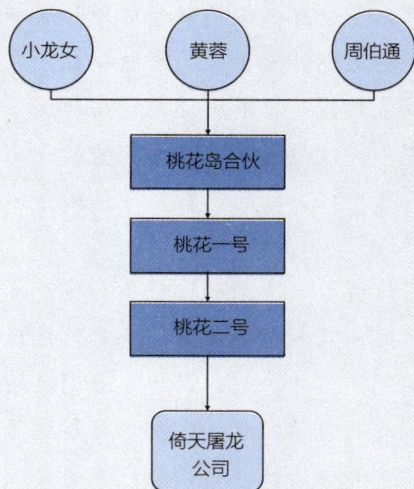

扫码后输入"图十三"，可获取本图。

有一天，倚天屠龙公司分红了，分给它的股东桃花二号100万红利，这是典型的利息股息红利所得，对个人股东应当代扣代缴个人所得税。作为支付方，倚天屠龙公司理论上是有代扣代缴义务的。倚天屠龙公司财务总监谢逊先生在办理代扣代缴时就晕了：他必须要穿透到底，穿越这些所有的合伙，包括桃花二号合伙、桃花一号合伙、桃花岛合伙，找到最终的投资人是谁（小龙女、周伯通等），他还要必须知道这每个合伙对于这笔分红是怎么约定的（注意：是约定，详情请见前面几个专题），每个合伙在这个分红中分得多少份额，小龙女周伯通等人是怎么约定这个份额的，然后，获得他们的身份证号码等个人信息，帮他们代扣代缴申报红利所得的个人所得税。我说的还只是桃花岛合伙企业的合伙人们，还有桃花一号、二号合伙的其他自然人合伙人，也有相同的工作要求！而桃花二号合伙只是倚天屠龙公司的一个股东，万一他们有好几个合伙股东，那么谢逊就不用干别的事情了……

可以肯定的是，实务中，谢逊绝对不会干这件事，他最有可能的选择是告诉合伙股东们：你们自己去申报吧！

好了，桃花二号合伙是知道这件事情的，但他们最多提醒一下自己的自然人合伙人，至于另一个合伙桃花一号，根本就不知道这个事情，因为桃花二号直接拿到了分红，桃花一号这个时候却根本就没拿到钱，这只是基于合伙的穿透原则计算出来的应纳税款，并不是真金白银到手的钱。桃花一号都没拿到钱，更不用说桃花岛合伙了，这两个合伙估计都不知道分红这件事！在这种情况下，您指望桃花岛合伙的合伙人小龙女、周伯通他们去自行申报分红的税款？周伯通会一脸愤然地反问您：你在逗我玩儿呢？！

最后，没人搞得清楚自己要纳税！税务局呢？最应该搞清楚的是四川峨嵋的税务局，但他们只知道倚天屠龙公司估计应该要代扣代缴个人所得税（为什么我要说"估计"呢？因为穿透到底的合伙人很可能都是法人合伙，也可能所有的自然人合伙人都不参与这笔分红的分配），但是要扣谁的？扣多少？要弄清楚也必须经过谢逊要做的那些工作！至于少林的、襄阳的、舟山的税务局，那更不可能弄明白！

为什么会出现这种局面呢？原因就在于：合伙的分红收益在纳税的时候是要穿透的，而事实上它们的收益还是老老实实的一层一层的分配，再加上交税地点和时间的不合理、扣缴义务人的不合理……

上述例子讲的是分红，对于其他的经营收入也会面临同样的问题。

我们重新审视一下这个过程会发现，源头在于我们认为倚天屠龙公司在分红的那个时点，所有穿透的合伙人都产生了纳税义务，而倚天屠龙公司是扣缴义务人。这是基于个人所得税法的原则性规定以及合伙企业的透明体性质做出的判断，理论上并没有问题。

有没有可能在实务中进行修正？

先来看看纳税义务在什么时候发生。

对于利息股息红利所得，桃花二号合伙是直接的股东，它的个人合伙人在倚天屠龙公司的分红到账后就应该纳税，但是它会继续向上分配吗？会第一时间分给桃花一号，桃花一号再像接力比赛一样分给桃花岛合伙，然后再给黄蓉、周伯通、小龙女等合伙人吗？现实中肯定不可能有那么快。如果认定黄蓉、周伯通、小龙女必须拿到钱才有纳税义务，肯定违反了"先分后税"的原则，最直接的判断，应该是桃花岛合伙拿到分红后他们三个才有纳税义务，那么纳税义务时点是不是应该在桃花岛合伙拿到分红时？只是这样一来，对于合伙的税收透明体实质又是个破坏，因为实际上相当于将中间的桃花一号、桃花二号视为了半透明体。

综合法理和实务操作可行性这双重因素，桃花岛合伙拿到分红时三人产生纳税义务比较合理。

再来看看扣缴义务人是谁。

分红是由倚天屠龙公司支付的，如果将所有的合伙都视为透明体，那么倚天屠龙公司就是扣缴义务人，但如果按和纳税义务判定一样的思路，中间的几个合伙不是完全透明状态，倚天屠龙公司作为扣缴义务人就不太合适。

个人所得税法规定：支付所得的是扣缴义务人。对于黄蓉三人来说，可以说倚天屠龙公司是支付方，也可以说桃花岛合伙也是支付方，那么扣缴义务人到底是倚天屠龙公司还是桃花岛合伙？

我们暂时跳出合伙，来看一下其他类似情况下个人所得税的扣缴义务人怎么确定。对于集团公司有类似的情况，集团公司聘用的人员，工资由集团公司打给子公司，在子公司发放，那么扣缴义务人到底算集团公司还是子公司呢？实务中的文件依据是《国家税务总局关于个人所得税偷税案件查处中有关问题的补充通知》（国税函发〔1996〕602号）：

扣缴义务人的认定，按照个人所得税法的规定，向个人支付所得的单位和个人为扣缴义务人。由于支付所得的单位和个人与取得所得的人之间有多重支付的现象，有时难以确定扣缴义务人。为保证全国执行的统一，现将认定标准规定为：凡税务机关认定对所得的支付对象和支付数额有决定权的单位和个人，即为扣缴义务人。

这个文件是目前判定复杂支付情况下谁是扣缴义务人的唯一依据。

根据这个文件的规定，谁对支付对象和支付数额有决定权，谁就是扣缴义务人。

上例中，我们发现，倚天屠龙公司其实并不管这笔分红有没有给黄蓉、给了多少，它只要将分红分到桃花二号就好了，桃花二号和桃花一号也不用管这笔分红有没有给黄蓉、给了多少。最终确定给不给黄蓉以及给多少的是桃花岛合伙。

这样看来，桃花岛合伙才是黄蓉取得分红所得的扣缴义务人。实务中，由桃花岛合伙作为扣缴义务人也更具备可操作性。

这一点在最新的创投行业合伙的文件中就已经开始明确。如果桃花岛合伙符合条件并选择单一投资基金核算方式，按规定应该由桃花岛合伙对于利息股息红利所得进行代扣代缴。8号文明确规定：个人合伙人按照其应从基金股息红利所得中分得的份额计算其应纳税额，并由创投企业按次代扣代缴个人所得税。

虽然我举的是利息股息红利的例子，但是这个判断对于经营所得和财产转让所得一样具有重要意义。

对于经营所得，由桃花一号和二号将实际经营收益（不管有没有分配）信息根据税法规则进行修正，传递给桃花岛合伙即可，这个过程和年度财务报表编制是类似的。黄蓉等几个合伙人根据收益信息以及税法规定的规则进行"先分后税"操作。

对于创投行业选择单一投资基金核算方式计算股权转让所得的，也是由桃花岛合伙对于股权转让所得进行代扣代缴。8号文明确规定：个人合伙人按照其应从基金年度股权转让所得中分得的份额计算其应纳税额，并由创投企业在次年3月31日前代扣代缴个人所得税。

难点讲解之 12 需要区分的律师纳税

律师是一种比较特别的职业，其收入形式也相对特别一些，因此，现行规定中对于律师的个人所得税有些特别的规定，需要引起重视。

首先要明确的是，我们讨论的律师不包括普通公司法律部门的雇员，这类律师的收入是典型的工资、薪金所得，没有特别之处。本讲讨论的律师是与律师事务所有直接联系的几类律师，准确称谓是"律师事务所从业人员"。

一、基本文件

现行政策中对于律师个人所得税的特别规定只有两个，第一个是《国家税务总局关于律师事务所从业人员取得收入征收个人所得税有关业务问题的通知》（国税发〔2000〕149号），对于律师事务所的从业人员的各类所得进行了分类规定；第二个是《国家税务总局关于律师事务所从业人员有关个人所得税问题的公告》（国家税务总局公告2012年第53号），基本上是对国税发〔2000〕149号文件的修改和完善。

二、基本分类

对于律师事务所里的从业律师，税法分为四类：

1. 律师事务所的合伙人（投资者）。

2. 律师事务所里聘请的雇员律师，收入及费用都属于事务所，以下称为"雇员律师"。

3. 律师事务所聘请的特殊律师，是雇员但是与一般的雇员不同，参与收入分成，但费用自担，我把这类律师称为"挂靠律师"。

4. 律师事务所的"兼职律师"，是指取得律师资格和律师执业证书，不脱离本职工作从事律师职业的人员。

三、合伙人律师的个人所得税

1. 成立事务所的律师是典型的合伙人，个人所得税自然完全按照合伙企业的规定来计算，适用税目为经营所得，具体就不再赘述了。

2. 对于合伙人在日常服务中取得的法律顾问费等酬金，国税发〔2000〕149号文件曾经有规定：律师从接受法律事务服务的当事人处取得的法律顾问费或其他酬金，均按"劳务报酬所得"应税项目征收个人所得税，税款由支付报酬的单位或个人代扣代缴。这显然是不合理的，和现有的税法规定很是矛盾，而且在实务中也很不好操作。不过这一条在国家税务总局公告 2012 年第 53 号中已经废止了，重新做了规定：律师从接受法律事务服务的当事人处取得法律顾问费或其他酬金等收入，应并入其从律师事务所取得的其他收入，按照规定计算缴纳个人所得税。其实就是说按照经营所得纳税，这是比较合理的规定。

3. 合伙人律师的个人所得税是不能进行核定的，这一点务必要注意。具体原因是：律师事务所是专业法律机构，从职业操守上就不应该出现征管法中规定的账目不清的情形。

4. 尽管合伙人律师的个人所得税不能核定，但因为他们的费用形式比较复杂，国家税务总局公告 2012 年第 53 号特别规定了一种解决费用扣除的办法：合伙人律师在计算应纳税所得额时，应凭合法有效凭据按照个人所得税法和有关规定扣除费用；对确实不能提供合法有效凭据而实际发生与业务有关的费用，经当事人签名确认后，可再按下列标准扣除费用：个人年营业收入不超过 50 万元的部分，按 8% 扣除；个人年营业收入超过 50 万元至 100 万元的部分，按 6% 扣除；个人年营业收入超过 100 万元的部分，按 5% 扣除。不过请您注意，这个操作是有期限的，根据国家税务总局 2012 年 53 号公告的规定，这一操作办法"自 2013 年 1 月 1 日至 2015 年 12 月 31 日执行。"也就是说，这种操作的有效期只有三年。不过因为这种方式能够解决实务中部分合伙人的费用问题，有的地方还在沿用这种做法。

这其实是个"类核定"的规定，就是制定了一种对费用进行核定的规则。这是一种正常费用扣除外的附加扣除标准，也就是说合伙企业正常的合法凭据是可以扣除的，除此之外，如果是合伙人还能享受部分附加费用扣除，具体标准就按文件规定。

5. 律师个人承担的按照律师协会规定参加的业务培训费用，可据实扣除。

四、挂靠律师的个人所得税

普通的雇员律师个人所得税就是和公司普通员工的相同，他们的收入和费用都在事务所日常经营中体现，没有特殊规定。而挂靠律师从事务所获得分成收入，但是相关费用（交通费、资料费、通信费及聘请人员等费用）自行承担，其个人所得税的处理要特别些。

1. 按照"工资、薪金所得"税目纳税。挂靠律师的收入性质其实很难界定，从本质上它是游离于"经营所得""工资、薪金所得"和"劳务报酬所得"三个税目之间的一种所得。不过国税发〔2000〕149号文对此进行了明确：属于"工资、薪金所得"。

2. 分成收入的30%以内可以作为费用扣除，具体标准要由各省自行制定。国税发〔2000〕149号文规定的是30%以内，但是国家税务总局公告2012年第53号曾经把标准提高到35%以内，只不过无论多少，都需要各省税务局再次确定。根据国家税务总局2012年第53号公告的规定，这个35%的比例同样的"自2013年1月1日至2015年12月31日执行。"所以现在的最高标准还是30%。

3. 挂靠律师的办案费用不能再在事务所里列支。同样的，如果挂靠律师在事务所里报销费用，就不能享受30%以内的费用扣除政策（具体可详见国税发〔2002〕123号文件规定），这也是防止重复列支的规定。

五、兼职律师的个人所得税

兼职律师从律师事务所取得工资、薪金性质的所得，律师事务所在代扣代缴其个人所得税时，不减除个人所得税法规定的费用扣除标准，以收入全额（取得分成收入的为扣除办理案件支出费用后的余额）直接确定适用税率，计算扣缴个人所得税。

第五章　专项附加扣除实务

第一节　总述

2018 年的个人所得税改革在提高减除费用标准的基础上增加子女教育、继续教育、大病医疗、住房贷款利息或者住房租金、赡养老人等 6 项专项附加扣除，既体现了个人生活和支出的差异性和个性化需求，实现精准减税，也体现了我国个人所得税制与国际惯例进一步接轨。从国际上看，英、美、法、加、澳、日等国家，在基本费用扣除的基础上，都有针对教育、医疗等支出的相关扣除，有利于实现社会公平。

根据《个人所得税专项附加扣除暂行办法》（本章内统称"办法"），专项附加扣除的设置原则是"公平合理、利于民生、简便易行"。基于以上原则，目前的专项附加扣除采用了 1 个据实限额扣除（大病医疗）、5 个定额扣除（子女教育、继续教育、住房贷款利息或者住房租金、赡养老人）的方式，尽可能体现上述原则，尤其是"简便易行"原则。

第二节　子女教育

一、办法规定

纳税人的子女接受全日制学历教育的相关支出，按照每个子女每月1000 元的标准定额扣除。

学历教育包括义务教育（小学、初中教育）、高中阶段教育（普通高中、中等职业、技工教育）、高等教育（大学专科、大学本科、硕士研究生、博士研究生教育）。

年满 3 岁至小学入学前处于学前教育阶段的子女，按上述规定执行。

父母可以选择由其中一方按扣除标准的 100% 扣除，也可以选择由双方分别按扣除标准的 50% 扣除，具体扣除方式在一个纳税年度内不能变更。

纳税人子女在中国境外接受教育的，纳税人应当留存境外学校录取通知书、留学签证等相关教育的证明资料备查。

二、解析

（一）扣除主体

子女教育专项附加扣除的扣除主体是父母。这里的"父母"包括亲生父母、养父母、继父母。如果是未成年人，还包括其监护人。

父母可选择分别按扣除标准的 50% 扣除，也可选择由其中一方按扣除标准的 100% 扣除。具体扣除方式一经约定，在一个纳税年度内不得变更。父母之外的其他人担任未成年人监护人的，比照上述原则扣除。如下图所示：

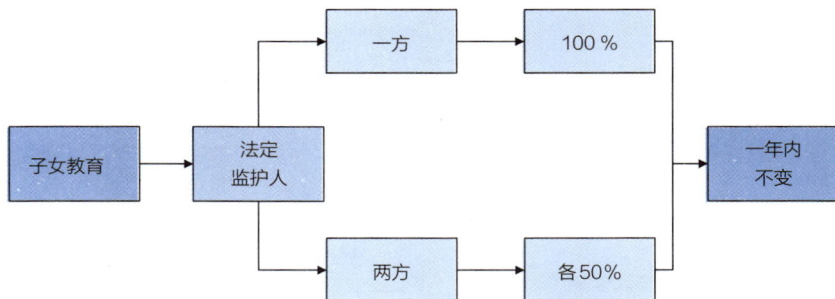

扫码后输入"图十四"，可获取本图。

注意，实务中可能会出现很多种情况，比如父母离异、家庭重组，子女由其他监护人抚养等。不管在何种情况下，子女教育扣除的整体口径还是很宽松的，因为扣除原则比较清晰——都可以扣，但是要么两方平摊，要么一方扣。实务中可能会出现一种情况：父母离异，孩子归母亲，实际出钱抚养的是父亲，应该由谁来扣？这种情况处理的原则是父母双方协商，税务机关不会也不应介入这种个性化的家庭情况判断。但这一切的前提必须是：一个孩子总额不能超过 1000 元 / 月，扣除人不能超过 2 个。

（二）扣除金额

子女教育支出采用定额扣除的方式，具体定额是每个子女每月 1000 元。

这里需要解释一下，个人所得税的法律规章中如果出现了"每月 ×× 元"或者"每年 ×× 元（每月 ×× 元）"，意思就是可能会出现全年的数字，也可能出现不满一年、只有部分月份的数字，这一点在子女教育、继续教育、赡养老人、住房贷款利息、住房租金这几个项目中都有体现。因为这些扣除的金额可能从年中开始，也可能在年中结束。比如子女教育、赡养老人都与年龄条件相关，继续教育、住房贷款利息及住房租金则与实际发生时间相关。唯独大病医疗以及继续教育中的职业资格教育，与月份无关。因此，在计算具体扣除金额时一定要充分考虑条件限制，防止算错。

（三）教育阶段范围

子女受教育阶段分为学前教育和学历教育，具体如下图所示：

扫码后输入"图十五"，可获取本图。

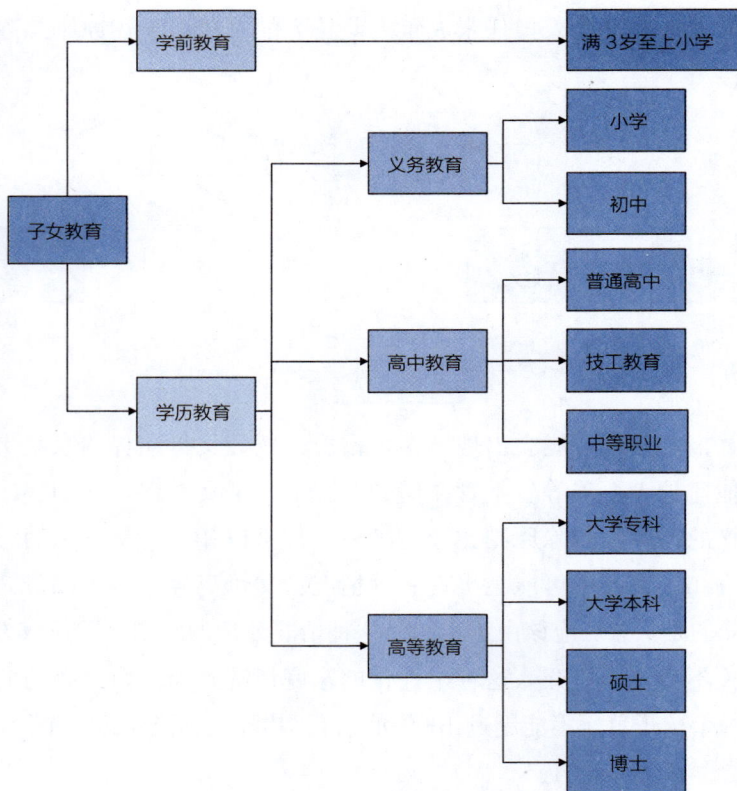

（四）享受扣除的时间

1.学前教育，满3岁当月可以开始扣除，扣到上小学前一个月；

2.学历教育，自入学当月开始扣除，扣到全日制学历教育结束的当月。

3.寒暑假可以连续计算，期间也可享受扣除。

4.因病休学或其他非主观原因休学但学籍继续保留的休学期间，也可以享受扣除。

5.两个教育阶段的交界点，比如初中升高中、高中升大学，其中的寒暑假并未被排除在外，仍然是可以扣的，这在填写电子模板的常见问题中进行了明确。但一旦不再进行学历教育，比如高中毕业就不继续读书了，自然也没有寒暑假的说法，应该截止到高中毕业当月。

三、实务要点

1.每个子女都可以扣，上不封顶，理论上有多少孩子都可以扣。

2.学前教育阶段并不等同于子女实际进入幼儿园或者学前班接受教育的阶段，而是以年龄为起点——子女满3周岁的当月。也就是说，3岁之后至小学入学前未进入幼儿园的也纳入扣除范围。这主要是因为学前教育尚在普及过程中，子女3岁之后未进入幼儿园的，通常家庭会以多种方式对其进行教育并发生费用支出，学前教育阶段扣除并不与是否进入幼儿园直接挂钩。

3.受教育的终点不以年龄为上限。尽管对享受子女教育扣除的时间有起点规定（3周岁），但是办法并未规定学历教育的最高年龄限制，而年龄较大、仍然在读硕士博士的大有人在。因此，理论上讲，只要子女在学历教育阶段，父母就可以享受该项扣除。只是这个范围与子女自己享受继续教育的扣除可能会发生重叠，重叠的时候有新的规定，这一点将在继续教育一节中再详细阐明。

4.必须是全日制教育。这样就把子女接受在职进修或者其他私学之类的情形排除在外。

5.博士后属于科研工作岗位，不属于全日制学历教育，一般都有稳定工资收入，因此未被列入子女教育扣除范围。

6.教育机构是民办还是公办没有区别。国家对民办教育实行"积极鼓励、大力支持、正确引导、依法管理"的方针，《民办教育促进法》第二十八条规定："民办学校的教师、受教育者与公办学校的教师、受教育者具有同等的法律地位"。办法并没有特意规定必须是公办教育，从公平的角度上，对子女接受公办、民办教育同样给予扣除。

7.子女在境内还是在境外接受教育没有区别。由于采取了定额扣除，其核心在于减轻子女教育负担，所以对子女在境外接受教育的，也统一按相应标准扣除，以体现税制公平。只是境外教育的学校、学籍等信息相对于境内教育而言，难以通过信息交换进行核实，因此办法中特意列明了境外教育需要提供资料留存备查。

8.子女不仅包括婚生子女，也包括非婚生子女、养子女、继子女，即负有抚养义务的所有子女。同理，父母也包括生父母、继父母、养父母，父母之外的其他人担任未成年人的监护人的，比照执行。这一点适用于所有专项附加扣除项目，不再赘述。

9.对于年度汇算来说，尤其需要注意孩子升学后的信息更新。比如，段正淳的儿子段誉高中毕业，进入清华大学读书，段正淳在 2019 年初填写专项附加扣除资料的时候可能只填了段誉的高中阶段，到了 2020 年进行汇算的时候应该将段誉的大学阶段补足，否则就会只享受几个月的子女教育扣除，未充分、足额享受可扣除的金额。

四、国家税务总局问答（该部分内容引自税务总局《个人所得税专项附加扣除 200 问》，下同）

1.子女教育的扣除主体是谁？

答：子女教育的扣除主体是子女的法定监护人，包括生父母、继父母、养父母，父母之外的其他人担任未成年人的法定监护人的，比照执行。

2.监护人不是父母可以扣除吗？

答：可以，前提是确实担任未成年人的监护人。

3.子女的范围包括哪些？

答：子女包括婚生子女、非婚生子女、养子女、继子女。也包括未成年但受到本人监护的非子女。

4. 子女教育的扣除标准是多少？

答：按照每个子女每年 12000 元（每月 1000 元）的标准定额扣除。

5. 子女教育的扣除在父母之间如何分配？

答：父母可以选择由其中一方按扣除标准的 100% 扣除，即一人每月 1000 元扣除，也可以选择由双方分别按扣除标准的 50% 扣除，即一人每月 500 元扣除。只有这两种分配方式，纳税人可以根据情况自行选择。

6. 子女教育的扣除分配选定之后可以变更吗？

答：子女教育的扣除分配，可以选择由父母一方扣除或者双方平摊扣除，选定扣除方式后在一个纳税年度内不能变更。

7. 在民办学校接受教育可以享受子女教育扣除吗？

答：可以。无论子女在公办学校或民办学校接受教育，纳税人都可以享受扣除。

8. 在境外学校接受教育可以享受扣除吗？

答：可以。无论子女在境内学校或境外学校接受教育，纳税人都可以享受扣除。

9. 子女教育专项附加扣除的扣除方式是怎样的？

答：子女教育专项附加扣除采取定额扣除方式，符合条件的纳税人可以按照每名子女每月 1000 元的标准扣除。

10. 纳税人享受子女教育专项附加扣除，需要保存哪些资料？

答：纳税人子女在境内接受教育的，享受子女教育专项扣除不需留存任何资料。纳税人子女在境外接受教育的，应当留存境外学校录取通知书、留学签证等相关教育的证明资料备查。

11. 有多子女的父母，可以对不同的子女选择不同的扣除方式吗？

答：可以。有多子女的父母，可以对不同的子女选择不同的扣除方式，即对子女甲可以选择由一方按照每月 1000 元的标准扣除，对子女乙可以选择由双方分别按照每月 500 元的标准扣除。

12. 对于存在离异重组等情况的家庭子女而言，该如何享受政策？

答：具体扣除方法由父母双方协商决定，一个孩子扣除总额不能超过

1000 元 / 月，扣除人不能超过 2 个。

13. 我不是孩子亲生父母，但是承担了他的抚养和教育义务，这种情况下我可以享受子女教育扣除吗？

答：一般情况下，父母负有抚养和教育未成年子女的义务，可依法享受子女教育扣除；对情况特殊、未由父母抚养和教育的未成年子女，相应的义务会转移到其法定监护人身上。因此，假如您是孩子的法定监护人，对其负有抚养和教育的义务，您就可以依法申报享受子女教育扣除。

14. 前两年在中国读书，后两年在国外读书，现在填写信息选择中国还是境外？证书由境外发放，没有学籍号，怎样填写信息，是否可以扣除？

答：目前，子女教育允许扣除境内外教育支出，继续教育专项附加扣除仅限于境内教育，不包括境外教育。如符合子女教育扣除的相关条件，子女前两年在国内读书，父母作为纳税人请按照规定填写子女接受教育的相关信息；后两年在境外接受教育，无学籍的，可以按照接受境外教育相关规定填报信息，没有学籍号可以不填写，但纳税人应当按规定留存相关证书、子女接受境内外合作办学的招生简章、出入境记录等。

15. 残障儿童接受的特殊教育，父母是否可以扣除子女教育？

答：特殊教育属于九年一贯制义务教育，同时拥有学籍，因此可以按照子女教育扣除。

16. 本科毕业之后，准备考研究生的期间，父母是否可以扣除子女教育？

答：不可以，该生已经本科毕业，未实际参与全日制学历教育，尚未取得研究生学籍，不符合《暂行办法》相关规定。研究生考试通过入学后，可以享受高等教育阶段子女教育。

17. 子女 6 月高中毕业，9 月上大学，7—8 月能不能享受子女教育扣除？

答：可以扣除。对于连续性的学历（学位）教育，升学衔接期间属于子女教育期间，可以申报扣除子女教育专项附加扣除。

18. 大学期间参军，学校保留学籍，是否可以按子女教育扣除？

答：服兵役是公民的义务，大学期间参军是积极响应国家的号召，休学保留学籍期间，属于高等教育阶段，可以申报扣除子女教育专项附加扣除。

19. 参加"跨校联合培养"需要到国外读书几年，是否可以按照子女教育扣除?

答：一般情况下，参加跨校联合培养的学生，原学校保留学生学籍，父母可以享受子女教育附加扣除。

第三节 继续教育

一、办法规定

纳税人在中国境内接受学历（学位）继续教育的支出，在学历（学位）教育期间按照每月 400 元定额扣除。同一学历（学位）继续教育的扣除期限不能超过 48 个月。纳税人接受技能人员职业资格继续教育、专业技术人员职业资格继续教育的支出，在取得相关证书的当年，按照 3600 元定额扣除。

个人接受本科及以下学历（学位）继续教育，符合本办法规定扣除条件的，可以选择由其父母扣除，也可以选择由本人扣除。

纳税人接受技能人员职业资格继续教育、专业技术人员职业资格继续教育的，应当留存相关证书等资料备查。

二、解析

（一）扣除主体

1. 限于本人。

2. 如果本人作为子女，同一学历（学位）教育、且在本科及以下的学历部分也可选择由父母享受扣除，但只能二选一。换言之，要么自己按照继续教育进行扣除，要么由父母按照子女教育进行扣除，不能兼得。

（二）扣除金额

继续教育采用定额的方式扣除，具体定额分为两种情况：

1. 学历（学位）教育期间为每月 400 元，但同一个学历扣除时间不能超过 48 个月；

2. 职业资格教育支出，在取得证书的当年按照每年 3600 元额度扣除，多个证书不加倍，一年封顶 3600 元。

注意，这里既出现了"每月××元"的表述，又出现了"当年××元"的表述，区别就在于前者按月份计算，后者只能按年计算。如下图所示：

扫码后输入"图十六"，可获取本图。

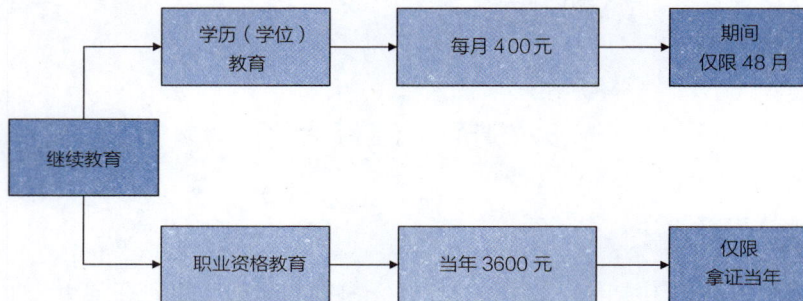

（三）教育阶段范围

继续教育的范围相对比较广泛，具体如下图所示：

扫码后输入"图十七"，可获取本图。

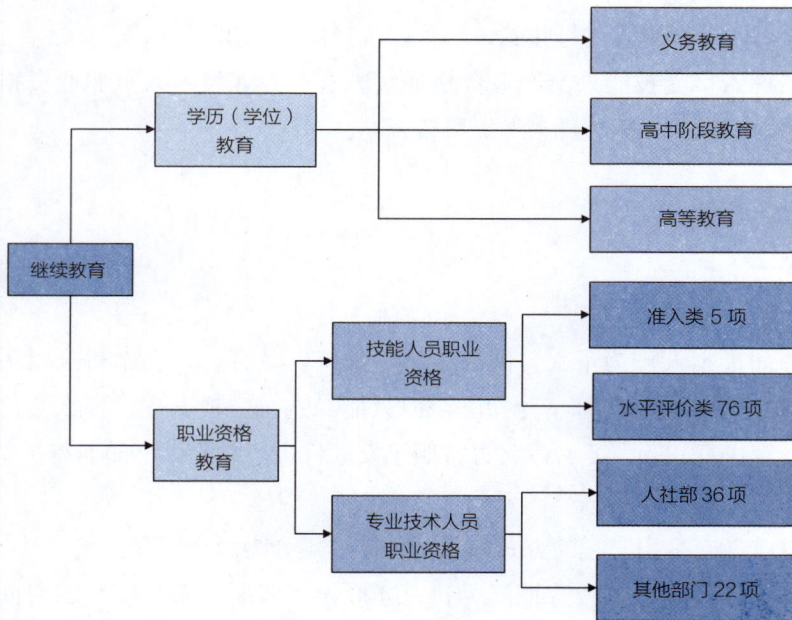

学历（学位）继续教育和子女教育的学历教育相同，包括义务教育、高中教育和高等教育三阶段。职业资格继续教育包括了技能人员职业资格

继续教育、专业技术人员职业资格继续教育。具体说来，目前我国技能人员职业资格共 81 项，其中准入类 5 项，水平评价类 76 项，均由人力资源与社会保障部（"人社部"）负责鉴定和证书的核发与管理；专业技术人员职业资格共 58 项，其中 36 项属于人社部参与实施，其余 22 项由教育部、司法部、财政部等多个部委分头管理。具体根据是《人力资源和社会保障部关于公布国家职业资格目录的通知》（人社部发〔2017〕68 号）的国家职业资格目录。

根据人社部发〔2017〕68 号文件，技能人员职业资格包括以下 81 项：

扫码后输入"表八"，可获取本有。

序号	职业资格名称		实施部门（单位）	资格类别
1	消防设施操作员		消防行业技能鉴定机构	准入类
2	焊工		人社部门技能鉴定机构	准入类
			环境保护部（民用核安全设备焊工、焊接操作工）	
3	家畜繁殖员		农业行业技能鉴定机构	准入类
4	健身和娱乐场所服务人员	游泳救生员	体育行业技能鉴定机构	准入类
		社会体育指导员（游泳、滑雪、潜水、攀岩）		
5	轨道交通运输服务人员	轨道列车司机	交通运输行业技能鉴定机构	准入类
			国家铁路局（铁路机车车辆驾驶人员）	
6	机械设备修理人员	设备点检员	冶金行业技能鉴定机构	水平评价类
		电工	安全生产监督管理部门相关机构、人社部门技能鉴定机构	
		锅炉设备检修工	电力行业技能鉴定机构	
		变电设备检修工		
		工程机械维修工	机械行业技能鉴定机构	

续表

序号	职业资格名称		实施部门（单位）	资格类别
7	通用工程机械操作人员	起重装卸机械操作工	交通运输行业技能鉴定机构、人社部门技能鉴定机构	水平评价类
8	建筑安装施工人员	电梯安装维修工	人社部门技能鉴定机构会同有关行业协会	水平评价类
		制冷空调系统安装维修工		
9	土木工程建筑施工人员	筑路工	交通运输行业技能鉴定机构、住房城乡建设部门相关机构	水平评价类
		桥隧工		
		防水工	住房城乡建设部门相关机构、人社部门技能鉴定机构	
		电力电缆安装运维工	电力行业技能鉴定机构	
10	房屋建筑施工人员	砌筑工、混凝土工、钢筋工、架子工	住房城乡建设部门相关机构、人社部门技能鉴定机构	水平评价类
11	水生产、输排和水处理人员	水生产处理工	化工、电力行业技能鉴定机构、住房城乡建设部门相关机构	水平评价类
		工业废水处理工	化工行业技能鉴定机构	
12	气体生产、处理和输送人员	工业气体生产工	化工行业技能鉴定机构	水平评价类
		工业废气治理工	化工、电力行业技能鉴定机构	
		压缩机操作工	化工、煤炭行业技能鉴定机构	
13	电力、热力生产和供应人员	锅炉运行值班员、发电集控值班员、变配电运行值班员、继电保护员	电力行业技能鉴定机构	水平评价类
		燃气轮机值班员		
		锅炉操作工	人社部门技能鉴定机构会同有关行业协会	

续表

序号	职业资格名称		实施部门（单位）	资格类别
14	仪器仪表装配人员	钟表及计时仪器制造工	轻工行业技能鉴定机构	水平评价类
15	电子设备装配调试人员	广电和通信设备电子装接工、广电和通信设备调试工	电子通信行业技能鉴定机构	水平评价类
16	计算机制造人员	计算机及外部设备装配调试员	电子通信行业技能鉴定机构	水平评价类
17	电子器件制造人员	液晶显示器件制造工	电子通信行业技能鉴定机构	水平评价类
		半导体芯片制造工、半导体分立器件和集成电路装调工		
18	电子元件制造人员	电子产品制版工、印制电路制作工	电子通信行业技能鉴定机构	水平评价类
19	电线电缆、光纤光缆及电工器材制造人员	电线电缆制造工	机械行业技能鉴定机构	水平评价类
20	输配电及控制设备制造人员	变压器互感器制造工	机械行业技能鉴定机构	水平评价类
		高低压电器及成套设备装配工		
21	汽车整车制造人员	汽车装调工	机械行业技能鉴定机构	水平评价类
22	医疗器械制品和康复辅具生产人员	矫形器装配工、假肢装配工	民政行业技能鉴定机构	水平评价类
23	金属加工机械制造人员	机床装调维修工	人社部门技能鉴定机构会同有关行业协会	水平评价类
24	工装工具制造加工人员	模具工	人社部门技能鉴定机构会同有关行业协会	水平评价类

续表

序号	职业资格名称		实施部门（单位）	资格类别
25	机械热加工人员	铸造工、锻造工、金属热处理工	人社部门技能鉴定机构会同有关行业协会	水平评价类
26	机械冷加工人员	车工、铣工	人社部门技能鉴定机构会同有关行业协会	水平评价类
		钳工、磨工、冲压工		
		电切削工	机械行业技能鉴定机构、人社部门技能鉴定机构	
27	硬质合金生产人员	硬质合金成型工、硬质合金烧结工、硬质合金精加工工	有色金属行业技能鉴定机构	水平评价类
28	金属轧制人员	轧制原料工、金属轧制工、金属材热处理工、金属材精整工	冶金、有色金属行业技能鉴定机构	水平评价类
		金属挤压工、铸轧工	有色金属行业技能鉴定机构	
29	轻有色金属冶炼人员	氧化铝制取工、铝电解工	有色金属行业技能鉴定机构	水平评价类
30	重有色金属冶炼人员	重冶火法冶炼工、电解精炼工	有色金属行业技能鉴定机构	水平评价类
		重冶湿法冶炼工		
31	炼钢人员	炼钢原料工、炼钢工	冶金行业技能鉴定机构	水平评价类
32	炼铁人员	高炉原料工、高炉炼铁工、高炉运转工	冶金行业技能鉴定机构	水平评价类
33	矿物采选人员	井下支护工	有色金属、煤炭、冶金行业技能鉴定机构	水平评价类
		矿山救护工		
34	陶瓷制品制造人员	陶瓷原料准备工、陶瓷烧成工、陶瓷装饰工	轻工、建材行业技能鉴定机构	水平评价类

续表

序号	职业资格名称		实施部门（单位）	资格类别
35	玻璃纤维及玻璃纤维增强塑料制品制造人员	玻璃纤维及制品工	建材行业技能鉴定机构	水平评价类
		玻璃钢制品工		
36	水泥、石灰、石膏及其制品制造人员	水泥生产工、石膏制品生产工	建材行业技能鉴定机构	水平评价类
		水泥混凝土制品工		
37	药物制剂人员	药物制剂工	中医药行业技能鉴定机构	水平评价类
38	中药饮片加工人员	中药炮制工	中医药行业技能鉴定机构	水平评价类
39	涂料、油墨、颜料及类似产品制造人员	涂料生产工、染料生产工	化工行业技能鉴定机构	水平评价类
40	农药生产人员	农药生产工	化工行业技能鉴定机构	水平评价类
41	化学肥料生产人员	合成氨生产工、尿素生产工	化工行业技能鉴定机构	水平评价类
42	基础化学原料制造人员	硫酸生产工、硝酸生产工、纯碱生产工	化工行业技能鉴定机构	水平评价类
		烧碱生产工、无机化学反应生产工		
		有机合成工		
43	化工产品生产通用工艺人员	化工总控工	化工行业技能鉴定机构	水平评价类
		防腐蚀工		
		制冷工	人社部门技能鉴定机构会同有关行业协会	

续表

序号	职业资格名称		实施部门（单位）	资格类别
44	炼焦人员	炼焦煤制备工	煤炭、冶金行业技能鉴定机构	水平评价类
		炼焦工		
45	工艺美术品制作人员	景泰蓝制作工	轻工行业技能鉴定机构	水平评价类
46	木制品制造人员	手工木工	住房城乡建设部门相关机构、人社部门技能鉴定机构	水平评价类
47	纺织品和服装剪裁缝纫人员	服装制版师	纺织行业技能鉴定机构	水平评价类
48	印染人员	印染前处理工、印花工、印染后整理工、印染染化料配制工	纺织行业技能鉴定机构	水平评价类
		纺织染色工		
49	织造人员	整经工、织布工	纺织行业技能鉴定机构	水平评价类
50	纺纱人员	纺纱工	纺织行业技能鉴定机构	水平评价类
		缫丝工		
51	纤维预处理人员	纺织纤维梳理工、并条工	纺织行业技能鉴定机构	水平评价类
52	酒、饮料及精制茶制造人员	酿酒师、品酒师	轻工行业技能鉴定机构	水平评价类
		酒精酿造工、白酒酿造工、啤酒酿造工、黄酒酿造工、果露酒酿造工		
		评茶员	供销行业技能鉴定机构、人社部门技能鉴定机构	
53	乳制品加工人员	乳品评鉴师	轻工行业技能鉴定机构	水平评价类

续表

序号	职业资格名称		实施部门（单位）	资格类别
54	粮油加工人员	制米工、制粉工、制油工	粮食行业技能鉴定机构	水平评价类
55	动植物疫病防治人员	农作物植保员	农业行业技能鉴定机构	水平评价类
		动物疫病防治员、动物检疫检验员		
		水生物病害防治员		
		林业有害生物防治员	林业行业技能鉴定机构	
56	农业生产服务人员	农机修理工	农业行业技能鉴定机构	水平评价类
		沼气工		
		农业技术员		
57	康复矫正服务人员	助听器验配师	卫生计生行业技能鉴定机构	水平评价类
		口腔修复体制作工		
		眼镜验光员、眼镜定配工	人社部门技能鉴定机构会同有关行业协会	
58	健康咨询服务人员	健康管理师	卫生计生行业技能鉴定机构	水平评价类
		生殖健康咨询师		
59	计算机和办公设备维修人员	信息通信网络终端维修员	电子通信行业技能鉴定机构	水平评价类
60	汽车摩托车修理技术服务人员	汽车维修工	交通运输行业技能鉴定机构、人社部门技能鉴定机构	水平评价类
61	保健服务人员	保健调理师	中医药行业技能鉴定机构	水平评价类
62	美容美发服务人员	美容师	人社部门技能鉴定机构会同有关行业协会	水平评价类
		美发师		

续表

序号	职业资格名称		实施部门（单位）	资格类别
63	生活照料服务人员	孤残儿童护理员	民政行业技能鉴定机构	水平评价类
		育婴员	人社部门技能鉴定机构会同有关行业协会	
		保育员		
64	有害生物防制人员	有害生物防制员	卫生计生行业技能鉴定机构、人社部门技能鉴定机构	水平评价类
65	环境治理服务人员	工业固体废物处理处置工	化工行业技能鉴定机构	水平评价类
66	水文服务人员	水文勘测工	水利行业技能鉴定机构	水平评价类
67	水利设施管养人员	河道修防工、水工闸门运行工	水利行业技能鉴定机构	水平评价类
		水工监测工		
68	地质勘查人员	地勘钻探工	国土资源行业技能鉴定机构	水平评价类
		地质调查员		
		地勘掘进工、地质实验员、物探工		
69	检验、检测和计量服务人员	农产品食品检验员	农业、粮食行业技能鉴定机构	水平评价类
		纤维检验员	供销行业技能鉴定机构	
		贵金属首饰与宝玉石检测员	轻工、珠宝首饰行业技能鉴定机构	
		机动车检测工	机械、交通运输行业技能鉴定机构	
70	测绘服务人员	大地测量员、摄影测量员、地图绘制员	测绘地理信息行业技能鉴定机构	水平评价类
		不动产测绘员		
		工程测量员	测绘地理信息、国土资源、交通运输行业技能鉴定机构	

序号	职业资格名称		实施部门（单位）	资格类别
71	安全保护服务人员	保安员	公安部门相关机构、人社部门技能鉴定机构	水平评价类
		安检员	民航行业技能鉴定机构、人社部门技能鉴定机构	
		智能楼宇管理员	住房城乡建设部门相关机构、人社部门技能鉴定机构	
		安全评价师	人社部门技能鉴定机构会同有关行业协会	
72	人力资源服务人员	劳动关系协调员	人社部门技能鉴定机构会同有关行业协会	水平评价类
		企业人力资源管理师		
73	物业管理服务人员	中央空调系统运行操作员	住房城乡建设部门相关机构、人社部门技能鉴定机构	水平评价类
74	信息通信网络运行管理人员	信息通信网络运行管理员	电子通信行业技能鉴定机构	水平评价类
75	广播电视传输服务人员	广播电视天线工	广电行业技能鉴定机构	水平评价类
		有线广播电视机线员		
76	信息通信网络维护人员	信息通信网络机务员	电子通信行业技能鉴定机构	水平评价类
		信息通信网络线务员		
77	餐饮服务人员	中式烹调师	人社部门技能鉴定机构会同有关行业协会	水平评价类
		中式面点师、西式烹调师、西式面点师		
		茶艺师		
78	仓储人员	（粮油）仓储管理员	粮食行业技能鉴定机构	水平评价类
79	航空运输服务人员	民航乘务员	民航行业技能鉴定机构	水平评价类
		机场运行指挥员		

续表

序号	职业资格名称		实施部门（单位）	资格类别
80	道路运输服务人员	机动车驾驶教练员	交通运输行业技能鉴定机构	水平评价类
81	消防和应急救援人员	消防员	消防行业技能鉴定机构	水平评价类
		森林消防员	林业行业技能鉴定机构	
		应急救援员	紧急救援行业技能鉴定机构	

专业技术人员职业资格包括如下58项（表中原文为59项，其中第35项的"会计从业资格"已被取消）：

扫码后输入
"表九"，可
获取本有。

序号	职业资格名称	实施部门（单位）	资格类别
1	教师资格	教育部	准入类
2	注册消防工程师	公安部、人力资源社会保障部	准入类
3	法律职业资格	司法部	准入类
4	中国委托公证人资格（香港、澳门）	司法部	准入类
5	注册会计师	财政部	准入类
6	民用核安全设备无损检验人员资格	环境保护部	准入类
7	民用核设施操纵人员资格	环境保护部、国家能源局	准入类
8	注册核安全工程师	环境保护部、人力资源社会保障部	准入类
9	注册建筑师	全国注册建筑师管理委员会及省级注册建筑师管理委员会	准入类
10	监理工程师	住房城乡建设部、交通运输部、水利部、人力资源社会保障部	准入类
11	房地产估价师	住房城乡建设部、国土资源部、人力资源社会保障部	准入类

续表

序号	职业资格名称		实施部门（单位）	资格类别
12	造价工程师		住房城乡建设部、交通运输部、水利部、人力资源社会保障部	准入类
13	注册城乡规划师		住房城乡建设部、人力资源社会保障部、中国城市规划协会	准入类
14	建造师		住房城乡建设部、人力资源社会保障部	准入类
15	勘察设计注册工程师	注册结构工程师	住房城乡建设部、人力资源社会保障部	准入类
		注册土木工程师	住房城乡建设部、交通运输部、水利部、人力资源社会保障部	
		注册化工工程师	住房城乡建设部、人力资源社会保障部	
		注册电气工程师		
		注册公用设备工程师		
15	勘察设计注册工程师	注册环保工程师	住房城乡建设部、环境保护部、人力资源社会保障部	准入类
		注册石油天然气工程师	住房城乡建设部、人力资源社会保障部	
		注册冶金工程师	住房城乡建设部、人力资源社会保障部	
		注册采矿/矿物工程师		
		注册机械工程师		
16	注册验船师		交通运输部、农业部、人力资源社会保障部	准入类
17	船员资格（含船员、渔业船员）		交通运输部、农业部	准入类
18	兽医资格	执业兽医	农业部	准入类
		乡村兽医		
19	拍卖师		中国拍卖行业协会	准入类

续表

序号	职业资格名称		实施部门（单位）	资格类别
20	演出经纪人员资格		文化部	准入类
21	医生资格	医师	国家卫生计生委	准入类
		乡村医生		
		人体器官移植医师		
22	护士执业资格		国家卫生计生委、人力资源社会保障部	准入类
23	母婴保健技术服务人员资格		国家卫生计生委	准入类
24	出入境检疫处理人员资格		质检总局	准入类
25	注册设备监理师		质检总局、人力资源社会保障部	准入类
26	注册计量师		质检总局、人力资源社会保障部	准入类
27	广播电视播音员、主持人资格		新闻出版广电总局	准入类
28	新闻记者职业资格		新闻出版广电总局	准入类
29	注册安全工程师		安全监管总局、人力资源社会保障部	准入类
30	执业药师		食品药品监管总局、人力资源社会保障部	准入类
31	专利代理人		国家知识产权局	准入类
32	导游资格		国家旅游局	准入类
33	注册测绘师		国家测绘地信局、人力资源社会保障部	准入类
34	航空人员资格	空勤人员、地面人员	中国民航局	准入类
		民用航空器外国驾驶员、领航员、飞行机械员、飞行通信员		
		航空安全员		
		民用航空电信人员、航行情报人员、气象人员		

续表

序号	职业资格名称	实施部门（单位）	资格类别
35	会计从业资格	财政部	准入类
36	特种设备检验、检测人员资格认定	质检总局	准入类
37	工程咨询（投资）专业技术人员职业资格	国家发展改革委、人力资源社会保障部、中国工程咨询协会	水平评价类
38	通信专业技术人员职业资格	工业和信息化部、人力资源社会保障部	水平评价类
39	计算机技术与软件专业技术资格	工业和信息化部、人力资源社会保障部	水平评价类
40	社会工作者职业资格	民政部、人力资源社会保障部	水平评价类
41	会计专业技术资格	财政部、人力资源社会保障部	水平评价类
42	资产评估师	财政部、人力资源社会保障部、中国资产评估协会	水平评价类
43	经济专业技术资格	人力资源社会保障部	水平评价类
44	土地登记代理专业人员职业资格	国土资源部、人力资源社会保障部、中国土地估价师与土地登记代理人协会	水平评价类
45	环境影响评价工程师	环境保护部、人力资源社会保障部	水平评价类
46	房地产经纪专业人员职业资格	住房城乡建设部、人力资源社会保障部、中国房地产估价师与房地产经纪人学会	水平评价类
47	机动车检测维修专业技术人员职业资格	交通运输部、人力资源社会保障部	水平评价类
48	公路水运工程试验检测专业技术人员职业资格	交通运输部、人力资源社会保障部	水平评价类

续表

序号	职业资格名称	实施部门（单位）	资格类别
49	水利工程质量检测员资格	水利部、中国水利工程协会	水平评价类
50	卫生专业技术资格	国家卫生计生委、人力资源社会保障部	水平评价类
51	审计专业技术资格	审计署、人力资源社会保障部	水平评价类
52	税务师	税务总局、人力资源社会保障部、中国注册税务师协会	水平评价类
53	认证人员职业资格	质检总局	水平评价类
54	出版专业技术人员职业资格	新闻出版广电总局、人力资源社会保障部	水平评价类
55	统计专业技术资格	国家统计局、人力资源社会保障部	水平评价类
56	银行业专业人员职业资格	银监会、人力资源社会保障部、中国银行业协会	水平评价类
57	证券期货业从业人员资格	证监会	水平评价类
58	文物保护工程从业资格	国家文物局	水平评价类
59	翻译专业资格	中国外文局、人力资源社会保障部	水平评价类

此外还需要注意的是：2019年12月底，国务院决定，从2020年1月起，除与公共安全、人身健康等密切相关的消防员、安检员等7个工种依法调整为准入类职业资格外，用一年时间分步有序将其他水平评价类技能人员职业资格全部退出国家职业资格目录，不再有政府或其授权的单位认定发证；同时，推行职业技能等级制度，制定发布国家职业标准或评价规

范，由相关社会组织或用人单位按标准依规范开展职业技能等级评价、颁发证书。

所以，自 2020 年起，技能人员职业资格会继续不断地进行调整变动，对继续教育支出扣除的影响也需要持续关注。

（四）享受扣除的时间

1.学历（学位）继续教育，从录取通知书注明的入学时间当月开始扣除，截止时间一般是以毕业时间为准。

注意，同一个学历（学位）教育最多只能扣除 4 年（48 个月）。也就是说，纳税人不能在同一个学历上无限制的读书、抵扣。因此，截止时间也可能是接受该学历（学位）教育后的第 48 个月。

2.职业资格继续教育，以证书为准，在取得证书的年度享受扣除。

三、实务要点

1.纳税人可享受的学历（学位）继续教育仅限于中国境内，这与子女教育中的有关规定不同，需要留意。

2.本科及以下的学历教育，可以选择由纳税人本人或者父母扣除。那本科以上呢？办法未明说，但隐含意思自然是不能选择扣除。既然不能选择扣除，就要进行判断，纳税人属于继续教育的硕士和博士阶段的（即本科毕业工作后再进修），则只能选择继续教育扣除，不能再作为子女教育扣除项目由父母扣除。

3.可享受职业资格教育继续扣除的证书都是正列举的，需要"按图索骥"，不能"张冠李戴"。同时值得注意的是，职业资格继续教育扣除并非能按证书的数量加倍扣除，而是一年只能扣除一个 3600 元。办法的原文是："在取得相关证书的当年，按照 3600 元定额扣除"。这句话本身不是太明确，但是表格填写的问答中进行了明确。

问：同时接受多个学历继续教育或者取得多个专业技术人员职业资格证书，是否均需要填写？

答：只填写其中一条即可。因为多个学历（学位）继续教育不可同时享受，多个职业资格继续教育不可同时享受。

4. 多个学历（学位）继续教育不能同时享受。这虽未在办法中指明，但是在上文的填表问答中进行了明确。

5. 职业资格继续教育只认拿证当年，拿证之后的年度不能再进行抵扣，这和我们平常理解的拿到某个证后的"继续教育"持续几年时间的概念有所不同，需要留意。

6. 花艺、各种球类等兴趣培训的继续教育费用是不可以扣除的。这点从实务角度很好理解，一旦范围这么广泛，那么继续教育扣除会成为一个无法核实的扣除项。

7. 纳税人接受学历（学位）继续教育没有取得证书，也可以享受继续教育扣除，即只看教育阶段，不看教育结果。

8. 同一个学历（学位）继续教育扣了48个月，扣完了，如果换学历专业，还可以重新扣48个月，并不相互抵消。

9. 享受职业资格继续教育扣除的年度以职业资格证书上注明的时间为准，而不以取得证书的时间为准，因为后者不好证明。同时，由于年度汇算的时间足够长，上一年的证书拖到下一年的6月30日还没有发放的情形比较少见，一般不会耽误扣除。

四、国家税务总局问答

20. 继续教育专项附加扣除的扣除范围是怎么规定的？

答：纳税人在中国境内接受学历（学位）继续教育的支出，在学历（学位）教育期间按照每月400元定额扣除。同一学历继续教育的扣除期限不能超过48个月。纳税人接受技能人员职业资格继续教育、专业技术人员职业资格继续教育支出，在取得相关证书的当年，按照3600元定额扣除。

21. 继续教育专项附加扣除的扣除标准是怎么规定的？

答：继续教育专项附加扣除的扣除标准是：

（1）纳税人在中国境内接受学历（学位）继续教育的支出，在学历（学位）教育期间按照每月400元定额扣除。

（2）纳税人接受技能人员职业资格继续教育、专业技术人员职业资格继续教育支出，在取得相关证书的当年，按照3600元定额扣除。

22.继续教育专项附加扣除该如何申报？

答： 对技能人员职业资格和专业技术人员职业资格继续教育，采取凭证书信息定额扣除方式。纳税人在取得证书后向扣缴义务人提供姓名、纳税识别号、证书编号等信息，由扣缴义务人在预扣预缴环节扣除。也可以在年终向税务机关提供资料，通过汇算清缴享受扣除。

对学历继续教育，采取凭学籍、考籍信息定额扣除方式。纳税人向扣缴义务人提供姓名、纳税识别号、学籍、考籍等信息，由扣缴义务人在预扣预缴环节扣除，也可以在年终向税务机关提供资料，通过汇算清缴享受扣除。

23.学历（学位）继续教育支出，可在多长期限内扣除？

答： 在中国境内接受学历（学位）继续教育入学的当月至学历（学位）继续教育结束的当月，但同一学历（学位）继续教育的扣除期限最长不得超过48个月。

24.纳税人因病、因故等原因休学且学籍继续保留的休学期间，以及施教机构按规定组织实施的寒暑假是否连续计算？

答： 学历（学位）继续教育的扣除期限最长不得超过48个月。48个月包括纳税人因病、因故等原因休学且学籍继续保留的休学期间，以及施教机构按规定组织实施的寒暑假期连续计算。

25.纳税人享受继续教育专项附加扣除需保存哪些资料？

答： 纳税接受学历继续教育，不需保存相关资料。纳税人接受技能人员职业资格继续教育、专业技术人员职业资格继续教育的，应当留存相关证书等资料备查。

26.没有证书的兴趣培训费用可扣除吗？

答： 目前，继续教育专项附加扣除的范围限定学历继续教育、技能人员职业资格继续教育和专业技术人员职业资格继续教育的支出，上述培训之外的花艺等兴趣培训不在扣除范围内。

27.纳税人终止继续教育是否需要报告？

答： 纳税人终止学历继续教育的，应当将相关变化信息告知扣缴义务人或税务机关。

28. 如果纳税人在接受学历继续教育的同时取得技能人员职业资格证书或者专业技术人员职业资格证书的，如何享受继续教育扣除？

答：根据《个人所得税专项附加扣除暂行办法》，纳税人接受学历继续教育，可以按照每月 400 元的标准扣除，全年共计 4800 元；在同年又取得技能人员职业资格证书或者专业技术人员职业资格证书的，且符合扣除条件的，可按照 3600 元的标准定额扣除。但是，只能同时享受一个学历（学位）继续教育和一个职业资格继续教育。因此，对同时符合此类情形的纳税人，该年度可叠加享受两个扣除，当年其继续教育共计可扣除 8400 元（4800+3600）。

29. 继续教育专项附加扣除的扣除主体是谁？

答：继续教育的扣除主体以纳税人本人为主。大学本科及以下的学历继续教育可以由接受教育的本人扣除，暂可以由其父母按照子女教育扣除，但对于同一教育事项，不得重复扣除。

30. 如果在国外进行的学历继续教育，或者是拿到了国外颁发的技能证书，能否享受每月 400 元或每年 3600 元的扣除？

答：根据《暂行办法》规定，纳税人在中国境内接受的学历（学位）继续教育支出，以及接受技能人员职业资格继续教育、专业技术人员职业资格继续教育支出可以扣除。由于您在国外接受的学历继续教育和国外颁发的技能证书，不符合"中国境内"的规定，不能享受专项附加扣除政策。

31. 我现在处于本硕博连读的博士阶段，父母已经申报享受了子女教育。我博士读书时取得律师资格证书，可以申报扣除继续教育吗？

答：如您有综合所得（比如稿酬或劳务报酬等），一个纳税年度内，在取得证书的当年，可以享受职业资格继续教育扣除（3600 元 / 年）。

32. 我参加了学历（学位）教育，最后没有取得学历（学位）证书，是否可以享受继续教育扣除？

答：参加学历（学位）继续教育，按照实际受教育时间，享受每月 400 元的扣除。不考察最终是否取得证书，最多扣除 48 个月。

33. 参加自学考试，纳税人应当如何享受扣除？

答：按照《高等教育自学考试暂行条例》的有关规定，高等教育自学考试应考者取得一门课程的单科合格证书后，省考委即应为其建立考籍管理档案。具有考籍管理档案的考生，可以按照《暂行办法》的规定，享受继续教育专项附加扣除。

34. 纳税人参加夜大、函授、现代远程教育、广播电视大学等学习，是否可以按照继续教育扣除？

答：纳税人参加夜大、函授、现代远程教育、广播电视大学等教育，所读学校为其建立学籍档案的，可以享受学历（学位）继续教育扣除。

35. 同时接受多个学历继续教育或者取得多个专业技术人员职业资格证书，是否均需要填写？

答：对同时接受多个学历继续教育，或者同时取得多个职业资格证书的，只需填报其中一个即可。但如果同时存在学历继续教育、职业资格继续教育两类继续教育情形，则每一类都要填写。

第四节　大病医疗

一、办法规定

在一个纳税年度内，纳税人发生的与基本医保相关的医药费用支出，扣除医保报销后个人负担（指医保目录范围内的自付部分）累计超过15000元的部分，由纳税人在办理年度汇算清缴时，在80000元限额内据实扣除。

纳税人发生的医药费用支出可以选择由本人或者其配偶扣除；未成年子女发生的医药费用支出可以选择由其父母一方扣除。

纳税人及其配偶、未成年子女发生的医药费用支出，按上述规定分别计算扣除额。

纳税人应当留存医药服务收费及医保报销相关票据原件（或者复印件）等资料备查。医疗保障部门应当向患者提供在医疗保障信息系统记录的本人年度医药费用信息查询服务。

二、解析

（一）扣除主体

纳税人或者配偶的大病医疗支出可以由纳税人本人扣除。未成年子女的医疗费用，可以选择由其父母一方扣除。

注意这是两个层级的事情，先看本人或者配偶，然后再看未成年子女，分开计算和判断比较好。

（二）扣除金额

大病医疗支出不采用定额扣除的方式，而是采用限额据实扣除的方式，具体金额标准是：个人负担的医药费用支出，在 15000 元至 95000 元之间的部分，即是所谓的"超过 15000 元的部分……按照 80000 元的标准限额据实扣除"。结合扣除主体的规定，纳税人可以根据自己的情况安排扣除人及金额，理论上，本人、配偶和一位未成年子女合计可在本人处扣除的最高限额是 24 万元。总之，以扣除利益最大化为目标。

（三）大病医疗支出范围

可扣除的大病医疗支出，必须是与基本医保相关的医药费用支出，且是其中扣除医保报销后个人负担（指医保目录范围内的自付部分）的部分。

在办法的征求意见稿中，曾经要求必须要"通过社会医疗保险管理信息系统记录"，最终稿中取消了，替换为"与基本医保相关的"，而且加了范围限定：医保目录范围内的自付部分。其本质是需要由医保制度进行背书，防止不合理的过度医疗支出。为了迎接年度汇算，相关部委会对医保记录进行改进，在其中明确标注出"自付"部分，以方便纳税人办理扣除。

（四）享受扣除的时间

大病医疗支出以一个年度为期间计算，不存在起始享受期间，只要在这一个纳税年度中实际发生的支出，即可以享受扣除。

办理扣除的时间为取得大病医疗服务收费票据年度的次年 3 月 1 日至 6 月 30 日，即办理年度汇算的时间。

三、实务要点

1. 本项扣除是唯一的据实扣除项目，因此实际发生支出的票据非常重要，需要纳税人及时留存并在需要时提供给税务机关。办法对留存备查资料进行了明确：纳税人应当留存医药服务收费及医保报销相关票据原件（或者复印件）等资料备查。《个人所得税专项附加扣除操作办法》在此基础上进一步细化，增加了"医疗保障部门出具的纳税年度医药费用清单"，为纳税人提供了更多的选择。

2. 与其他专项附加扣除可以选择在预交环节和年度汇算环节扣除不同，大病医疗只能选择在年度汇缴环节享受扣除。由于只有到年底才能确定个人年度大病医药费用总额，在平时的预缴环节难以操作，需要个人在办理年度汇算清缴申报时提供相关信息和资料，自行填报医药费用支出情况，并申请退税。

3. 目前的医疗服务收费票据主要包括两种类型：一种是指非营利性医疗机构开具的由财政部门统一印制的《医疗卫生机构收费专用票据》；另一种是指营利性医疗机构开具的由税务部门监制的《医疗服务专用发票》。

4. 大病的范围是根据金额来确定的，而非病种。办法中，并没有界定什么是大病，这是因为这种界定在实务中非常困难。有的人感冒了也能发生生命危险，因此办法确定的大病实质上是根据支出金额来判定的，只要超过支出标准的，就被认定为大病，至于什么病种，并未做具体限制。

5. 大病医疗支出不能累加，扣除额却能累加，这就是办法中"分别扣除"的意思。比如配偶自付医药费 10000 元，孩子自付医药费 10000 元，要分别计算大病医疗支出，因为都未达到起点（15000 元），因此都不能享受大病医疗支出扣除。而不是将两部分医药费相加，变成 20000 元，再享受扣除。如果二者自付医药费都是 18000 元，都可以享受 3000 元（18000 元–15000 元）的扣除额，则在扣除时相加由该纳税人扣除 6000 元。

6. 自付和自费的区别。自付是指医保目录范围内发生的医药费用支出，扣除医保报销后个人负担的部分，而自费是指不在医保目录范围内的医药费用支出，由纳税人自己负担的部分。

四、国家税务总局问答

36.大病医疗专项附加扣除的扣除方式是怎样的？

答：在一个纳税年度内，纳税人发生的与基本医保相关的医药费用支出，扣除医保报销后个人负担（指医保目录范围内的自付部分）累计超过15000元的部分，由纳税人在办理年度汇算清缴时，在80000元限额内据实扣除。

37.大病医疗专项附加扣除何时扣除？

答：在次年3月1日至6月30日汇算清缴时扣除。

38.纳税人配偶、子女的大病医疗支出是否可以在纳税人税前扣除？

答：纳税人发生的医药费用支出可以选择由本人或其配偶一方扣除；未成年子女发生的医药费用支出可以选择由其父母一方扣除。

纳税人及其配偶、未成年子女发生的医药费用支出，可按规定分别计算扣除额。

39.纳税人父母的大病医疗支出，是否可以在纳税人税前扣除？

答：目前未将纳税人父母纳入大病医疗扣除范围。

40.享受大病医疗专项附加扣除时，纳税人需要注意什么？

答：纳税人日常看病时，应当留存医药服务收费及医保报销相关票据原件（或者复印件）等资料备查，同时，可以通过医疗保障部门的医疗保障管理信息系统查询本人上一年度医药费用情况。纳税人在年度汇算清缴时填报相关信息申请退税。

41.夫妻同时有大病医疗支出，想全部都在男方扣除，扣除限额是16万吗？

答：夫妻两人同时有符合条件的大病医疗支出，可以选择都在男方扣除，扣除限额分别计算，每人最高扣除限额为8万元，合计最高扣除限额为16万元。

42.大病医疗支出中，纳税人年末住院，第二年年初出院，这种跨年度的医疗费用，如何计算扣除额？是分两个年度分别扣除吗？

答：纳税人年末住院，第二年年初出院，一般是在出院时才进行医疗费用的结算。纳税人申报享受大病医疗扣除，以医疗费用结算单上的结算时间为准，因此该医疗支出属于是第二年的医疗费用，到 2019 年结束时，如果达到大病医疗扣除的"起付线"，可以在 2020 年汇算清缴时享受扣除。

43. 在私立医院就诊是否可以享受大病医疗扣除？

答：对于纳入医疗保障结算系统的私立医院，只要纳税人看病的支出在医保系统可以体现和归集，则纳税人发生的与基本医保相关的支出，可以按照规定享受大病医疗扣除。

44. 如何理解大病医疗专项附加扣除的"起付线"和扣除限额的关系？

答：根据《暂行办法》规定，纳税人发生的与基本医保相关的医药费用支出，扣除医保报销后个人负担（指医保目录范围内的自付部分）累计超过 1.5 万元的部分，在 8 万元限额内据实扣除。上述所称的 1.5 万是"起付线"，8 万是限额。

第五节　住房贷款利息

一、办法规定

纳税人本人或者配偶单独或者共同使用商业银行或者住房公积金个人住房贷款为本人或者其配偶购买中国境内住房，发生的首套住房贷款利息支出，在实际发生贷款利息的年度，按照每月 1000 元的标准定额扣除，扣除期限最长不超过 240 个月。纳税人只能享受一次首套住房贷款的利息扣除。

本办法所称首套住房贷款是指购买住房享受首套住房贷款利率的住房贷款。

经夫妻双方约定，可以选择由其中一方扣除，具体扣除方式在一个纳税年度内不能变更。

夫妻双方婚前分别购买住房发生的首套住房贷款，其贷款利息支出，婚后可以选择其中一套购买的住房，由购买方按扣除标准的 100% 扣除，也可以由夫妻双方对各自购买的住房分别按扣除标准的 50% 扣除，具体扣除方式在一个纳税年度内不能变更。

纳税人应当留存住房贷款合同、贷款还款支出凭证备查。

二、解析

（一）扣除主体

住房贷款利息的扣除主体是贷款人或者其配偶。未婚人士单独贷款买房的，婚前只能由贷款人本人扣除；婚后配偶没有享受过住房贷款利息扣除的，可选择由贷款人或其配偶扣除，一个年度内不得调整。夫妻婚后共同贷款购房的，可选择由其中一方扣除，一个年度内不得调整。

（二）扣除金额

住房贷款利息采用定额扣除的方式，具体标准为每月 1000 元。

（三）可享受扣除的利息条件

由于贷款利息在实务判断中比较复杂，为了真正达到减轻有还贷压力的纳税人税收负担的目的，办法设置了必须同时满足的两个条件：

1.必须是住房贷款，不能是其他性质的房屋贷款。如商铺、商住两用房等，不属于住房，其贷款利息也无法扣除。这个很好理解，无需赘言。

2.必须是首套住房贷款。实务中是指购买住房享受首套住房贷款利率的住房贷款。首套住房贷款利率是指，本人或配偶因购买第一套住房而使用商业银行或住房公积金贷款而支付利息适用的利率。纳税人的首套住房贷款情况，由住房所在地金融监管部门负责判定。由于房地产市场区域差异明显，调控政策往往"因城施策"，不同城市对"首套房"的认定标准不同，实施了差别化的住房信贷政策。具体在实务上，有的认个人或家庭的首套住房，有的认个人或家庭的首次住房贷款，需要留意各地执行口径。但在个人所得税的扣除上，一旦金融机构给予了首套住房贷款利率，则就被认定为符合扣除条件。

（四）享受扣除的起止时间

享受住房贷款利息扣除的起始时间为贷款合同约定开始还款的当月。其终止时间有两种情形：一是贷款还清当月；二是享受扣除后的第240个月。

三、实务要点

1.注意可以扣除住房贷款利息的主体是贷款人或者其配偶（二选一），但是金融机构在认定首套住房贷款利率的时候极大可能以家庭为单位，增加了未成年子女。这在我国住房市场中算是惯例——我国住房市场的各种交易条件和限制都以家庭（父母加未成年子女）为单位。

2.首套房的认定，最清楚的人是办理贷款的银行业务人员，因为相关的利率就能证明一切。纳税人可以向放贷银行或公积金中心查询。2019年3月，中国人民银行、财政部、税务总局联合发布了《关于做好个人所得税住房贷款利息专项附加扣除相关信息归集工作的通知》（银办发〔2019〕71号），要求对1989年1月1日之后发放的商业性个人住房贷款信息数据进行归集，就是为了方便纳税人准确的享受住房贷款利息扣除。

3.办法中规定了240个月的期限，这个期限并非贷款期限，而是享受扣除的期限，如果贷款30年，也是可以享受扣除的，只是只能享受其中的20年即240个月。

4.本项扣除需要当心对首套贷款的判断不要出错。

5.住房贷款利息没有夫妻双方可以分摊扣除的规定，即使是婚前各自有住房贷款婚后扣除，也是可选择各扣各自房贷的50%，而非分摊扣除。换言之，夫妻二人婚前分别购买了首套住房，在婚前各自可以扣除1000元/月，婚后，这两套房产变成共同财产了，只有两个选择：一是选择其中一套，由购买方扣除1000元/月，另外一方不能扣；二是选择各自扣各自的住房，但都只能扣500元/月。

6.可享受住房贷款利息扣除的住房仅限于中国境内住房，境外住房不能享受。

7.住房贷款利息，每人一生中只能享受一次。也就是说，如果第一套房已经享受过了住房贷款利息扣除，卖掉之后换成第二套房，虽然也是首套贷款利息，但是却不能再享受住房贷款利息扣除。这一点在年度汇算时尤其需要留意。

四、国家税务总局问答

45. 住房贷款利息专项附加扣除的扣除范围是什么？

答： 纳税人本人或其配偶单独或共同使用商业银行或住房公积金个人住房贷款为本人或其配偶购买中国境内住房，发生的首套住房贷款利息支出。

46. 住房贷款利息专项附加扣除的标准是怎么规定的？

答： 在实际发生贷款利息的年度，按照每月 1000 元标准定额扣除，扣除期限最长不超过 240 个月。纳税人只能享受一次首套住房贷款的利息扣除。

47. 住房贷款利息专项附加扣除的扣除主体是谁？

答： 经夫妻双方约定，可以选择由其中一方扣除，具体扣除方式在一个纳税年度内不能变更。

48. 住房贷款利息专项附加扣除的扣除方式是怎样的？

答： 住房贷款利息专项附加扣除采取定额扣除方式。

49. 住房贷款利息专项附加扣除享受的时间范围？

答： 纳税人的住房贷款利息扣除期限最长不能超过 240 个月，240 个月后不能享受附加扣除。对于 2019 年之后还处在还款期，只要符合条件，就可以扣除。

50. 夫妻双方婚前都有住房贷款，婚后怎么享受住房贷款利息专项附加扣除？

答： 夫妻双方婚前分别购买住房发生的首套住房贷款，其贷款利息支出，婚后可以选择其中一套购买的住房，由购买方按扣除标准的 100% 扣除，也可以由夫妻双方对各自购买的住房分别按扣除标准的 50%，具体扣除方式在一个年度内不得变更。

51. 住房贷款利息和住房租金扣除可以同时享受吗？

不可以。纳税人及其配偶在一个纳税年度内不能同时分别享受住房贷款利息和住房租金专项附加扣除。

52. 首套房的贷款还清后，贷款购买第二套房屋时，银行仍旧按照首套房贷款利率发放贷款，首套房没有享受过扣除，第二套房屋是否可以享受住房贷款利息扣除？

答：根据《暂行办法》相关规定，如纳税人此前未享受过住房贷款利息扣除，那么其按照首套住房贷款利率贷款购买的第二套住房，可以享受住房贷款利息扣除。

53.我有一套住房，是公积金和商贷的组合贷款，公积金中心按首套贷款利率发放，商业银行贷款按普通商业银行贷款利率发放，是否可以享受住房贷款利率扣除？

答：一套采用组合贷款方式购买的住房，如公积金中心或者商业银行其中之一，是按照首套房屋贷款利率发放的贷款，则可以享受住房贷款利息扣除。

54.父母和子女共同购房,房屋产权证明、贷款合同均登记为父母和子女,住房贷款利息专项附加扣除如何享受？

答：父母和子女共同购买一套房子，不能既由父母扣除，又由子女扣除，应该由主贷款人扣除。如主贷款人为子女的，由子女享受贷款利息专项附加扣除；主贷款人为父母中一方的，由父母任一方享受贷款利息扣除。

55.父母为子女买房，房屋产权证明登记为子女，贷款合同的贷款人为父母，住房贷款利息支出的扣除如何享受？

答：从实际看，房屋产权证明登记主体与贷款合同主体完全没有交叉的情况很少发生。如确有此类情况，按照《暂行办法》规定，只有纳税人本人或者配偶使用住房贷款为本人或者其配偶购买中国境内住房，发生的首套住房贷款利息支出可以扣除。本例中，父母所购房屋是为子女购买的，不符合上述规定，父母和子女均不可以享受住房贷款利息扣除。

56.丈夫婚前购买的首套住房，婚后由丈夫还贷，首套住房利息是否只能由丈夫扣除？妻子是否可以扣除？

答：按照《暂行办法》规定，经夫妻双方约定，可以选择由夫妻中一方扣除，具体扣除方式在一个纳税年度内不能变更。

57.如何理解纳税人只能享受一次住房贷款利息扣除？

答：只要纳税人申报扣除过一套住房贷款利息，在个人所得税专项附加扣除的信息系统里存有扣除住房贷款利息的记录，无论扣除时间长短、也无论该住房的产权归属情况，纳税人就不得再就其他房屋享受住房贷款利息扣除。

58.享受住房贷款利息专项附加扣除，房屋证书号码是房屋所有权证/不动产权证上哪一个号码？

答：为房屋所有权证或不动产权证上载明的号码。如，京（2018）朝阳不动产权第0000000号，或者苏房地（宁）字（2017）第000000号。如果还没取得房屋所有权证或者不动产权证，但有房屋买卖合同、房屋预售合同的，填写合同上的编号。

59.个人填报住房贷款相关信息时，"是否婚前各自首套贷款，且婚后分别扣除50%"是什么意思？我该如何填写该栏？

答：如夫妻双方婚前各自有一套符合条件的住房贷款利息的，填写本栏。无此情形的，无须填写。

如夫妻婚后选择其中一套住房，由购买者按扣除标准100%扣除的，则购买者需填写本栏并选择"否"。另一方应当在同一月份变更相关信息、停止申报扣除。

如夫妻婚后选择对各自购买的住房分别按扣除标准的50%扣除的，则夫妻双方均需填写本栏并选择"是"。

60.我刚办的房贷期限是30年，我现在扣完子女教育和赡养老人就不用缴税了，我可以选择过两年再开始办理房贷扣除吗？

答：住房贷款利息支出扣除实际可扣除时间为，贷款合同约定开始还款的当月至贷款全部归还或贷款合同终止的当月，扣除期限最长不得超过240个月。因此，在不超过240个月以内，您可以根据个人情况办理符合条件的住房贷款利息扣除。

第六节　住房租金

一、办法规定

纳税人在主要工作城市没有自有住房而发生的住房租金支出，可以按照以下标准定额扣除：

（一）直辖市、省会（首府）城市、计划单列市以及国务院确定的其他城市，扣除标准为每月 1500 元；

（二）除第一项所列城市以外，市辖区户籍人口超过 100 万的城市，扣除标准为每月 1100 元；市辖区户籍人口不超过 100 万的城市，扣除标准为每月 800 元。

纳税人的配偶在纳税人的主要工作城市有自有住房的，视同纳税人在主要工作城市有自有住房。

市辖区户籍人口，以国家统计局公布的数据为准。

本办法所称主要工作城市是指纳税人任职受雇的直辖市、

计划单列市、副省级城市、地级市（地区、州、盟）全部行政区域范围；纳税人无任职受雇单位的，为受理其综合所得汇算清缴的税务机关所在城市。

夫妻双方主要工作城市相同的，只能由一方扣除住房租金支出。

住房租金支出由签订租赁住房合同的承租人扣除。

纳税人及其配偶在一个纳税年度内不能同时分别享受住房贷款利息和住房租金专项附加扣除。

纳税人应当留存住房租赁合同、协议等有关资料备查。

二、解析

（一）扣除主体

1. 签订住房租赁合同的承租人本人。

2. 如果夫妻双方主要工作城市相同，则只能在一方扣除；如果双方主要工作城市不同，且在主要工作城市都无住房，则可以分别扣除。前提是夫妻二人在纳税人的主要工作城市无住房。

如下图所示：

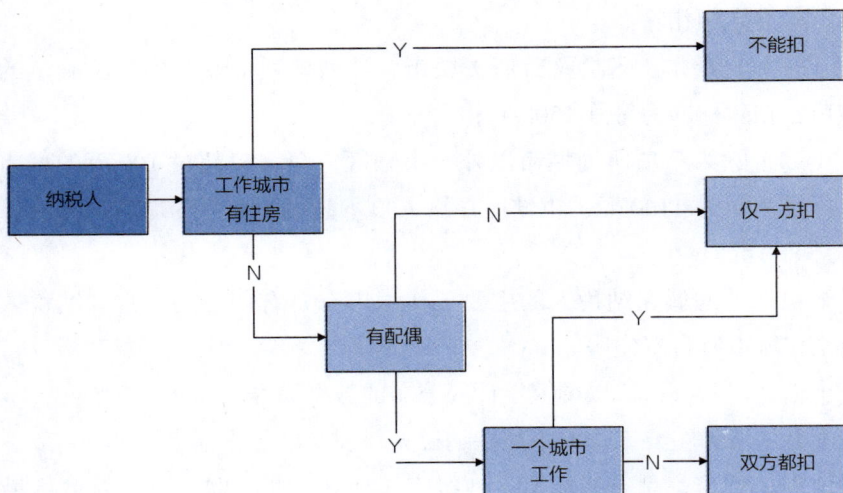

```
                                          Y                    ┌──────────┐
                         ┌─────────────────────────────────→  │  不能扣  │
                         │                                     └──────────┘
┌────────┐   ┌──────────┐                                     ┌──────────┐
│ 纳税人 │→  │ 工作城市 │              N                      │ 仅一方扣 │
└────────┘   │ 有住房   │  ┌──────────────────────────────→  └──────────┘
             └──────────┘  │                                      ↑
                  │        │                              Y       │
                  N        │          ┌──────────┐ ────────────────
                  │        │          │ 有配偶   │
                  └────────┴─────────→└──────────┘
                                            │
                                            Y
                                            ↓
                                      ┌──────────┐          ┌──────────┐
                                      │ 一个城市 │   N      │ 双方都扣 │
                                      │ 工作     │ ──────→  └──────────┘
                                      └──────────┘
```

（二）扣除金额

住房租金采取定额扣除方式，具体金额标准与承租的住房坐落地城市规模有关，具体如下图所示：

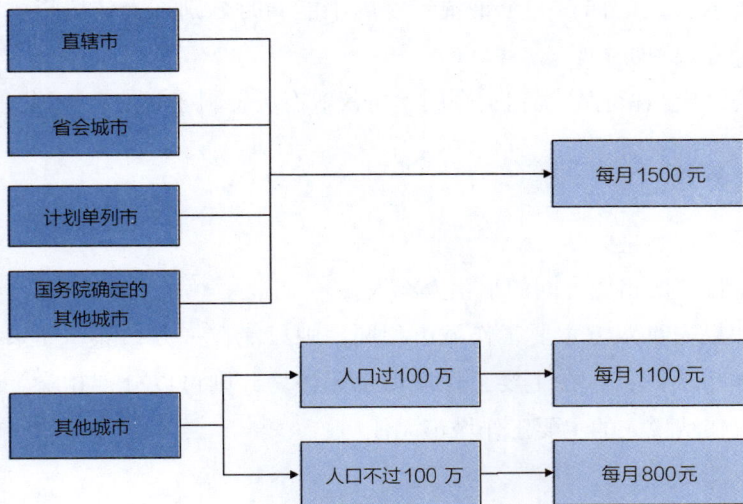

```
┌──────────┐
│ 直辖市   │────┐
└──────────┘    │
┌──────────┐    │
│ 省会城市 │────┤          ┌────────────────┐
└──────────┘    ├──────→   │  每月1500元    │
┌──────────┐    │          └────────────────┘
│ 计划单列市│───┤
└──────────┘    │
┌──────────┐    │
│ 国务院确定的│──┘
│ 其他城市  │
└──────────┘

┌──────────┐    ┌────────────┐      ┌────────────────┐
│          │───→│ 人口过100万 │───→ │  每月1100元    │
│ 其他城市 │    └────────────┘      └────────────────┘
│          │    ┌────────────┐      ┌────────────────┐
└──────────┘───→│ 人口不过100万│──→ │  每月800元     │
                └────────────┘      └────────────────┘
```

城市规模的确定，以统计部门的户籍统计数据为准。城市规模统计表如下：（出自国家税务总局专项附加扣除指南）

扫码后输入"表十"，可获取本表。

直辖市、省会(省府)计划单列市		100万以上城市				100万以下城市				
1 北京市		37 唐山市	73 鄂州市	109 宜宾市		1 邢台市	37 松原市	73 焦作市	109 德阳市	145 金昌市
2 天津市		38 秦皇岛市	74 荆州市	110 广安市		2 承德市	38 白城市	74 濮阳市	110 广元市	146 白银市
3 石家庄市		39 邯郸市	75 衡阳市	111 达州市		3 沧州市	39 延边朝鲜族自治州	75 许昌市	111 雅安市	147 张掖市
4 太原市		40 保定市	76 岳阳市	112 巴中市		4 廊坊市	40 鸡西市	76 三门峡市	112 阿坝藏族羌族自治州	148 平凉市
5 呼和浩特市		41 张家口市	77 常德市	113 资阳市		5 衡水市	41 鹤岗市	77 周口市	113 甘孜藏族自治州	149 酒泉市
6 沈阳市		42 大同市	78 益阳市	114 大渡口市		6 阳泉市	42 双鸭山市	78 驻马店市	114 凉山彝族自治州	150 庆阳市
7 大连市		43 包头市	79 宜春市	115 黄石市		7 长治市	43 伊春市	79 黄石市	115 铜仁市	151 定西市
8 长春市		44 赤峰市	80 永州市	116 晋城市		8 晋城市	44 佳木斯市	80 佳木斯市	116 黔西南布依族苗族自治州	152 陇南市
9 哈尔滨市		45 鞍山市	81 上饶市	117 安顺市		9 朔州市	45 七台河市	81 七台河市	117 黔东南苗族侗族自治州	153 临夏回族自治州
10 上海市		46 抚顺市	82 佛山市	118 毕节市		10 晋中市	46 牡丹江市	82 牡丹江市	118 黔南布依族苗族自治州	154 甘南藏族自治州
11 南京市		47 盘锦市	83 江门市	119 曲靖市		11 运城市	47 黑河市	83 威海市	119 玉溪市	155 海东市
12 杭州市		48 吉林市	84 湛江市	120 宝鸡市		12 忻州市	48 绥化市	84 大兴安岭地区	120 保山市	156 海北藏族自治州
13 宁波市		49 齐齐哈尔市	85 茂名市	121 咸阳市		13 临汾市	49 大兴安岭地区	85 恩施土家族苗族自治州	121 昭通市	157 黄南藏族自治州
14 合肥市		50 大庆市	86 肇庆市	122 渭南市		14 吕梁市	50 嘉兴市	86 徐州市	122 丽江市	158 海南藏族自治州
15 福州市		51 无锡市	87 惠州市	123 阳泉市		15 乌海市	51 金华市	87 湘潭市	123 普洱市	159 果洛藏族自治州
16 厦门市		52 徐州市	88 阳江市	124 临汾市		16 通辽市	52 衢州市	88 邵阳市	124 临沧市	160 玉树藏族自治州
17 南昌市		53 常州市	89 清远市			17 鄂尔多斯市	53 舟山市	89 张家界市	125 楚雄彝族自治州	161 海西蒙古族藏族自治州
18 济南市		54 苏州市	90 东莞市			18 呼伦贝尔市	54 丽水市	90 呼伦贝尔市	126 红河哈尼族彝族自治州	162 石嘴山市
19 青岛市		55 南通市	91 中山市			19 巴彦淖尔市	55 巴彦淖尔市	91 马鞍山市	127 文山壮族苗族自治州	163 吴忠市
20 郑州市		56 连云港市	92 潮州市			20 乌兰察布市	56 乌兰察布市	92 铜陵市	128 西双版纳傣族自治州	164 固原市
21 武汉市		57 淮安市	93 揭阳市			21 兴安盟	57 兴安盟	93 湘西土家族苗族自治州	129 大理白族自治州	165 中卫市
22 长沙市		58 盐城市	94 聊城市			22 锡林郭勒盟	58 锡林郭勒盟	94 韶关市	130 德宏傣族景颇族自治州	166 克拉玛依市
23 广州市		59 扬州市	95 菏泽市			23 阿拉善盟	59 阿拉善盟	95 梅州市	131 怒江傈僳族自治州	167 吐鲁番市
24 深圳市		60 镇江市	96 钦州市			24 本溪市	60 本溪市	96 汕尾市	132 迪庆藏族自治州	168 哈密市
25 南宁市		61 泰州市	97 贵港市			25 丹东市	61 丹东市	97 云浮市	133 日喀则市	169 昌吉回族自治州
26 海口市		62 宿迁市	98 玉林市			26 锦州市	62 锦州市	98 梧州市	134 昌都市	170 博尔塔拉蒙古自治州
27 重庆市		63 温州市	99 贺州市			27 营口市	63 营口市	99 北海市	135 林芝市	171 巴音郭楞蒙古自治州
28 成都市		64 湖州市	100 来宾市			28 阜新市	64 阜新市	100 防城港市	136 山南市	172 阿克苏地区
29 贵阳市		65 绍兴市	101 自贡市			29 辽阳市	65 辽阳市	101 宁德港市	137 那曲地区	173 克孜勒苏柯尔克孜自治州
30 昆明市		66 台州市	102 泸州市			30 铁岭市	66 铁岭市	102 百色市	138 阿里地区	174 喀什地区
31 拉萨市		67 芜湖市	103 绵阳市			31 朝阳市	67 朝阳市	103 河池市	139 铜川市	175 和田地区
32 西安市		68 蚌埠市	104 遂宁市			32 葫芦岛市	68 葫芦岛市	104 崇左市	140 宝鸡市	176 伊犁哈萨克自治州
33 兰州市		69 淮南市	105 内江市			33 四平市	69 新余市	105 三亚市	141 延安市	177 塔城地区
34 西宁市		70 淮北市	106 乐山市			34 辽源市	70 上饶市	106 三沙市	142 渭南市	178 阿勒泰地区
35 银川市		71 宜昌市	107 宜宾市			35 通化市	71 宣城市	107 儋州市	143 榆林市	
36 乌鲁木齐市		72 襄阳市	108 襄阳市			36 白山市	72 宿州市	108 鄂尔多斯市	144 攀枝花市	

注：市辖区户籍人口以2017年公安户籍人口数据为准。

（三）扣除条件

1. 主要工作城市无住房、且在租房期间，这两个条件需同时具备。

主要工作城市的判定要首先看纳税人任职受雇所在城市，没有任职受雇单位的，为受理其综合所得汇算清缴的税务机关所在城市。城市范围包括直辖市、计划单列市、副省级城市、地级市（地区、州、盟）全部行政区域范围，即以行政区划为准。

2. 住房贷款利息和租房利息只能二选一。如果对于住房贷款利息进行了扣除，纳税人及其配偶在同一年度内就不能再对住房租金进行扣除，反之亦然。

（四）享受扣除的起止时间

享受住房租金扣除的起始时间为租赁合同（协议）约定起租的当月。这其实是本着减轻实际负担原则，而且在实务中也比较好判断。

终止时间一般是租赁期结束的当月（提前解约的，为实际租期结束的当月），也有可能是在主要工作城市有了住房的上月。

三、实务要点

1. 仅限住房的租金，商铺、车库等租金不得享受扣除。

2. 主要工作城市的最低级别限制为地级市，不再向下延伸。

3. 没有住房是指在主要工作城市没有住房，不是全国没有住房，这点务必注意。比如：在北京有房，却在上海工作，可以扣除在上海实际发生的住房租金，但不能同时扣除在北京的住房贷款利息。

4. 谁签租赁合同谁就是扣除主体。需要注意的是，夫妻合租一套房，则只能在签合同的一方扣除。因此，夫妻俩可以以利益最大化为原则确定扣除主体，由其签订租房合同。

5. 住房租金和住房贷款利息有重叠的情况下，只能二选一。注意这条规则是个兜底规则。有的纳税人有自有住房，也负担住房贷款利息，却可能无法入住，比如没有拿到新房、没有装修好等多种实务情况。这些情况下，"有自有住房"演变为"虽然有自有住房但是无法入住"，如果一味的扣住"有自有住房"就不能扣除住房租金未免太过死板，纳税人拥有选择权似乎更为合理。还有一种可能是"有住房可以入住"却非要租房住，这种情况下万一住房本身没有贷款利息，是不是也因为"有住房"而不能扣除住房租金？按照办法本意，这种有住房可以住的，就不能再扣除住房租金了。

6.一年中夫妻双方不能同时分别享受住房贷款利息和住房租金扣除。注意，这个规则的原文是"纳税人及其配偶在一个纳税年度内不能同时分别享受住房贷款利息和住房租金专项附加扣除。"这一条规则在实务中比较严格。这一条的意思是，如果在一年中，丈夫在享受住房贷款利息扣除，相当于妻子也在享受住房贷款利息扣除，那么妻子就不能去享受住房租金扣除了。再结合"住房租金和住房贷款利息只能二选一"的规则，就变成了夫妻俩在一个年度中只能有一项扣除可以选择。但如果夫妻俩上半年租房下半年买房怎么办呢？按现在申报系统中预扣预缴环节的规则，纳税人下半年就不能享受住房贷款利息了，这个规则还是有些严的。年度汇算系统也沿用这一规则，如果纳税人已经扣除住房租金而想要在年度汇算时再扣除住房贷款利息，必须将住房租金扣除信息作废，反之亦然。

7.办法里并未直接明确境外城市的住房租金是否可以享受扣除，但从城市范围界定看，并不包括境外城市，因此在境外发生的住房租金不得扣除。

8.员工住公司提供的宿舍需区分具体情况。如果员工需要付费，则视同租房，可以扣除。如果员工不需要付费，则视同未租房，不能扣除。

9.住房租金发票并不是必需的抵扣凭证，纳税人可凭租赁合同（协议）享受住房租金扣除。

四、国家税务总局问答

61. 住房租金专项附加扣除的扣除范围是怎么规定的？

答：纳税人及配偶在主要工作城市没有自有住房而发生的住房租金支出，可以按照规定进行扣除。

62. 住房租金专项附加扣除中的主要工作城市是如何定义的？

答：主要工作城市是指纳税人任职受雇的直辖市、计划单列市、副省级城市、地级市（地区、州、盟）全部行政区域范围。无任职受雇单位的，为综合所得汇算清缴地的税务机关所在城市。

63. 住房租金专项附加扣除的扣除标准是怎么规定的？

答： 住房租金专项附加扣除按照以下标准定额扣除：

（一）直辖市、省会（首府）城市、计划单列市以及国务院确定的其他城市，扣除标准为每月 1500 元；

（二）除上述所列城市以外，市辖区户籍人口超过 100 万的城市，扣除标准为每月 1100 元；市辖区人口不超过 100 万（含）的城市，扣除标准为每月 800 元。纳税人的配偶在纳税人的主要工作城市有自有住房的，视同纳税人在主要工作城市有自有住房。市辖区户籍人口，以国家统计局公布的数据为准。

64. 住房租金专项附加扣除的扣除主体是谁？

答： 住房租金支出由签订租赁住房合同的承租人扣除。夫妻双方主要工作城市相同的，只能由一方（即承租人）扣除住房租金支出。夫妻双方主要工作城市不相同的，且各自在其主要工作城市都没有住房的，可以分别扣除住房租金支出。夫妻双方不得同时分别享受住房贷款利息扣除和住房租金扣除。

65. 纳税人享受住房租金专项附加扣除应该留存哪些资料？

答： 纳税人应当留存住房租赁合同、协议等有关资料备查。

66. 夫妻双方无住房，两人主要工作城市不同，各自租房，如何扣除？

答： 夫妻双方主要工作城市不同，且都无住房，可以分别扣除。

67. 住房贷款利息和住房租金扣除可以同时享受吗？

答： 不可以。住房贷款利息和住房租金只能二选一。如果对于住房贷款利息进行了抵扣，就不能再对住房租金进行抵扣。反之亦然。

68. 纳税人首次享受住房租金扣除的时间是什么时候？

答： 纳税人首次享受住房租赁扣除的起始时间为租赁合同约定起租的当月，截止日期是租约结束或者在主要工作城市已有住房。

69. 合租住房可以分别扣除住房租金支出吗？

答： 住房租金支出由签订租赁合同的承租人扣除。因此，合租租房的个人（非夫妻关系），若都与出租方签署了规范租房合同，可根据租金定额标准各自扣除。

70. 员工宿舍可以扣除租金支出吗？

答： 如果个人不付租金，不得扣除。如果本人支付租金，可以扣除。

71. 某些行业员工流动性比较大，一年换几个城市租赁住房，或者当年度一直外派并在当地租房子，如何申报住房租金专项附加扣除？

答： 对于为外派员工解决住宿问题的，不应扣除住房租金。对于外派员工自行解决租房问题的，对于一年内多次变换工作地点的，个人应及时向扣缴义务人或者税务机关更新专项附加扣除相关信息，允许一年内按照更换工作地点的情况分别进行扣除。

72. 个人的工作城市与实际租赁房屋地不一致，是否符合条件扣除住房租赁支出？

答： 纳税人在主要工作城市没有自有住房而实际租房发生的住房租金支出，可以按照实际工作地城市的标准定额扣除住房租金。

73. 我是铁路职工，主要工作地在上海和杭州，上海公司提供住宿，杭州自己租房且无自有住房，杭州的房租是否可以专项附加扣除？

答： 根据《暂行办法》规定，纳税人及其配偶在纳税人主要工作城市没有自有住房的，纳税人发生的住房租金支出可以扣除。如果您和您配偶均在杭州没有自有住房，而杭州又是您主要工作城市的，杭州的房租可以扣除。

74. 公租房是公司与保障房公司签的协议，但员工是需要付房租的，这种情况下员工是否可以享受专项附加扣除，这种需要保留什么资料留存备查呢？

答： 纳税人在主要工作城市没有自有住房而发生的住房租金支出，可以按照标准定额扣除。员工租用公司与保障房公司签订的保障房，并支付租金的，可以申报扣除住房租金专项附加扣除。纳税人应当留存与公司签订的公租房合同或协议等相关资料备查。

**75. 纳税人公司所在地为保定，被派往分公司北京工作，纳税人及其配偶在北京都没有住房，由于工作原因在北京租房，纳税人是否可以享受住房租金扣除项目，按照哪个城市的标准扣除？

答：符合条件的纳税人在主要工作地租房的支出可以享受住房租金扣除。主要工作地指的是纳税人的任职受雇所在地，如果任职受雇所在地与实际工作地不符的，以实际工作地为主要工作城市。按照纳税人陈述的情形，纳税人当前的实际工作地（主要工作地）是北京市，应当按照北京市的标准享受住房租金扣除。

76. 主要工作地在北京，在燕郊租房居住，应当按北京还是燕郊的标准享受住房租金扣除？

答：如北京是纳税人当前的主要工作地，应当按北京的标准享受住房租金扣除。

77. 我年度中间换租造成中间有重叠租赁月份的情况，如何填写相关信息？

答：纳税人年度中间月份更换租赁住房、存在租赁期有交叉情形的，纳税人在填写租赁日期时应当避免日期有交叉。

如果此前已经填报过住房租赁信息的，只能填写新增租赁信息，且必须晚于上次已填报的住房租赁期止所属月份。确需修改已填报信息的，需联系扣缴义务人在扣缴客户端修改。

第七节　赡养老人

一、办法规定

纳税人赡养一位及以上被赡养人的赡养支出，统一按照以下标准定额扣除：

（一）纳税人为独生子女的，按照每月 2000 元的标准定额扣除；

（二）纳税人为非独生子女的，由其与兄弟姐妹分摊每月 2000 元的扣除额度，每人分摊的额度不能超过每月 1000 元。可以由赡养人均摊或者约定分摊，也可以由被赡养人指定分摊。约定或者指定分摊的须签订书面分摊协议，指定分摊优先于约定分摊。具体分摊方式和额度在一个纳税年度内不能变更。

本办法所称被赡养人是指年满 60 岁的父母，以及子女均已去世的年满 60 岁的祖父母、外祖父母。

二、解析

（一）扣除主体

1. 纳税人本人扣除，不得由配偶扣除。

2. 如果是独生子女则自己扣除，如果不是独生子女则和兄弟姐妹分摊扣除。兄弟姐妹选择的分摊方式和扣除额度在一个年度内不能变更。

（二）扣除金额

1. 只要有符合条件的被赡养人，则每月扣除总额为 2000 元，不以老人的数量而加倍。

2. 根据独生子女标准区分是否分摊扣除，单人有封顶，为每月 1000 元，具体如下图所示：

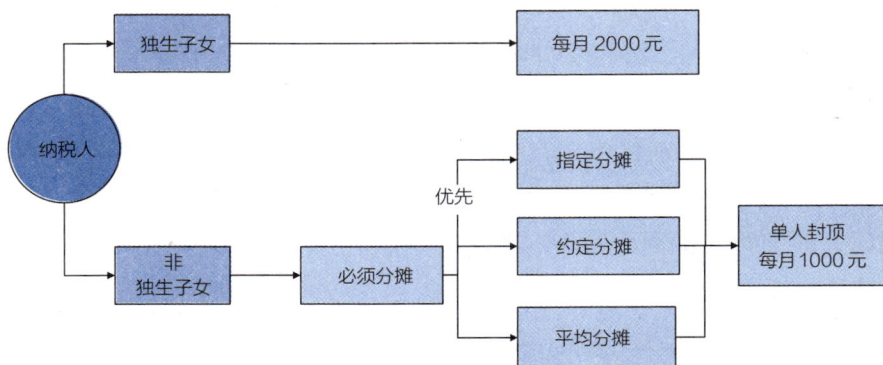

扫码后输入"图二十"，可获取本图。

（三）扣除条件

1. 被赡养人在 60 周岁以上，含 60 周岁。

2. 被赡养人限于父母及其他法定赡养对象。其他法定赡养对象是指父母都已经去世的情况下，纳税人需要赡养的祖父母、外祖父母。

（四）享受扣除的起止时间

享受赡养老人扣除的起始时间为被赡养人之一年满 60 周岁的当月。

截止时间为最后一位被赡养人辞世的当年年末。这一点需要特别留意，因为如果老人当年辞世，出现无老人赡养的情况（因为多个老人不加倍），享受扣除的时间并不是截止到老人辞世当月，而是截止到当年年末，也就是辞世当年的 12 月底。这一点虽未在办法中提及，但在《个人所得税专项附加扣除操作办法》中进行了明确：扣除期间"为被赡养人年满 60 周岁的当月至赡养义务终止的年末"。从操作上和感情上，这样设置都比较好。

三、实务要点

1. 关于赡养的界定。目前相关法律没有明确定义，通常指子女或晚辈对父母或长辈在物质上和生活上的帮助。《中华人民共和国老年人权益保障法》规定，赡养人应当履行对老年人经济上供养、生活上照料和精神上慰藉的义务，照顾老年人的特殊需要。

2. 子女除了婚生子女外，也包括非婚生子女、养子女、继子女，即负有赡养义务的所有子女。同理，父母也包括生父母、继父母、养父母。

3. 如果祖父母、外祖父母的子女均已去世，对祖父母、外祖父母承担赡养义务的孙子女、外孙子女也可以扣除。这主要是考虑与《中华人民共和国婚姻法》有关隔代赡养的规定保持衔接（有负担能力的孙子女、外孙子女，对于子女已经死亡或子女无力赡养的祖父母、外祖父母，有赡养义务）。同时，孙子女、外孙子女只有对祖父母或外祖父母实际承担了赡养义务，才能作为抵扣主体。

4. 因子女无力赡养父母，而实际赡养祖父母、外祖父母的孙子女、外孙子女，是不在扣除主体范围内的。也就是说，如果本人无能力赡养，而把对自己父母的实际赡养义务转嫁给自己的子女，自己的子女不能享受赡养老人扣除。这主要是因为无力赡养在实践中难以界定，操作上容易引起分歧。

5. 扣除主体未包括子女的配偶，即女婿、儿媳。主要是因为女婿、儿媳也有自己的父母，也可以享受扣除，如果扣除主体包括配偶的话，容易出现多重扣除认定上的交叉，给实务甄别增加操作难度。这种口径影响到的实务情况只有一种：纳税人自己的父母、祖父母都不在人世，配偶也不在人世，由纳税人赡养配偶的父母。这种情况，根据办法的规定无法享受扣除，但相信后续的补充规定及各地税务机关的执行口径中会充分考虑，不至于过于严苛。

四、国家税务总局问答

78.赡养老人专项附加扣除的扣除范围是怎么规定的？

答： 纳税人赡养年满 60 岁父母以及子女均已去世的年满 60 岁祖父母、外祖父母的赡养支出，可以税前扣除。

79.赡养老人专项附加扣除的扣除标准是怎么规定的？

答： 纳税人为独生子女的，按照每月 2000 元的标准定额扣除。纳税人为非独生子女的，应当与其兄弟姐妹分摊每月 2000 元的扣除额度，分摊的扣除额最高不得超过每月 1000 元。

80.赡养老人专项附加扣除的分摊方式有哪几种？

答： 赡养老人专项附加扣除的分摊方式包括由赡养人均摊或约定分摊，也可以由被赡养人指定分摊。采取指定分摊或者约定分摊方式的，每一纳税人分摊的扣除额最高不得超过每月 1000 元，并签订书面分摊协议。指定分摊与约定分摊不一致的，以指定分摊为准。

81.赡养老人专项附加扣除的扣除方式是怎样的？

答： 赡养老人专项附加扣除采取定额标准扣除方式。

82.赡养老人专项附加扣除的扣除主体是谁？

答： 赡养老人专项附加扣除的扣除主体包括：一是负有赡养义务的所有子女。《婚姻法》规定：婚生子女、非婚生子女、养子女、继子女有赡养扶助父母的义务。二是祖父母、外祖父母的子女均已经去世，负有赡养义务的孙子女、外孙子女。

83.纳税人父母年龄均超过 60 周岁，在进行赡养老人扣除时，是否可以按照两倍标准扣除？

答： 不能。扣除标准是按照每个纳税人有两位赡养老人测算的。只要父母其中一位达到 60 岁就可以享受扣除，不按照老人人数计算。

84. 由于纳税人的叔叔伯伯无子女，纳税人实际承担对叔叔伯伯的赡养义务，是否可以扣除赡养老人支出？

答：不可以。被赡养人是指年满 60 岁的父母，以及子女均已去世的年满 60 岁的祖父母、外祖父母。

85. 赡养老人的分摊扣除，是否需要向税务机关报送协议？

答：纳税人之间赡养老人支出采用分摊扣除的，如果是均摊，兄弟姐妹之间不需要再签订书面协议，也无需向税务机关报送。如果采取约定分摊或者老人指定分摊的方式，需要签订书面协议，书面协议不需要向税务机关或者扣缴义务人报送，自行留存备查。

86. 赡养岳父岳母或公婆的费用是否可以享受个人所得税附加扣除？

答：不可以。被赡养人是指年满 60 岁的父母，以及子女均已去世的年满 60 岁的祖父母、外祖父母。

87. 父母均要满 60 岁，还是只要一位满 60 岁即可？

答：父母中有一位年满 60 周岁的，纳税人可以按照规定标准扣除。

88. 独生子女家庭，父母离异后再婚的，如何享受赡养老人专项附加扣除？

答：对于独生子女家庭，父母离异后重新组建家庭，在新组建的两个家庭中，只要父母中一方没有纳税人以外的其他子女进行赡养，则纳税人可以按照独生子女标准享受每月 2000 元赡养老人专项附加扣除。除上述情形外，不能按照独生子女享受扣除。在填写专项附加扣除信息表时，纳税人需注明与被赡养人的关系。

89. 双胞胎是否可以按照独生子女享受赡养老人扣除？

答：双胞胎不可以按照独生子女享受赡养老人扣除。双胞胎兄弟姐妹需要共同赡养父母，双胞胎中任何一方都不是父母的唯一赡养人，因此每个子女不能独自 2000 元的扣除额度。

90. 生父母有两个子女，将其中一个过继给养父母，养父母家没有其他子女，被过继的子女属于独生子女吗？留在原家庭的孩子，属于独生子女吗？

答：被过继的子女，在新家庭中属于独生子女。留在原家庭的孩子，如没有兄弟姐妹与其一起承担赡养生父母的义务，也可以按照独生子女标准享受扣除。

91.非独生子女的兄弟姐妹都已去世，是否可以按独生子女赡养老人扣除 2000 元 / 月？

答：一个纳税年度内，如纳税人的其他兄弟姐妹均已去世，其可在第二年按照独生子女赡养老人标准 2000 元 / 月扣除。如纳税人的兄弟姐妹在 2019 年 1 月 1 日以前均已去世，则选择按"独生子女"身份享受赡养老人扣除标准；如纳税人已按"非独生子女"身份填报，可修改已申报信息，1 月按非独生子女身份扣除少享受的部分，可以在下月领工资时补扣除。

92.子女均已去世的年满 60 岁的祖父母、外祖父母，孙子女、外孙子女能否按照独生子女扣除，如何判断？

答：只要祖父母、外祖父母中的任何一方，没有纳税人以外的其他孙子女、外孙子女共同赡养，则纳税人可以按照独生子女扣除。如果还有其他的孙子女、外孙子女与纳税人共同赡养祖父母、外祖父母，则纳税人不能按照独生子女扣除。

93.两个子女中的一个无赡养父母的能力，是否可以由余下那名子女享受 2000 元扣除标准？

答：不可以。按照《暂行办法》规定，纳税人为非独生子女的，在兄弟姐妹之间分摊 2000 元 / 月的扣除额度，每人分摊的额度不能超过每月 1000 元，不能由其中一人单独享受全部扣除。

94.非独生子女，父母指定或兄弟协商，是否可以最高某一个子女可以扣 2000 元？

答：根据《个人所得税专项附加扣除暂行办法》规定，纳税人为非独生子女的，由其与兄弟姐妹分摊每月 2000 元的扣除额度，每人分摊的额度不能超过每月 1000 元。因此，非独生子女是不能通过父母指定或兄弟协商享受 2000 元扣除标准的。

95.赡养老人扣除应当填报和报送什么资料？

答：享受赡养老人扣除，只需填报相关信息即可，无需报送资料。填报的信息包括：是否为独生子女、月扣除金额、被赡养人姓名及身份证件类型和号码、与纳税人关系；此外，有共同赡养人的，还要填报分摊方式、共同赡养人姓名及身份证件类型和号码等信息。

难点讲解之 13　异地工作住房租金的扣除问题

实务中，我们经常会遇到异地工作租房的情况，那么这种情况下如何享受住房租金专项附加扣除，是很多人关注的问题。比如，少林弟子虚竹，和少林签订了劳务合同，三险一金都由少林缴纳，却被外派到五台山常驻（当然是有任务啦，比如保护顺治老皇帝，罗汉级的保镖嘛），在五台山自然是有禅房住的，但由于某种原因，他在附近的恒山脚下，又租了个房子——这里可能又有些八卦故事，娱乐圈比较感兴趣，但与个税无关，我们忽略掉。

虚竹在申报享受住房租金扣除时，会发现面临几个选择：

1. 任职地——少林，位于河南郑州市，1500 元 / 月；

2. 租房地——恒山，位于山西大同市，1100 元 / 月；

3. 实际工作地——五台山，位于山西忻州市，800 元 / 月。

之所以标准不一样，是因为住房租金扣除标准是分档的，少林位于省会城市，恒山位于人口 100 万以上的中等城市，五台山位于人口 100 万以下的小城市。

对应在个税实务中，这个问题的核心是，公司外派员工的住房租金扣除到底应该按照哪儿的标准扣？比如广西北海的公司外派一个员工到北京常驻，这个员工为了节省开支，选择在周边的河北租房，每天高铁到北京上班……

这就是个税实务比较头疼的事情，毕竟，没有哪个文件会规定的这么细，覆盖到经济领域的每个角落。

我们回到虚竹的视角。

第一反应，肯定是选任职地——少林，这样员工在选择的时候也最方便，税务总局的个人所得税 APP 开始也是按照这个口径设置的——租金标准跟着任职单位所在地来，这也是为了方便纳税人操作。但很快就发现了不合理之处：这样一来，少林的弟子不管到哪里工作都可以按郑州市的 1500 元 / 月扣除，而五台山的弟子外派到北京工作却只能按照 800 元 / 月扣除，显然不行。

既然不能按任职地，那就是在租房地恒山和实际工作地五台山之间选择了，税务总局目前的口径是确认为实际工作地五台山，即以"实际工作地城市"为准。

引用总局的答复：

72. 个人的工作城市与实际租赁房屋地不一致，是否符合条件扣除住房租赁支出？

答：纳税人在主要工作城市没有自有住房而实际租房发生的住房租金支出，可以按照实际工作地城市的标准定额扣除住房租金。

75. 纳税人公司所在地为保定，被派往分公司北京工作，纳税人及其配偶在北京都没有住房，由于工作原因在北京租房，纳税人是否可以享受住房租金扣除项目，按照哪个城市的标准扣除？

答：符合条件的纳税人在主要工作地

租房的支出可以享受住房租金扣除。主要工作地指的是纳税人的任职受雇所在地，如果任职受雇所在地与实际工作地不符的，以实际工作地为主要工作城市。按照纳税人陈述的情形，纳税人当前的实际工作地（主要工作地）是北京市，应当按照北京市的标准享受住房租金扣除。

76. 主要工作地在北京，在燕郊租房居住，应当按北京还是燕郊的标准享受住房租金扣除？

答：如北京是纳税人当前的主要工作地，应当按北京的标准享受住房租金扣除。

——以上摘自总局网站《个人所得税专项附加扣除 200 问》

从以上几个问答您可以看出两点：

1. 主要工作城市和租房城市不一样怎么办？按主要工作城市扣。

2. 主要工作城市（即任职公司所在城市）与实际工作地城市不一样怎么办？按实际工作地城市扣。

所以：实际工作地城市最大！认准即可。

实务中，对于虚竹这种有任职单位的员工来说，主要工作城市和实际工作地一致时，无论租房地在哪儿，皆按主要工作城市（或实际工作地）的标准享受住房租金扣除；主要工作城市和实际工作地不一致时，无论租房地在哪儿，按实际工作地城市的标准享受住房租金扣除。

至于那些经常在外出差、各地跑的员工，"主要工作城市"很明确就是任职公司所在城市，那具体住房租金扣除该怎么按照"实际工作地"享受，可以参照总局 200 问的解答，原文如下：

71. 某些行业员工流动性比较大，一年换几个城市租赁住房，或者当年度一直外派并在当地租房子，如何申报住房租金专项附加扣除？

答：对于为外派员工解决住宿问题的，不应扣除住房租金。对于外派员工自行解决租房问题的，对于一年内多次变换工作地点的，个人应及时向扣缴义务人或者税务机关更新专项附加扣除相关信息，允许一年内按照更换工作地点的情况分别进行扣除。

难点讲解之 14 专项附加扣除中被置顶的六个问题

（以下六个问题以及答案引用自"北京税务"公众号，为税务人员的用心和敬业点赞。）

一、住房贷款

问：父母为子女买房，房屋产权证明登记为子女，贷款合同的贷款人为父母，住房贷款利息支出的专项附加扣除如何享受？

答：从实际看，房屋产权证明登记主体与贷款合同主体完全没有交叉的情况很少发生。如确有此类情况，按照《个人所得税专项附加扣除暂行办法》规定，纳税人本人或者配偶单独或者共同使用商业银行或者住房公积金个人住房贷款为本人或者其配偶购买中国境内住房，发生的首套住房贷款利息支出可以扣除。本例中，父母所购房屋是为子女购买的，不符合上述规定，父母和子女均不可以享受住房贷款利息扣除。

二、继续教育

问：如果纳税人在接受学历继续教育的同时取得技能人员职业资格证书或者专业技术人员职业资格证书的，如何享受继续教育扣除？

答：根据《个人所得税专项附加扣除暂行办法》，纳税人接受学历继续教育，可以按照每月400元的标准扣除，全年共计4800元；在同年又取得技能人员职业资格证书或者专业技术人员职业资格证书的，且符合扣除条件的，可按照3600元的标准定额扣除，因此对同时符合此类情形的纳税人，该年度可叠加享受两类扣除，当年其继续教育共计可扣除8400元（4800+3600）。

三、赡养老人

问：独生子女家庭，父母离异后再婚的，如何享受赡养老人专项附加扣除政策？

答：对于独生子女家庭，父母离异后重新组建家庭，在新组建的两个家庭中，如果纳税人对其亲生父母的一方或者双方是唯一法定赡养人，则纳税人可以按照独生子女标准享受每月2000元的赡养老人专项附加扣除。在填写专项附加扣除信息表时，纳税人需注明与被赡养人的关系。

四、子女教育

问：有多子女的父母，可以对不同的子女选择不同的扣除方式吗？

答：可以。有多子女的父母，可以对不同的子女选择不同的扣除方式，即对子女甲可以选择由一方按照每月1000元的标准扣除，对子女乙可以选择由双方分别按照每月500元的标准扣除。

五、大病医疗

问：在私立医院就诊是否可以享受大病医疗扣除？

答：对于纳入医疗保障结算系统的私立医院，只要纳税人看病的支出在医保系统可以体现和归集，则纳税人发生的与基本医保相关的支出，可以按照规定享受大病医疗扣除。

六、住房租金

问：我年度中间换租造成中间有重叠租赁月份的情况，如何填写相关信息？

答：纳税人年度中间月份更换租赁住房、存在租赁期有交叉情形的，纳税人在填写租赁日期时应当避免日期有交叉。如果此前已经填报过住房租赁信息的，只能填写新增租赁信息，且必须晚于上次已填报的住房租赁期止所属月份。确需修改已填报信息的，需联系扣缴义务人在扣缴客户端修改。

第六章　捐赠

个人向公益事业捐赠是法律法规大力提倡鼓励的事情，税法也不例外，对于符合条件的捐赠也是允许税前扣除的。近几年，越来越多的纳税人参与到慈善活动中，相应的税收优惠政策也引发很多关注。

第一节　基本规定

《个人所得税法》第六条规定：个人将其所得对教育、扶贫、济困等公益慈善事业进行捐赠，捐赠额未超过纳税人申报的应纳税所得额百分之三十的部分，可以从其应纳税所得额中扣除；国务院规定对公益慈善事业捐赠实行全额税前扣除的，从其规定。

《个人所得税法实施条例》第十九条规定：个人所得税法第六条第三款所称个人将其所得对教育、扶贫、济困等公益慈善事业进行捐赠，是指个人将其所得通过中国境内的公益性社会组织、国家机关向教育、扶贫、济困等公益慈善事业的捐赠；所称应纳税所得额，是指计算扣除捐赠额之前的应纳税所得额。

《关于公益慈善事业捐赠个人所得税政策的公告》（财政部　税务总局公告 2019 年第 99 号，本章简称"99 号公告"）又从操作细节上进行了详细规定。

这里要注意三点：

1. 可扣除的捐赠对象是"教育、扶贫、济困等公益慈善事业"。对于"公益事业"，《财政部国家税务总局关于通过公益性群众团体的公益性捐赠税前扣除有关问题的通知》（财税〔2009〕124 号）进行过明确：

公益事业，是指《中华人民共和国公益事业捐赠法》规定的下列事项：

（一）救助灾害、救济贫困、扶助残疾人等困难的社会群体和个人的活动；

（二）教育、科学、文化、卫生、体育事业；

（三）环境保护、社会公共设施建设；

（四）促进社会发展和进步的其他社会公共和福利事业。

"扶贫、济困"都是比较宽泛的概念，实务中，一般只要是公益性、救助性都是认可的。对于"教育事业"，税法中并没有明确界定，在实务中也没有特别严格的界限。

2. 捐赠渠道必须是"通过中国境内的公益性社会组织、国家机关"。它的基本含义就是，必须通过形式上被认可的中间方进行捐赠，公司自己进行直接捐赠、个人通过公司或者其他人进行捐赠、个人直接进行捐赠是不被税法认可的。这个也好理解，否则这个政策就失去意义了，很容易被当做偷漏税的工具。

但有一个例外，就是直接向承担疫情防治任务的医院捐赠用于应对新型冠状病毒感染的肺炎疫情的物品、可以扣除。

国家机关自不必多言，公益性社会组织呢？

根据 99 号公告，境内公益性社会组织，包括依法设立或登记并按规定条件和程序取得公益性捐赠税前扣除资格的慈善组织、其他社会组织和群众团体。

需要注意的是这个"公益性捐赠税前扣除资格"，这不是一句套话，而是实实在在的经过文件确认的资格，社会组织本身会在民政部门登记的同时了解这一信息，然后各级民政部门会联合财税部门发布公告，确认哪些组织可以享受税前扣除资格。

这个资格有多层，因为全国、各省各地都不一样，所以也无法全部列举。

第二节 具体计算

一、怎么确定捐赠额?

捐赠金额的确定规则见下表所示:

方　式		金额
货币性资产		实际金额
非货币性资产	股权、房产	财产原值
	其他	市场价格

扫码后输入"表十一",可获取本表。

注意,捐赠金额的确认规则比较独特的就是股权房产的确认。

正常情况下,捐赠金额的确认自然是按照市场价值,对于现金、银行存款等货币性资产,实际捐赠金额本来就可以确定,对于无法直接用货币计量的非货币性资产呢? 99 号公告规定除了股权和房产之外,按市场价格计算。而股权和房产按原值计算。

> **举例**
>
> 某地发生了地震,热衷于慈善事业的著名歌星韩小红以及她个人独资设立的小红帐篷厂(独资企业)进行捐款。韩小红捐了一所房子作为救灾中心,成本是 100 万,市场价 150 万,小红帐篷厂捐了 1000 顶帐篷,成本 20 万,市场价 40 万。在确认捐赠额的时候,房子的捐赠金额认定为成本 100 万,帐篷的捐赠金额认定为市场价 40 万。

之所以这样设置,是因为股权和房产的成本价和市场价之间的差异可能会很大,其成本是确定的,而市场价格认定普遍比较难,而且万一税务机关、慈善部门和纳税人(捐赠人)之间有争议,不太好处理。以成本确认,操作上最明确。

二、捐赠和收入期间的对应关系

个人所得税法规定：捐赠额未超过纳税人申报的应纳税所得额百分之三十的部分，可以从其应纳税所得额中扣除，国务院规定对公益慈善事业捐赠实行全额税前扣除的，从其规定。但具体从哪次、哪期的应纳税所得额中扣除，其实是很有疑问的，一言蔽之就是：我的捐赠应该在哪笔收入中扣除？

在很多个人所得税考试（包括一些专业资格考试）题目中，大家经常会看到类似这样的说法："李某 3 月获得一笔收入 30000 元，他从中拿出 6000 元捐给了……"，计算税款时自然就把 6000 元从 30000 元对应的扣除限额中依法扣除。

事实上，这跟现实的差别是很大的。

对于捐款，大家都明白，这是偶然发生的事情，不管捐了多少钱，它都是个人财产的一部分。这就像日常花费的支出一样，非要将这笔支出从个人取得的哪笔收入中区分开来没有任何意义，好比我请客吃饭花了一笔钱，你非要说我这笔钱来自于本月的工资，那就比较牵强了。换言之，李某捐的 6000 元和他当月获得的 30000 元是没有任何必然联系的，既然没有必然联系，在 30000 元中抵扣自然也没有道理。

然而，不在捐赠当期取得的收入中扣除的话，应在哪期收入中扣除呢？理论上讲，我一生中所有的捐赠应该在我一生中所有的收入中进行扣除，也就是无限扣除。但这自然是不可能的——因为无法管理。

99 号公告制定的规则是这样的：

（1）纳税人有自由选择在哪个税目中抵扣的权利；

（2）如果选择了经营所得、居民个人综合所得，在捐赠当年的全年扣除；如果没有选择上述两种税目，则只能在捐赠当月进行扣除。

也就是说，捐赠的扣除期间依照的是个人所得税不同所得的纳税计算时间：按年计税的，按年扣；按月计税的，按月扣。

三、在不同所得之间的扣除顺序

即使捐赠和当期所得进行了对应，万一当期所得不止一个税目呢？例如，既有偶然所得，又有劳务报酬，还有工资薪金所得……各个应纳税所得额都是不一样的，应该先抵扣哪个呢？

99 号公告指定的规则是：

1. 纳税人有自由选择在哪个税目中先抵扣的权利；

2. 居民个人和非居民个人有各自的规则。

（一）居民个人的选择

居民个人的选择分为两层：第一层是选综合所得、经营所得或者分类所得。这里的"分类所得"指的就是利息股息红利所得、偶然所得、财产租赁所得、财产转让所得这四项，"年终奖"、股权激励等单独计税方法的所得也参照分类所得处理，所以可以视为一体。第二层是在综合所得范围内的不同税目之间区分预扣环节的扣除规则，同时，分类所得范围内再进行税目选择。

具体如下图所示：

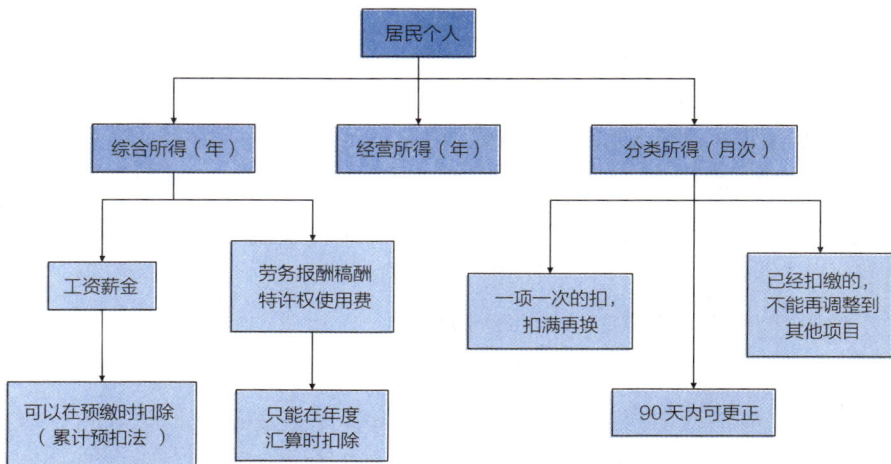

扫码后输入"图二十一"，可获取本图。

上图中注意三点：

1. 无论是在第一层的大类中，还是具体到第二层的小类（分类所得）中，纳税人都有选择在哪里扣除捐赠的权利，但这个权利不是随便用的，必须先选定一类（一项），在这一类（一项）中扣不完，才可以到别的类（项）中扣除。比如，华小宇的对外捐赠，他随便选择综合所得或者经营所得都可以扣完，但却非要选择在综合所得中扣 1/2，在经营所得中扣 1/2，这就无形中增加了很多社会成本，没有必要。

2. 一旦选择了在分类所得中扣除，就不能再调整到综合所得和经营所得中扣除了。因为综合所得和经营所得存在预扣预缴和年度汇算，太多的变数也会增加社会成本。

3. 如果有两处工资，又选择在预扣预缴的时候扣除捐赠，一旦选择其中一处，当年就不能再变。

（二）非居民个人的选择

非居民个人只能选择在捐赠当期的所得中扣除，正常情况下都是当月。如果在捐赠当月扣不完呢？因为非居民个人也可能有经营所得，如果当月扣不完，可以在取得经营所得的当年扣除。

如果非居民个人捐赠当月有多项所得，99 号公告并没有像居民个人一样明确必须一项扣完再扣另一项，也就是说理论上可以拆分着自由扣，当然实务中并不建议这样做。

四、扣除比例包括 30% 和 100%

一般情况下，可扣除的捐赠限额是"应纳税所得额的30%"。注意，是"应纳税所得额"的 30%，不是收入。个人所得税的"应纳税所得额"是减除相关费用和扣除后，即将乘以税率计算税款的那个数据，与"应税收入""实得收入""税前所得""税后所得"都不是一个概念。

但上述捐赠扣除限额的"应纳税所得额"也不是标准意义上的"应纳税所得额"。正常情况下，扣完所有项目（包括捐赠）后、直接乘以税率数字才是"应纳税所得额"，但这样实在不好表达意思，所以才特别规定捐赠扣除限额中的这个"应纳税所得额"是不包括捐赠的，也就是计算扣除捐赠额之前的"应纳税所得额"。

举例

胡斐在计算个人所得税时，所有综合所得扣除除捐赠外所有其他项目后的金额为 10 万元，符合条件的捐赠是 3 万元。理论上，胡斐综合所得的"应纳税所得额"是 7 万元（10 万 −3 万），而不是 10 万元。但这样一来，这个 10 万元叫什么实在是很麻烦，因为捐赠的限额要根据这个数字来明确。所以，个人所得税法实施条例明确，在计算捐赠扣除额时，这个 10 万元就是"应纳税所得额"，按照它的 30% 或者 100% 来计算捐赠限额。这只是为了方便计算，并无其他含义，毕竟，扣完捐赠之后的金额才是真正的"应纳税所得额"。

除此之外，财政部、国家税务总局等部门也陆续发文确定了部分符合条件的捐赠可以在应纳税所得额中全额扣除，也就是说，扣除比例可以提升到 100%。

如果纳税人同时发生的捐赠有的可扣 30%，有的可扣 100%，则自己选择扣除次序。

截至 2020 年 3 月 1 日，可以享受全额扣除优惠的捐赠对象包括：

1. 公益性青少年活动场所；

2. 教育事业；

3. 福利性、非营利性的老年服务机构；

4. 红十字事业；

5. 农村义务教育；

6. 北京 2022 年冬奥会、冬残奥会、测试赛；

7. 应对新型冠状病毒感染的肺炎疫情。

此外还有些临时性的捐赠政策比如对芦山地震受灾区的捐赠，因为政策本身期限已经到期，不再列举。

本书依据财政部及国家税务总局文件，整理了以下可以享受全额扣除优惠的公益性社会组织（具体以各文件为准），主要包括：

中华健康快车基金会、孙冶方经济科学基金会、中华慈善总会、中国法律援助基金会、中华见义勇为基金会、中国老龄事业发展基金会、中国华文教育基金会、中国绿化基金会、中国妇女发展基金会、中国关心下一代健康体育基金会、中国生物多样性保护基金会、中国儿童少年基金会、中国光彩事业基金会、中国医药卫生事业发展基金会、中国教育发展基金会、宋庆龄基金会、中国福利会、中国残疾人福利基金会、中国扶贫基金会、中国煤矿尘肺病治疗基金会、中华环境保护基金会、红十字会。

五、经营所得的特殊规定

经营所得的捐赠扣除，特殊的地方就在于捐赠主体可能有多个。正常的个人所得税捐赠扣除，捐赠的人和纳税的人肯定是同一个人，但经营所得存在穿透主体：个体工商户、个人独资企业、合伙企业。个人通过这三个主体获得的收入按照经营所得纳税（不考虑例外规定，详见第四章经营所得）。在捐赠的时候就会出现这样的情况：个人自己可能有捐赠，个体工商户（独资、合伙）也可能有捐赠，他们之间怎么处理呢？

按照目前经营所得的计算方法，最规范的做法应该是：个人一个纳税年度内通过个体工商户、独资企业、合伙企业获得的所有经营所得，以及自己以个人名义获得的经营所得，加在一起进行汇总申报，汇总申报时，把个人以自己名义进行的捐赠，和以这三个主体的名义进行的捐赠加在一起进行扣除。

这样一来，您就会发现，如果个体工商户、独资企业、合伙企业有捐赠，就不能在计算应纳税所得额时扣除捐赠，而是应该在个人汇总所有的经营所得时才扣除捐赠，否则就会出现金额上的错误。

举例

向问天有三个投资，分别是个体1、独资2、合伙3，三家中，只有个体1发生了捐赠10万元，另外两家都没有捐赠，个体1的捐赠扣除限额是6万元，三家加在一起之后的捐赠扣除限额是20万元。那么向问天的经营所得捐赠扣除额到底是6万元还是10万元呢？很显然，10万元才是合理的。但是，如果只在个体1中扣除捐赠，向问天就只能扣除6万元了。

　　但目前的《个体工商户个人所得税计税办法》（国家税务总局令第 35 号）单独对个体工商户的捐赠扣除进行了规定，而在个人独资企业、合伙企业的税款计算中并没有单独的捐赠扣除规定。所以，在 99 号公告中，对于经营所得进行了区分：个体工商户的捐赠，在个体工商户的经营所得中扣除；独资企业和合伙企业的捐赠，切分到个人后，再加上个人以自己名义捐赠的部分，在独资企业和合伙企业的经营所得中扣除。

第三节　操作流程

一、扣除环节

　　对于经营所得和居民个人的工资、薪金所得，可以在预扣预缴环节扣除，也可以在年度汇算的环节扣除；对于居民个人的非工资综合所得，只能在年度汇算的环节扣除；对居民个人的分类所得和非居民个人所得，在捐赠当期纳税申报所得时扣除。见下表：

居民身份	所得类型	扣除环节
居民	经营所得、工资薪金	预扣预缴或者年度汇算
	劳务报酬、稿酬、特许权使用费	年度汇算
	"年终奖"、股权激励等单独计税方式、分类所得	捐赠当期
非居民	所有所得	捐赠当期

扫码后输入"表十二"，可获取本表。

二、捐赠票据

　　正常情况下，捐赠肯定会开具票据。

　　万一发生捐赠时没有及时取得票据，但是又要进行税前扣除，怎么办呢？99 号公告规定可以暂时凭公益捐赠银行支付凭证扣除，并向扣缴义务人提供银行支付凭证复印件，然后在捐赠之日起 90 天内向扣缴义务人补充提供捐赠票据。如果个人未按规定提供捐赠票据的，扣缴义务人应在30天内向主管税务机关报告。

如果是集体组织捐款，只有集体票据，没有个人票据呢？可以凭凭汇总开具的捐赠票据和员工明细单扣除。

三、操作提醒

对于各位捐赠人来说，最重要的问题还是在捐赠时如何保证拿到不影响税前扣除的捐款凭据。实务中我见到过太多不规范的慈善捐款凭据，凸显了我国慈善业的现状，实在触目惊心。对于实际发生捐赠的纳税人，我的提醒有两点：

1. 一定要列明身份证件号码，没有身份证件号码是捐赠凭据最普遍存在的问题，容易给您的税前扣除带来一定阻碍；

2. 列明捐赠使用项目，尤其是对"教育事业"的捐款更是如此。

第七章　涉外部分

本章分为三部分：一是无住所居民个人的纳税实务，二是外籍人员的八项补贴优惠，三是居民个人境外所得税款抵免。注意，这三个部分的主体是不一样的，之间互有交叉重叠，但都与境外有关，因此合并为一章"涉外部分"。

第一节　无住所居民个人纳税实务

无住所个人、非居民个人、居民个人之间的关系在第一章中已经进行了详细讲解。本书的主题是汇算清缴，在综合所得部分只涉及居民个人，除非必要，不再分析非居民个人的相关政策。想要了解包含非居民和居民的完整的解释，建议关注中国税务出版社即将出版的国家税务总局个人所得税官方教材《个人所得税实务》。

本节聚焦的是无住所居民个人，也就是在中国境内无住所、同时一个纳税年度内在境内累计居住满 183 天的个人。

一、政策依据

新个人所得税法颁布后，关于无住所个人纳税义务的现行政策依据只有两个文件：一是《财政部　税务总局关于在中国境内无住所的个人居住时间判定标准的公告》（财政部　税务总局公告 2019 年第 34 号，以下简称 34 号公告），二是《财政部　税务总局关于非居民个人和无住所居民个人有关个人所得税政策的公告》（财政部　税务总局公告 2019 年第 35 号，以下简称 35 号公告）。这两个文件是对之前相对繁杂文件的整合，比较集中，便于纳税人查询。

二、实务详解

我们在看电影《盗梦空间》时，留下最深印象的就是主人公的多层梦境，从现实到第一层梦境，再从第一层梦境到第二层梦境……每层的时间规则都不同。借用这部优秀电影的创意，我也用深入的多层来讲解一下无住所个人的纳税义务，以便为您详细讲解无住所居民个人的纳税义务。

接下来的内容中，层数每深一级，对上一层的规则都会有突破和调整。

（一）第一层：个人所得税法中规定的纳税义务

个人所得税法将没有住所的人分为两类：一是一个年度内在中国境内居住累计满 183 天的个人，为无住所居民个人；二是无住所且不居住，或者一个年度内在中国境内居住累计不满 183 天的个人，为无住所非居民个人。

居民——就全球所得负有纳税义务；非居民——就从境内取得的所得负有纳税义务。

（二）第二层：个人所得税法实施条例中弱化版的纳税义务

对于一个年度内在中国境内居住累计满 183 天的无住所居民，实施条例根据居住满 183 天的年度是否满 6 年将其也分为两类："半居民"和"全居民"（并非文件规定，而是为了方便阅读赋予的简称）。

半居民：对于一个年度内在中国境内居住累计满 183 天，且在中国境内居住累计满 183 天的年度连续不满 6 年的无住所居民为"半居民"，其取得境外支付的境外所得，不用纳税，其他的所得需要纳税。

全居民：除去半居民之外的居民，就属于"全居民"，指一个年度内居住累计满 183 天的年度连续满 6 年，且没有任何一年单次离境超过 30 天的无住所居民，其纳税义务和税法规定一样，就全球所得纳税，有住所的个人是一样的。

这样一来，形成了如下纳税义务体系：

半居民：居住时间 ≥ 183 天，且这种年度不是连续满 6 年——全球所得中，境外支付的境外所得部分不用交税。

全居民：居住时间 ≥ 183 天，且这种年度已经连续满 6 年，没有任何一年单次离境超过 30 天——全球所得都需要纳税。

（三）第三层：关键名词界定

对第二层的关键名词，实施条例和相关法规分别进行界定，包括居住天数、满六年、境内外所得、支付与负担等。

1. 什么是居住天数？

居住天数是判断是否为中国居民的重要标准，34号公告中进行了明确：

（1）按停留天数计算居住天数；

（2）停留当天满24小时的，计入居住天数；不满24小时的，不计入居住天数。

它的意思就是完整的待在境内的天数为境内居住天数，出入境当天都不算。

这个算法和以前相比差别很大，以前是出入境当天都算作境内居住天数。现在这种算法对于港澳台居民特别有利，34号公告的解读特意举了一个例子来说明：

> 李先生为香港居民，在深圳工作，每周一早上来深圳上班，周五晚上回香港。周一和周五当天停留都不足24小时，因此不计入境内居住天数，再加上周六、周日2天也不计入，这样，每周可计入的天数仅为3天，按全年52周计算，李先生全年在境内居住天数为156天，未超过183天，不构成居民个人，李先生取得的全部境外所得，就可免缴个人所得税。

例子非常直白易懂，简单的讲就是1日来，3日走，1日和3日都不算境内居住天数，只算2日当天，不再多做解释。

2. 满六年的定义

"满六年"是区别半居民和全居民的关键。只有"满六年"的无住所居民个人才对其全部境内外所得有在境内缴纳个人所得税的义务，等同于有住所个人。

实施条例中对"满六年"的定义是："在中国境内居住累计满183天的年度连续满六年"，其中，"任一年度中有一次离境超过30天的，……连续年限重新起算"。从这个表述可以看出"满六年"是指：连续六年都累计居住满183天并且其中没有任何一年单次离境超过30天的情况。

但 34 号公告进行了细化规定，具体是："一个纳税年度在中国境内累计居住满 183 天"，并且"此前六年在中国境内每年累计居住天数都满 183 天而且没有任何一年单次离境超过 30 天"，而且这个六年是从 2019 年起算的。这样一来，所谓满六年后变成全居民的条件实际上变成了一个条件组合：

（1）2019 年起任何累计居住满 183 天的年度连续满 7 年；

（2）上述 7 年中的前 6 年没有任何一年单次离境超过 30 天。

上述两个条件同时存在的情况下，第 7 年才被认定为全居民，纳税义务上等同于有住所个人。

需要注意两点：

（1）仅仅是第 7 年被认定为全居民，前 6 年仍然是半居民。

（2）第 7 年是否有单次离境超过 30 天的情况不重要，只看累计居住有没有满 183 天。

应当说，这是一个非常苛刻的条件组合，达到者估计凤毛麟角。

这样一来，第二层中对于半居民和全居民的界定描述就必须进行修正，变成：

半居民：居住时间 ≥ 183 天，且不是严格的连续第 7 年（"严格"是指前 6 年的任一年单次离境都不超 30 天的限制，下同）——全球所得中，境外支付的境外所得部分不用交税。

全居民：居住时间 ≥ 183 天，且是严格的连续第 7 年——全球所得都需要缴税。

修正后的纳税义务如下表所示：

扫码后输入
"表十三"，
可获取本
表。

居民身份	细分居民身份	居住时间	纳税义务
居民	半居民	≥183天，且不是严格的连续第7年	全球所得，去掉境外支付的境外所得部分
	全居民	≥183天，且是严格的连续第7年	全球所得

3. 什么是境内外所得

在切分不同身份纳税人的纳税义务时，有两个维度标准，境内外所得和境内外支付（负担）。

先讲第一个维度：境内外所得的切分。

个人所得税共有 9 个税目，实施条例对于其中的 6 个境内所得进行了明确规定，具体规定如下：

除国务院财政、税务主管部门另有规定外，下列所得，不论支付地点是否在中国境内，均为来源于中国境内的所得：

（一）因任职、受雇、履约等在中国境内提供劳务取得的所得；

（二）将财产出租给承租人在中国境内使用而取得的所得；

（三）许可各种特许权在中国境内使用而取得的所得；

（四）转让中国境内的不动产等财产或者在中国境内转让其他财产取得的所得；

（五）从中国境内企业、事业单位、其他组织以及居民个人取得的利息、股息、红利所得。

35 号公告做了两个深入：一是将工资、薪金所得的境内外所得划分标准进行了细化；二是增加了稿酬所得的境内所得划分标准：由境内企业、事业单位、其他组织支付或者负担的稿酬所得，为来源于境内的所得。

《财政部 税务总局关于境外所得有关个人所得税政策的公告》（财政部 税务总局公告 2020 年第 3 号）又进行了补充和完善，从定义境外所得的角度，补充了经营所得和偶然所得的划分标准，同时对于财产转让所得增加了反避税条款。

境内外切分的完整标准具体详见本章第三节表二十一的内容。

由于其他所得项目的界定比较清楚，无住所个人的工资、薪金所得境内外划分最为复杂，所以单独讲解这部分。

根据 35 号公告，境内工资、薪金所得的界定逻辑如下：

（1）境内工薪 = 境内工作期间内的工薪

（2）境内工作期间内 = 在境内工作的天数

（3）在境内工作的天数 = 境内实际工作天数 + 境内外享受的公休假、个人休假天数 + 境内外接收培训的天数

这三个公式一综合就变成：

> 境内工薪＝境内实际工作天数＋境内外享受的公休假、个人休假天数＋境内外接收培训的天数这段时间内的工薪

境内工作天数在计算上区分了三类人，共两种计算方式（后两类一样）：

第一类：仅在境内单位担任职务的人

第二类：在境内、境外单位同时担任职务的人

第三类：仅在境外单位担任职务的人

35 号公告规定了后两类人境内工作天数的计算方式：在境内停留的当天不足 24 小时的，按照半天计算境内工作天数。这一点很好理解，其实就是把出入境当天的一天折算为境内工作天数的半天。比如 1 日走、3 日回，1 日和 3 日都算半天，2 日算都境外工作天数，这 3 天的境内工作天数是 2 天。

对于第一类，也就是仅在境内任职受雇的人，这里有两个疑问：

（1）境外出差天数算境内工作还是境外工作天数？

再看下这个公式：在境内工作的天数＝境内实际工作日＋境内外享受的公休假、个人休假＋境内外接收培训的天数。你会发现，这里面没有包含境外出差的天数。

举例

一家外企聘用了一个外籍人员 Tom，Tom 在境外没有其他雇主，他本月在境内工作 20 天，休假 8 天，根据公司要求去美国出差 2 天，那么他的境内工作天数是 28 天还是 30 天？也就是说，境内雇主让他去境外出差的那 2 天，到底算是境内工作天数，还是境外工作天数？

我们来看看个人所得税法中对于境内工资薪金所得的原始表述："因任职、受雇、履约等在中国境内提供劳务取得的所得"，这里强调的是"在中国境内"，单从字面意思，是物理概念，受雇出差到境外或者在境外提供远程的工作，都不属于境内所得。

前文说过，35 号公告的文字表述对于出差日期也并不算做境内工作天数中。因此得出的结论是：Tom 境内工作天数是 28 天，出差 2 天算作境外工作天数。但根据这个口径显然又很奇怪，它可能会出现一种

情况：Tom 只在境内公司任职，被派到国外出差一个月，结果这个月全部被算作境外工作天数！其所得算作境外所得！？因此在 35 号公告的解读文件中第一条就进行了明确："无住所个人未在境外单位任职的，无论其是否在境外停留，都不计算境外工作天数"。这一条明确的解读可以说是有历史意义的，它解决了旧法和新法体系下对于这类人境外出差天数的定性问题。结合解读文件的规定，Tom 境内工作的天数应该是 30 天，而不是 28 天。这个规定在实务操作上非常方便，从理论研究层面上还有很多探讨空间，在此不再赘述。

（2）出入境算半天吗？

这类人的出入境当天是否算半天没提，文件字面意思是默认为算一天。再结合 35 号公告解读的口径，事实上，对于只在境内任职受雇的个人，只要在雇佣合同期间内，境内工作天数就是所有天数，不再切分境外部分，也自然就没有半天的说法。

对于第二类人（境内外同时担任职务），也有个实务中的问题：境内雇主派到境外去出差、休假的天数，应该怎么算？

35 号公告对于境内外同时担任职务的个人出入境当天的天数计算进行了明确（半天），很多人会自然的理解为，在境内的一整天就算境内的，到境外的一整天就算境外的，出入境当天算半天，自然就切割开了。

举例

Tom 在中国和美国都有任职，这月在中国境内完整的呆了 9 天，境外完整的呆了 20 天，出入境仅 1 天，那么就认为其境内工作天数是 9.5 天，境外工作天数是 20.5 天。然而实际情况往往比这个复杂的多。比如，2020 年 4 月，中国公司将 Tom 派到美国去出差（注意：是为中国公司工作出差，不是去美国公司履行职务）了 3 天，同时，他还在美国渡过了 5 天假期（属于中国公司的假期）。那么，这 5 天的假期算作境内工作天数还是境外工作天数呢？3 天出差期算作境内工作天数还是境外工作天数呢？

先来回答第一个问题：5 天的假期算作境内工作天数吗？

应该算。

因为境内工作天数包括到境外休假的天数，而这 5 天的假期是属于中国公司。

再来回答第二个问题：3 天的出差期算作境内工作天数吗？

这个问题在上文已经进行了阐述，其实就是境外出差期间到底是否属于境内工作天数的问题，对于第一类人（仅在境内有任职），35 号公告的解读中进行了明确，但是对于第二类人这个问题仍然存在。从现有文件依据上看，3 天出差期应该属于境外工作期间，而出入境当天按半天计算境内工作天数。也就是说：如果这 3 天中有 1 天是出入境当天，那么境内工作天数为 0.5 天，境外工作天数为 2.5 天；如果这 3 天中有 2 天是出入境当天，那么境内工作天数是 1 天，境外工作天数是 2 天。

你会发现，对于境内外同时担任职务的无住所个人，判断境内外工作天数其实是个高难度的技术活。

第三类人（只在境外任职）呢？他们只在境外单位任职，和第二类处理原则一致。

用了这么多文字讲解境内工作天数，那么境外工作天数如何计算呢？用当月公历天数减去境内工作天数就行了。也就是说，存在这样的恒等式：境内工作天数 + 境外工作天数 = 当月公历天数。因此重要的是确认境内工作天数，境外的很好算。

4. 什么是支付或负担

在切分不同身份纳税人的纳税义务时，有两个维度标准，境内外所得和境内外支付（负担），这里讲的是第二个维度：支付或负担。

现有的法律规章并没有对什么是"支付"、什么是"负担"进行概念上的明确，从行文表述上看，有这样几种情形：境内雇主支付、境外雇主支付、境内雇主或者机构场所负担，从逻辑上讲应该有"境外雇主负担"这一情形，但并未见行文，不知道具体原因。从尊重文件的角度出发，所有的解读还是按"境外雇主支付"的表述，其实表达的是"境外雇主支付并且负担"

的意思，特此说明。

从字面意思上理解，"支付"是指付款这一行为，而"负担"是指最终费用的承担。这样一来：

境内雇主支付：指的是境内雇主付款

境外雇主支付：指的是境外雇主付款

境内雇主或者机构场所负担：是指无论支付方是谁，最终的费用由境内雇主的或者机构场所来承担。

其含义基本没有太大歧义。

实务中存疑的是：代支付行为怎么算？

举例

美国公司需要支付给其雇员 Tom 一笔工资，由于 Tom 正在中国出差，美国公司要求中国公司代为支付，从账目和实质角度上讲，这其实只是一个代付的行为，中国公司与 Tom 并未发生所得实质上的往来，但是从字面上讲又是中国公司"支付"的。这到底算境内公司支付还是属于境外公司支付？

应当算作境内公司支付。

有两个理由：

（1）如果代支付都不算的话，单独行文由谁来支付没有意义，只讨论谁承担就可以了。

（2）35 号公告在解释"境内受雇所得协定待遇"时，明确指出"由境内居民雇主支付或者代其支付的"为一种情况，也就是说，境内雇主或机构"支付""代支付"都被视为非居民个人法规体系中的境内雇主支付行为，协定中也是如此。

此外，"负担"应该怎么认定？

境外企业支付了工资，直接将工资费用发给境内企业要求确认并归还，这个可以理解为"负担"，没有问题。但是如果境外企业支付了工资，通过其他的手段，比如利润转移的方式将这部分工资变相的由境内企业承接了，是否视为境内"负担"？如何判定？这些是实务中比较麻烦的问题。

核定的例外规定

如果境内雇主采取核定征收所得税或者无营业收入未征收所得税，发生的费用可能会无法在账上体现，这时候讨论"境内支付（负担）"没有意义。35号公告沿袭了以往的做法，规定这种情况下，无住所个人为其工作取得的工薪，无论是否在账面记载，均视为境内雇主支付或者负担，这点广泛适用于境外企业在境内的代表处。

值得注意的是，原文的表述是"无营业收入未征收所得税"。万一这个代表处刚刚成立，还没有开始产生营业收入怎么办？所以它想表达的意思应该是"一直不产生营业收入，并且不会产生企业所得税"。这样理解会好一些，因为这样的企业（机构）是境外公司经营活动的一部分，但确实又不产生费用支出，应当予以特殊处理。

综上所述，由于收入来源有两个维度标准：境内外所得和境内外支付（负担），纳税人的收入可以被分为四个部分，为了表述方便，我们可以将他们进行简化表述，具体如下：

扫码后输入"表十四"，可获取本表。

工作期间	支付及负担情况	简单直白的表述
境内工作期间	境内雇主支付或者负担	内之内
	境外雇主支付	内之外
境外工作期间	境内雇主支付或者负担	外之内
	境外雇主支付	外之外

接下来的解读中涉及到纳税义务部分，以"内之内""内之外""外之内""外之外"来表述，这样阅读起来更加清晰明了。

（四）第四层：高管人员的例外规定

高管人员由于特殊性，其境内所得的判断方式区别于一般员工，因此产生纳税义务上的升级。

1.高管人员的定义

35号公告规定，高管人员包括担任境内居民企业的董事、监事及高层管理职务——企业正、副（总）经理、各职能总师、总监及其他类似管理职务——的个人。

注意，这里限定了担任"境内居民企业"的条件。实务中，对于境外企业在境内设立的代表处的首席代表是否被认定为高管人员一直有所争议。按照 35 号公告的最新规定，由于"居民企业"的条件限制，首席代表被排除在高管人员之外。

2. 高管人员境内所得界定的升级

对于普通员工，第三层里已经对境内外所得进行了明确的划分：境内工作期间内的所得是境内所得，反之则为境外所得，核心在于人是否在境内工作。但是对于高管人员，由于他们参与企业管理的方式多种多样，不适合以本人是否在境内来判断，因此规定："无论是否在境内履行职务，取得由境内居民企业支付或负担的"，属于境内所得。

注意，这个升级是将普通员工的境内外工作期间维度和境内外支付维度二者之间进行了跨越，它的核心含义是：对于高管人员，不再考虑境内外工作期间，而只考虑境内外谁支付（负担）。

对应上表，"外之内"部分本来属于境外所得的，但是因为高管人员的特殊性，进行了升级，属于境内支付或者负担的，也被认定为境内所得。直观的讲，对于高管人员，"外之内"升级成为"内之内"。

这个升级也直接影响了高管人员税款计算公式，下一层再讲。

对于高管人员的这个纳税义务升级，需要注意两个细节：

一是 35 号公告仅规定了"境内居民企业"支付（负担），这和其他地方的"境内雇主"有所不同，需要留意。它也导致了高管人员的境外所得包括境外雇主支付的部分，还包括境内非居民企业支付的部分，在切分上变得复杂。这里如果展开又涉及到很多隐含的内容，不再展开赘述，在实务中我们就将其当做境内雇主好了。

二是高管人员的报酬不仅仅限于工资、薪金所得，还包括监事费、董事费（单独的这些收入被认定为"劳务报酬"）以及其他类似报酬。

难点讲解之 15 董事费、监事费是劳务报酬吗？

董事都有报酬，我们称之为董事费。董事费的税目认定是个小小的难点，一般会认为是劳务报酬所得，但是有些情况下会被认定为工资、薪金所得，值得特别注意。

公司的董事被分为两种：一种是只担任董事，不担任其他职务的，即独立董事；另一种是担任董事还担任其他职务，这个职务基本上都是高级管理职务。

所以，尽管都是董事，由于身份的不同，其董事费认定也不同。前一种，董事费就被认定为劳务报酬所得，后一种则被认定为工资、薪金所得。

这个判断的依据除了个人所得税法实施条例规定的内容之外，还有明确的文件规定：

《国家税务总局关于印发《征收个人所得税若干问题的规定》的通知》（国税发〔1994〕089号）：

八、关于董事费的征税问题

个人由于担任董事职务所取得的董事费收入，属于劳务报酬所得性质，按照劳务报酬所得项目征收个人所得税。

《国家税务总局关于明确个人所得税若干政策执行问题的通知》（国税发〔2009〕121号）：

二、关于董事费征税问题

（一）《国家税务总局关于印发〈征收个人所得税若干问题的规定〉的通知》（国税发〔1994〕089号）第八条规定的董事费按劳务报酬所得项目征税方法，仅适用于个人担任公司董事、监事，且不在公司任职、受雇的情形。

（二）个人在公司（包括关联公司）任职、受雇，同时兼任董事、监事的，应将董事费、监事费与个人工资收入合并，统一按工资、薪金所得项目缴纳个人所得税。

文件内容表达的很清楚了，不再赘述。

根据文件，监事费与董事费是同一个判断口径。

（五）第五层：各类人员工资、薪金所得收入额的计算公式

针对第二层中对于无住所居民个人的划分，35 号公告明确了两个公式：

1.半居民：居住时间 ≥ 183 天，且不是严格的连续第 7 年：

当月工资收入额 = 当月境内外工资薪金总额 × （1- 当月境外支付工资薪金数额 ÷ 当月境内外工资薪金总额 × 当月工资薪金所属工作期间境外工作天数 ÷ 当月工资薪金所属工作期间公历天数）　　　公式①

用纳税义务来描述，是在所有的所得中剔除了"外之外"的部分，所以公式① = 全部所得 – 外之外 = 内之内 + 内之外 + 外之内

2.全居民：居住时间 ≥ 183 天，且是严格的连续第 7 年：

当月工资收入额 = 当月境内外工资薪金总额　　　公式②

用纳税义务来描述，公式② = 全部所得 = 内之内 + 内之外 + 外之内 + 外之外

对于高管人员，其纳税义务需要进行升级，但主要针对高管人员为非居民时，而非居民非本书讲解对象，本章也不进行展开。当高管人员是"半居民"和"全居民"时，纳税义务无法再升级，计算公式和上文一致。

（六）第六层：数月奖金的独特切分方法

1.切分原则。

上文的所有公式左边都是"当月工资收入额"，顾名思义，解决的都是当月工资的纳税义务切分问题。万一取得的工资不是一月的，而是超过一个月的，又如何？这里就涉及到一次性取得数月工资、数月奖金（年终奖）或者股权激励（股权激励不并入综合所得，不会参与汇算清缴，因此不展开论述）的切分，由于三者收入额切分的方法是一致的，下面以数月奖金（年终奖）为例展开说明。切分原则是：

（1）基本原则和普通工资的划分原则一致，归属于境内工作期间的就

是境内所得，反之则为境外所得。

（2）总区间从当月扩展到奖金所属期间。也就是说，本来普通工资的境内外划分是在当月（最多 31 天），现在的划分拓展到数月奖金（年终奖）所属期间，可能长达好几个月甚至一年。

（3）境内外工作期间的切分和无住所个人什么时候拿到奖金无关，和拿到时是否还在境内任职也无关。也就是说：境内任职时拿到的数月奖金（年终奖）中属于境外工作期间的所得，也是境外所得；从境内离职、出境以后又收到了数月奖金（年终奖）中，有属于境内工作期间内的部分，也是境内所得。

（4）公式表述上更进一步。在上一层的公式中可以看出，当月工资收入额划分的基础是"当月工资薪金所属工作期间公历天数"，在数月奖金（年终奖）这里更近一步，把"当月工资薪金所属工作期间"又改成了"数月奖金（年终奖）所属工作期间"。

所以，实际公式如下：

> 最终的数月奖金（年终奖）收入额（境内部分）＝数月奖金（年终奖）× 数月奖金（年终奖）所属工作期间境内工作天数 ÷ 数月奖金（年终奖）所属工作期间公历天数。

2. 认知误区。

有两个认知容易出错，特别提醒下：

（1）35 号公告中的数月奖金包括了"年终奖"。

在申报系统中，居民标注的是"年终奖"的概念，而非居民标注的是"数月奖金"，所以很多人自然而然的认为，居民才有年终奖，非居民才有数月奖金，两个概念互不干扰，这种认知是错误的。

注意 35 号文中的表述，"数月奖金"最初出现的界定即为"无住所个人"取得的，并未区分非居民和居民。而 35 号文对于数月奖金的定义是："本公告所称数月奖金是指一次取得归属于数月的奖金、年终加薪、分红等工资薪金所得，不包括每月固定发放的奖金及一次性发放的数月工资。"也就是说，"数月奖金"肯定不包括两部分：a、每月固定发放的奖金——因为它属于每月工资的一部分；b、一次性发放的数月工资——注意它的表述，很容易和数月奖金发生循环解释，但其实它的核心意思是公司没有定期为员工发工资，而是延后一次性补发，可以理解为补发数月工资。除此之外的、对应工作时间超出一个月的各种奖金，都应该属于"数月奖金"范围。那么，年终奖，也就是全年一次性奖金是不是呢？从字面意思上应该是的。全年一次性奖金也属于"归属于数月的奖金"或者"年终加薪、分红"。

但 164 号文中的"年终奖"（全年一次性奖金）依据的是《国家税务总局关于调整个人取得全年一次性奖金等计算征收个人所得税方法问题的通知》（国税发〔2005〕9 号）：全年一次性奖金是指行政机关、企事业单位等扣缴义务人根据其全年经济效益和对雇员全年工作业绩的综合考核情况，向雇员发放的一次性奖金。上述一次性奖金也包括年终加薪、实行年薪制和绩效工资办法的单位根据考核情况兑现的年薪和绩效工资。

我们跳过对于"年终奖"和"数月奖金"本身各自怎么理解，单从二者的定义表述上，就拥有一个共同的领域："年终加薪"。年终加薪，既属于税法规定的"年终奖"，也属于税法规定的"数月奖金"。而"年终加薪"本身的实务界定就比较模糊，年终公司发的一笔奖金，只要公司说是因为全年的工作成绩进行的"加薪"，就可以归于其中。

从字面意思上直观理解，我们可以说"年终奖"和"数月奖金"既有重叠，又有差异。比如公司明确的季度奖，只能算"数月奖金"，不能算"年终奖"，"年终加薪"则是他们重叠的部分。

但从实务上看，由于界定的模糊以及特殊算法"一年仅限一次"的规则，也可以说"数月奖金"是将"年终奖"包含在内的，二者是包含关系，数月奖金范围更大。

如果说这种解读存在个人理解上的差异的话，总局对于 35 号公告的解读则是更为明确：数月奖金是指无住所个人一次取得归属于数月的奖金（包括全年奖金）、年终加薪、分红等工资薪金所得……（第三个问答）。这其中特别强调了数月奖金包括全年奖金。

所以，应该有这样的认识：年终奖属于数月奖金的范畴，对于居民和非居民，都可能有数月奖金，都可能有年终奖。只是，对于居民的年终奖，才可以适用单独计算的特殊算法1（指居民取得全年一次性奖金的单独计税法，具体详见财税〔2018〕164号文件第一条规定），居民的年终奖以外的数月奖金，必须与当年工资、薪金所得加总计算。对于非居民的数月奖金（包括年终奖在内），可以适用单独计算的特殊算法2（非居民取得数月奖金的单独计税法，具体详见35号公告第三条规定），而其中的"年终奖"不能适用居民的算法1。具体如下表所示：

扫码后输入"表十五"，可获取本表。

奖金	居民	非居民
年终奖	特殊算法1	特殊算法2
其他数月奖金	加总计算	
第二次年终奖（数月奖金）		合并到当月计算

（2）35号公告中的数月奖金可能会跨年。

"数月奖金"的定义中并未说明月份必须少于12，而从纳税义务的划分和计算方式上，数月奖金对应的所属工作期间跨年甚至超过12个月也是很正常的。

> **举例**
>
> Tom 2019年5月起在美国工作，2020年5月份到中国来，工作到12月，不担任董事或者高管。年底，Tom拿到了一笔美国支付并负担的奖金100万元，对应的工作时间是从2019年5月一直到2020年底，跨度长达20个月，取得奖金时仍在中国公司工作。首先，Tom的这笔奖金属于数月奖金，跨度20个月，其中前面12个月属于在美国工作期间的所得，只是现在人在中国拿到手了，后面8个月才是因为在中国的工作才拿到的奖金，所以前12个月的部分是来源于境外的工资，后8个月的部分才是来源于境内的工资。

3.完整的计算过程。

根据上例，Tom这笔奖金计算过程的逻辑如下所示：

（1）先切分所得来源：前 12 个月和后 8 个月分别是境外工资和境内工资

（2）再判定身份：Tom2019 年没来中国，是非居民，2020 年居住满 183 天，是居民。

（3）再确认纳税义务：Tom2019 年的所得在境内没有纳税义务，2020 年为"半居民"，其纳税义务是：内之内 + 内之外 + 外之内。

（4）计算出 100 万奖金中的应纳税收入额部分：100 万 ×（8 月天数）/20 月天数，假设等于 40 万元。

（5）再选择适用公式：因为 Tom2020 年是居民，所以 Tom 可以选择年终奖的公式来计算交税，就是上文所说的特殊算法 1。

注意：举例的时候为了阅读方便以月份来描述，但计算的时候是按天数折算，而不是按月份折算。这也是我举例讲个税的习惯，那种过于复杂真实的举例数字毕竟只是小学数学的内容，不需要去学习，反而还分散我们理解个税精髓业务的目光和精力，我自己不喜欢读，也不喜欢让您读。

还要注意：本例中，Tom 真正有纳税义务的是"内之外"部分，内之内和外之内都是 0。

（6）按照特殊算法 1：400000 ÷ 12=33333.33，找到税率 25%，速算扣除数 2660，应纳税款是 400000 × 25% −2660=97340 元。

（七）第七层：税收协定对于以上所有层级的影响

1. 基本知识。

在讨论税收协定对于以上所有层级的影响之前，我们先要了解下关于税收协定的一些基础知识，否则无法理解。

（1）什么是税收协定？

税收协定的标准称谓是"中华人民共和国政府和 ** 国政府关于对所得避免双重征税和防止偷漏税的协定"，两国政府之间的，称之为"协定"，地区与地区之间则称之为"安排"，比如我国内地与香港、内地与澳门之间签订的就叫避免双重征税安排，为方便起见统称为"税收协定"。从标准称谓可以看出，它的目的是为了解决两国（地）之间税收管辖权重叠或者疏漏的，总之，是一个合作征管达到双赢的协议。

（2）税收协定对于纳税人是一个优惠，纳税人有选择权。

税收协定有两部分内容，一是避免双重征税，二是防止偷漏税。防止偷漏税是协定中两国（地）之间相互协作打击偷漏税的部分，与纳税人并不直接产生联系。避免双重征税，顾名思义，自然是纳税人可能在两地都有纳税义务，通过税收协定，尽量的避免重复征税。所以，站在纳税人的角度，一旦适用税收协定，就是想对自己有优惠。因此税收协定可以简化理解为给纳税人的一个优惠政策，既然是优惠政策，纳税人就有选择权：他可以选择享受，也可以选择不享受。所以，我们会看到相应的税法表述中会说"享受税收协定待遇"。这是待遇，不是征税手段。

（3）税收协定是国际法，优先于国内法。

税收协定是我国政府同意并做出承诺的涉外法律，属于国际法范畴，它是优先于国内法的。这一点写在字面上很容易理解，可实务中很多人容易混淆。所谓优先于国内法其实有两层意思：一是国内法是基础规则，是第一步判断的依据；二是只有当国内法与税收协定发生冲突的时候才会有优先的说法。结合上一条"享受税收协定待遇"的解释您就会发现：在处理相关实务中，首先要先判断依据国内法是否征税，国内法征税、税收协定规定可以不征税，才有"享受税收协定待遇"的必要；如果国内法本来就不征税，再考虑税收协定只会让事情变得复杂，没有意义。如果国内法征税，税收协定也征呢？如果协定税负更高或一样也没有意义。因此不要本末倒置。

（4）适用税收协定的前提是必须是对方缔约国的税收居民。

既然税收协定是国际法，适用税收协定的主体当然要是对方缔约国的税收居民，如果只是我国税收居民，就只需要考虑国内法即可，否则就是对税收主权的放弃。由于国际税收业务的复杂性，这里所谓的对方税收居民包括两部分：① 是对方的税收居民，也是我国的非居民。这部分是常见情形，很好理解。② 是对方的税收居民，但也构成了我国的税收居民。原因就在于大家的税收居民规则不同，既然不同自然就有冲突之处。这种情况下，税收协定都会进行解决，毕竟，这是避免双重征税的重要前提，而且税收协定的主要目的就是为了解决冲突。同时，这种情况下，必须根据税收协定的相关规则确定下来是对方的税收居民身份优先，才能适用协定，否则，就只能适用国内法。

税收协定条款和我国税法所得项目之间的主要对应关系如下：

协定条款	对应的主要所得项目	备注
非独立个人劳务	工资、薪金所得	独立个人劳务和非独立个人劳务在新的范本中被合并为"受雇所得"
独立个人劳务	劳务报酬所得、经营所得、稿酬所得	同上
董事费条款	董监高人员的工资、薪金所得或劳务报酬所得	
营业利润	劳务报酬所得、经营所得	和独立个人劳务条款有交叉，尤其是对于新签协定
特许权使用费（和技术服务费）	特许权使用费所得、稿酬所得、劳务报酬所得	一般就是特许权使用费条款，但个别国家除外，比如印度

扫码后输入"表十六"，可获取本表。

了解了以上几个要点，您就能明白，上文所说的所有的层级都是国内法，一旦纳税人的身份可以适用税收协定，他又愿意享受这种优惠待遇，自然会对国内法的现有规定产生冲击，进而对纳税义务和算法进行调整，这就是这一层的特别之处。

2. 境外受雇所得条款的调整。

"境内受雇所得"条款，是针对非居民个人，因为与汇算清缴无关，本书不展开讨论；而"境外受雇所得"条款，针对的是构成我国无住所居民个人的对方税收居民（因为只有他们才有申请享受的必要），会影响到年度汇算清缴的收入额计算。

（1）什么是"境外受雇所得"条款？

35号公告对于"境外受雇所得"条款的适用解释如下所示：

本公告所称境外受雇所得协定待遇，是指按照税收协定受雇所得条款规定，对方税收居民个人在境外从事受雇活动取得的受雇所得，可不缴纳个人所得税。

我们先来看看条款本身，以中美协定为例，中美协定的第十四条"非独立个人劳务"（在 OECD 范本中被并入"受雇所得"）中规定：

一、除适用第十五条、第十七条、第十八条、第十九条和第二十条的规定以外，缔约国一方居民因受雇取得的薪金、工资和其他类似报酬，除在缔约国另一方受雇的以外，应仅在该缔约国一方征税。在该缔约国另一方受雇取得的报酬，可以在该缔约国另一方征税。

用看得懂的语言翻译一下，就是：美国居民取得的工资，应该仅在美国征税，不过在中国受雇取得的那部分除外。在中国受雇取得的工资，才可以在中国征税。

我们站在中国的角度，就会发现，这段话可以理解为：在中国工作的美国税收居民 Tom，中国仅仅有权利对他在中国境内工作的工资薪金征税，对其境外工作的工资薪金不能征税。

这就是"境外受雇所得协定待遇"的直观意思。

（2）纳税义务的变化。

结合之前讲解的国内法纳税义务，会看到：如果 Tom 是我国的非居民（非高管人员），国内法已经明确了他境外工作的工资薪金不需要在中国纳税。Tom 有必要再多此一举来申请"境外受雇所得协定待遇"吗？完全没有必要。因此，只有在 Tom 是我国居民的前提下，他境外工作期间的工资才有在国内纳税的义务，这时候申请"境外受雇所得协定待遇"才有意义。而作为一个无住所个人，Tom 成为我国税收居民的理由只有一个：他在一个年度内在境内居住满了 183 天！

前面说过，享受税收协定待遇是一个优惠，既然是优惠，纳税义务范围就会缩减。怎么缩减呢？就是将无住所居民个人（包括半居民和全居民）的工资薪金收入额由国内法计税范围缩减到协定的计税范围。具体如下表所示：

扫码后输入"表十七"，可获取本表。

细分居民身份	居住时间	国内法的计算公式	适用协定义务缩减后的公式
半居民	≥183天，且不是严格的连续第7年	内之内＋内之外＋外之内 公式①	内之内＋内之外 公式③，等于183天有点特殊，在此忽略。
全居民	≥183天，且是严格的连续第7年	全部所得 公式②	内之内＋内之外 公式③

公式③：来自 35 号公告第二条第（一）项中的公式二）：

> 当月工资薪金收入额 = 当月境内外工资薪金总额 × 当月工资薪金所属工作期间境内工作天数 ÷ 当月工资薪金所属工作期间公历天数

本公式对应的纳税义务为：内之内 + 内之外，其实就是指境内所得部分。因为根据"境外受雇所得"待遇，境外的受雇所得部分在我国免除了纳税义务。

（3）居民身份冲突问题。

您也许还会发现一个很奇怪的现象：Tom 只有先成为我国税收居民才有享受中美"境外受雇所得协定待遇"的必要，而享受这个待遇又必须首先是美国税收居民。Tom 既是中国税收居民又是美国税收居民？这不是产生矛盾了吗？

这就涉及前文所说的居民身份冲突问题。

这一点上，由于中美协定签得太早，写得比较笼统，不具有代表性，在这里引用中国和新加坡的税收协定（总局对税收协定最全面的解释就是以中新协定为标的，即国税发〔2010〕75 号文）进行解释说明：

由于第一款的规定，同时为缔约国双方居民的个人，其身份应按以下规则确定：

（一）应认为仅是其永久性住所所在缔约国的居民；如果在缔约国双方同时有永久性住所，应认为是与其个人和经济关系更密切（重要利益中心）所在缔约国的居民；

（二）如果其重要利益中心所在国无法确定，或者在缔约国任何一方都没有永久性住所，应认为是其有习惯性居处所在国的居民；

（三）如果其在缔约国双方都有，或者都没有习惯性居处，应认为仅是其国民所属缔约国的居民；

（四）在其他任何情况下，缔约国双方主管当局应通过协商解决。

这是一个解决冲突的规则，国税发〔2010〕75 号文写的更为清晰好懂：根据第一款的规定，同一人有可能同时为中国和新加坡居民。为了解决这种情况下个人最终居民身份的归属，第二款进一步规定了确定标准。需特别注意的是，这些标准的使用是有先后顺序的，只有当使用前一标准无法解决问题时，才使用后一的标准。

（一）永久性住所……

（二）重要利益中心……

（三）习惯性居处……

（四）国籍……

当采用上述标准依次判断仍然无法确定其身份时，……，通过相互协商解决。

这个规则，我们把它称之为"加比规则"。

这样一来，您就能理解享受中新（指新加坡，其他国家基本一样）"境外受雇所得协定待遇"的全过程了：

A. 无住所个人一年内累计居住满 183 天，成为中国税收居民；

B. 无住所个人因为某些原因同时是新加坡税收居民；

C. 居民身份产生冲突，根据中新协定的"加比规则"，最终判定为新加坡税收居民；

D. 可以适用中新协定的"境外受雇所得协定待遇"；

E. 适用对应的计算公式③将国内法的纳税义务进行缩减。

3. 独立个人劳务或者营业利润条款的协定适用。

（1）基本概念。

35 号公告明确规定：本公告所称独立个人劳务或者营业利润协定待遇，是指按照税收协定独立个人劳务或者营业利润条款规定，对方税收居民个人取得的独立个人劳务所得或者营业利润符合税收协定规定条件的，可不缴纳个人所得税。

A. 独立个人劳务条款

先来看看中美协定中的"独立个人劳务"条款：

一、缔约国一方居民的个人由于专业性劳务或者其他独立性活动取得的所得，应仅在该缔约国征税，除非该居民在缔约国另一方为从事上述活动的目的设有经常使用的固定基地，或者在该缔约国另一方有关历年中连续或累计停留超过 183 天。如果该居民拥有上述固定基地或在该缔约国另一方连续或累计停留上述日期，其所得可以在该缔约国另一方征税，但仅限归属于该固定基地的所得，或者在该缔约国另一方上述连续或累计期间取得的所得。

二、"专业性劳务"一语特别包括独立的科学、文学、艺术、教育或教学活动，以及医师、律师、工程师、建筑师、牙医师和会计师的独立活动。

用看得懂的语言翻译一下，就是：美国税收居民因为独立劳务取得的所得，只在美国征税，除非他在中国停留超过183天或者在中国有固定基地。即使在中国征税，也应该只就他在中国停留期间的所得或者归属于该基地的所得征。

B. 营业利润条款

营业利润条款的出现，有其特定原因。2000年之前，协定范本把常设机构和固定基地分开，常设机构适用于企业，取得的收入叫营业利润，独立个人劳务适用于个人，其固定营业场所叫做固定基地。这样就涉及到四个条款"常设机构"、"营业利润"、"独立个人劳务"、"固定基地"。2000年后，OECD在修订范本注释时，认为"常设机构"和"固定基地"是相同的，没有必要分设两个概念，就将后两个并入前两个，这四个条款就留下了"常设机构"、"营业利润"两个条款。所以，如果协定中有"独立个人劳务"条款，则适用该条款，如果没有，则适用"营业利润"条款，对于个人的部分，在实务上本质区别不大。

（2）条款的适用。

独立个人劳务（营业利润）条款对应的纳税项目主要是"劳务报酬所得、稿酬所得"，这个比较好理解。涉及到文学类，可能有"稿酬所得"，其他的"独立劳务"，基本上都可以化为"劳务报酬所得"。

劳务报酬的范围界定比较清楚，根据条款规定，可以不用交税，或者只在协定规定范围内交，在收入切分的实务上也比较容易，不再赘述。

4. 董事费条款的协定适用。

（1）董事费条款的实际含义。

董事费条款是高层管理人员适用的一个条款，它在实务中不但容易被忽略还容易被用错，原因就在于它的适用非常奇怪，并不是像一般条款那样列出条件，而是根据国内法的规定，如果作为"高层管理人员"没有被列在"董事费"条款里，就可以享受相关税收待遇。

举例

中美协定中"董事费条款"的规定是：

缔约国一方居民作为缔约国另一方居民公司的董事会成员取得的董事费和其他类似款项，可以在该缔约国另一方征税。

中泰（泰国）协定中"董事费条款"的规定是：

一、缔约国一方居民作为缔约国另一方居民公司的董事会成员取得的董事费和其他类似款项，可以在该缔约国另一方征税。

二、缔约国一方居民担任缔约国另一方居民公司高级管理职务取得的薪金、工资和其他类似报酬，可以在该缔约国另一方征税。

前文说过，我国的高管人员定义中，既包括董事、监事，也包括担任高层管理职务的个人。同样是"董事费条款"，对于非董事高管人员（除董事会成员以外的高管人员），中泰协定中有可以在中国征税的规定，而中美协定就没有。

对于这个差异，有两种理解方式：

理解一

作为美国税收居民的非董事高管人员，可以依据中美协定申请："因为中美协定'董事费条款'中没有非董事高管人员的内容，所以中国政府不能将我的纳税义务视同高管人员进行征税"。享受这个税收协定待遇就意味着从身份上将高管人员又还原到普通人员，从而带来相应纳税义务上的还原。

那泰国税收居民呢？因为中泰协定中有高管人员的内容，因此他没有权利申请享受相应的协定待遇。

这种理解的本质是：因为协定中没有的内容而否定我国国内法的征税权。

理解二

作为美国税收居民的非董事高管人员，因为协定中没有约定其报酬由谁征税这部分内容，所以，中国能不能将其视为高管人员征税完全取决于国内法，不受协定的限制。

泰国税收居民呢？因为协定赋予了中国征税权，所以也可以适用于国内法，协定也无法进行限制。

这种理解的本质是：协定中没有的内容对我国国内法的征税权不产生任何影响。

上述两种理解角度是通过不同的角度看的，但我认为，第二种理解才是正确的方式，因为它更贴近协定的法律适用方式。

这样一来，您会发现，对于美国和泰国两个国家的非董事高管，其征税权都取决于中国国内法，这个差异有什么实际意义呢？

意义来自于对协定其他条款的影响。

（2）董事费条款对于纳税义务和计算有什么影响

董事费条款是一个特别条款，针对高管人员，相对于税收协定中的上面几个条款（包括受雇所得条款、独立个人劳务或者营业利润条款，以下简称"三条款"）具有特别性。从税收协定条款的适用上看，特别条款总是优先于一般条款，董事费条款也不例外。对于这一点，35号公告里进行了明确，其解读中，表达的更为明确：

对方税收居民为高管人员，取得的董事费、监事费、工资薪金及其他类似报酬，应优先适用税收协定董事费条款相关规定。如果对方税收居民不适用董事费条款的，应按照税收协定中受雇所得（非独立个人劳务）、独立个人劳务或营业利润条款的规定处理。

也就是说，对于高管人员，如果想要享受"三条款"协定待遇，必须首先能够享受董事费条款待遇。这个规则可以命名为"董事费条款待遇前置"，其实质是无住所个人在享受"三条款"协定待遇时，不能和董事费条款相冲突。

在协定中，董事费条款的优先权直接体现在"受雇所得"的表述中：

"除适用第十七条（董事费条款）……的规定以外"，可以享受"境外受雇所得"待遇……也是把董事费条款作为优先判定规则的。

以受雇所得为例，其逻辑如下：泰国非董事高管不能享受董事费条款

待遇→因为董事费条款中明确了中国的征税权→不能享受受雇所得待遇→境内对部分报酬有征税权

反之，美国的非董事高管就可以享受受雇所得待遇，因为中美董事费条款中没有限制条款。

这样一来您就清楚了：董事费条款单独对国内法不起作用，因此纳税人无法单独享受这一条款待遇，他的效力在于影响"三条款"。——这是个附加适用的条款。

上述规则说的是董事费条款待遇和"三条款"待遇要么一起享受，要么一起不能享受，没有不享受"三条款"协定待遇、只单独享受董事费条款待遇的可能。

居民个人的高管人员享受受雇所得待遇公式变化如下表所示：

扫码后输入
"表十八"，
可获取本
表。

居民身份	细分居民身份	居住时间	高管人员	同时享受受雇所得待遇和董事费条款待遇（和普通人员一样）
居民	半居民	≥183天，且不是严格的连续第7年	内之内＋内之外＋外之内 公式①	内之内＋内之外 公式③，等于183天有点特殊，在此忽略。
	全居民	≥183天，且是严格的连续第7年	全部所得 公式②	内之内＋内之外 公式③

这张表的意思翻译成文字，就是35号公告里第四条第三项的规定：

（三）关于无住所个人适用董事费条款的规定。

对方税收居民个人为高管人员，该个人适用的税收协定未纳入董事费条款，或者虽然纳入董事费条款但该个人不适用董事费条款，且该个人取得的高管人员报酬可享受税收协定受雇所得、独立个人劳务或者营业利润条款规定待遇的，该个人取得的高管人员报酬可不适用本公告第二条第（三）项规定，分别按照本条第（一）项、第（二）项规定执行。

值得注意的是：根据协定计算居住天数等于183天的高管人员，享受的是境内受雇所得待遇，由于协定的计算口径更加严格，这种人绝大概率根据国内法口径天数是小于183天的，也就是非居民。只有一种人例外，这种人当年在境内居住 183 天，且没有出境——上一年就来了，从 1 月 1 日起算第 183 天的当天死亡。所以说这种情况很特殊，忽略掉。

（3）"适用"董事费条款的特别之处。

对于董事费条款，相关文件里说适用的意思就是你不能享受税收协定待遇，而可以享受税收协定待遇的话则说明董事费条款的表述中不含高管，就是不适用"董事费条款"。

一般来讲，享受待遇，自然是相关条款规定中明确说明条件及范围，像这样反列举的规定比较罕见，所以容易出错，实务中也尤其要留意。

注意一下这里的表述，我们在讨论到税收协定条款的"适用"时，一般来说，"适用"某条款就是享受该条款的待遇。比如：适用非独立个人劳务条款 = 享受非独立个人劳务条款待遇；适用股息条款 = 享受股息条款待遇。唯有董事费条款，因为是反列举的待遇，所以适用董事费条款的情形反而无法享受该条款待遇，不适用董事费条款的，才是享受该条款待遇。所以享受董事费条款待遇 = 不适用董事费条款。

其实，在 35 号公告出台之前，原正式文件中并没有"适用董事费条款"的说法。以前在我们的习惯表述中，"适用董事费条款" = 享受董事费条款待遇 = 不在董事费条款的范围内，但 35 号公告中出现了"适用董事费条款"的表述，将其定义为"不享受董事费条款待遇"，因此进行调整。

在我国与之签订的所有税收协定中董事费条款中，基本都明确了董事会成员的纳税义务，对于我国居民企业的董事会成员，我国拥有征税权。所以董事会成员应当适用董事费条款，就不能享受该条款待遇。

那董事非高管人员呢？明确表述包括企业高层管理人员的并不多，截至 2020 年 3 月 1 日，共有 12 个国家，分别是：巴基斯坦、加拿大、卡塔尔、科威特、摩洛哥、墨西哥、挪威、葡萄牙、瑞典、泰国、牙买加、柬埔寨。

这就意味着：在所有已签订税收协定的国家（地区）中，所有的董事都不能享受董事会条款待遇，而只有 12 个国家的非董事高管不能享受董事会条款待遇，其他的高管人员都可以享受董事会条款待遇。

5. 特许权使用费或技术服务费条款的适用。

特许权使用费或技术服务费条款中规定的待遇是税款可以单独计算，

按照固定的比例，它不仅仅是对综合所得算法的突破，也是对非居民特许权使用费所得算法的突破，因为涉及实务太少，不再赘述。

（八）第八层：税收协定和国内法的口径不一致的影响

居民有住所和时间两个标准，对于无住所个人，就只剩时间这一个标准。我国国内法对时间标准的描述是：在一个纳税年度内累计居住满 183 天。这里面有两个因素：年度区间，居住天数计算。

在第七层的政策讨论中，我们讨论税收协定对于国内法的影响时，只要涉及到年度区间和居住天数计算这两个因素，都默认为税收协定和国内法的口径是一致的。可是问题在于，税收协定对于年度区间的界定和居住天数的计算都可能采取了不同于国内法的方式，因此造成双方的差异，这就让协定在适用时的实务更为复杂。所以，这一层的内容将对上一层判定规则带来极大影响。

1.居住天数计算。

第三层中曾经讲过国内法对于境内居住天数的计算：在境内停留 24 小时的天数为居住天数，出入境当天都不算。简单的说，就是：1 日入境，3 日出境，只有 2 日这一天才算境内居住天数，即居住天数为 1 天。

那么协定是怎么计算境内居住天数的呢？

国税发〔2010〕75 号文（即中新协定文本释义）在对非独立个人劳务条款解释中，明确规定：在计算天数时，该人员中途离境包括在签证有效期内离境又入境，应准予扣除离境的天数。计算实际停留天数应包括在中国境内的所有天数，包括抵、离日当日等不足一天的任何天数及周末、节假日，以及从事该项受雇活动之前、期间及以后在中国渡过的假期等。简单的解释这句话，就是：1 日入境，3 日出境，1—3 日这三天都算境内居住天数，即居住天数为 3 天。

这样一比较您就会发现，在计算境内居住天数时，协定把出入境当天都计算在内，而国内法把出入境当天排除在外。这样就产生了差异。

值得一提的是，在 34 号公告出台之前，境内居住天数的计算依据是国税发〔2004〕97 号文，其计算规则和协定是一致的，并不存在差异。上述差异是从 2019 年 1 月 1 日起 34 号公告实施后才出现的。

在这种计算差异的影响下，除了一整年待在中国境内的情况（没有出入境记录）之外，国内法的居住天数永远小于协定的居住天数。

在年度区间相同的前提下（都是以一个公历年度为纳税年度），以协定规则为参照物，仅考虑可能影响到居民个人的部分，国内法的境内居住天数有如下几种可能：

协定居住时间	国内法居住时间的可能情形	可能适用的受雇所得条款待遇
≥183天	≤90天	国内法已经优惠，不需要
	90天<居住时间<183天	国内法已经优惠，不需要
	≥183天，且不是严格的连续第7年	境外受雇所得
	≥183天，且是严格的连续第7年	境外受雇所得

扫码后输入"表十九"，可获取本表。

由于国内法居住天数的计算口径更为宽松（对无住所个人有利），而协定的适用前提是比国内法更优惠，即使协定算法和国内算法出现跨区间的情况，因为没有享受协定待遇的必要，也不会对实务产生如何影响。

对于独立个人劳务所得，由于国内法居住天数计算规则对此并不发生效力（纳税义务与在国内居住多少天没有关系），只需要看协定的计算规则就可以了。

2. 年度区间。

（1）年度区间的异常情况。

我国个人所得税法明确规定，纳税年度指的就是公历年度，也就是1月1日至12月31日。

各个协定对于居住时间的所在区间的表述有所差异，具体来说分为以下几种情况：

A. 自然年度，和国内法一样；

B. 任何12个月，例如挪威、泰国、新西兰、澳大利亚、塞浦路斯、新加坡、中国香港、中国澳门等；

C. 任何365天，例如巴布亚新几内亚；

D. 有关纳税年度内，例如英国、埃及、孟加拉国、爱尔兰、巴巴多斯、印度、沙特等。

注意，"有关纳税年度"不一定是自然年度，对方的年度是指他们的财政年度或纳税年度，不是按照公历年度。

具体文件规定中的计算规则深究起来过于晦涩且占篇幅，不再赘述。

（2）对现有义务体系并无实质影响。

对于纳税人来说，如果一个年度内累计居住满 183 天，成为居民个人，不能享受境内受雇所得待遇，只能享受境外受雇所得待遇。

由于是跨年计算居住时间，如果其中一年已经居住满 183 天了，与这一年相关的"任何 12 个月"都只能享受境外收入所得待遇，因此，对于该境内居民个人的义务体系并无直接影响。

换言之，这种计算口径下，对于非居民个人享受税收协定待遇会有影响，对于居民个人没有实质影响，因此本书不再展开讨论。

您只需要了解一下"年度区间"的协定口径与国内口径不同即可。

（九）第九层：跨年支付所得怎么处理

关于无住所居民个人，最有争议的问题在于跨年支付所得的纳税义务如何确定。

> **举例**
>
> 无住所个人 Tom 2019 年在中国居住 300 天，是中国税收居民。2019 年 12 月 31 日合同结束，Tom 在 12 月 31 日当天回国，并再也没有入境。根据合同，2019 年 12 月工资有 5 万元，2019 年的年终奖金有 10 万元。这两笔收入的支付和负担方都包括境内雇主和境外总公司，他们按照惯例，在 2020 年 1 月 8 日将这 15 万元支付给 Tom。
>
> 问：Tom 的月工资应该怎么算？Tom 的年终奖应该怎么算？

这个例子的难点在于：2019 年，Tom 是居民；2020 年，Tom 是非居民。取得收入的时点是 2020 年 1 月，并非 2019 年，但很明显，Tom 取得的是偏偏是因为 2019 年工作获得的报酬。我们在判断 Tom 收入的算法的时候首先要确认他的税收身份，那么对于这 15 万元的收入，Tom 到底应该是居民还是非居民？

乍一看，Tom 取得的这 15 万元和 2020 年的居住和工作状态没有半点关系，按 2019 年的居民身份判定相关义务才是正确的选择。

但仔细想想，这种判断是有问题的。

第一个问题：个人所得税的纳税义务什么时候发生？

是实际取得所得的时候，而不是应当取得所得的时候！这也是我们平常在会计领域经常提到的"收付实现制"，而非"权责发生制"。Tom 在 2019 年并没有取得这 15 万元，他只有在 2020 年取得这 15 万元时才有纳税义务。

换个极端的场景：如果 Tom 过了十年才拿到这笔收入，他的纳税义务是现在还是十年后？显然是十年后？

再极端一点：如果 Tom 由于某种原因没有拿到这 15 万元，还需不需要交税？显然不需要。

所以，纳税义务的发生时间是 2020 年 1 月。

第二个问题：对于应税收入是依据纳税义务发生年度 2020 年的非居民身份计算，还是依据没有发生纳税义务年度 2019 年的居民身份计算？

这个答案显而易见，是 2020 年，因为居民身份和纳税义务是直接相关的两个概念。在判断 2019 年居民个人综合所得汇算清缴情形的时候，就是以 2019 年 1 月 1 日至 12 月 31 日之间取得的所得来进行，同样，这个区间也是判断纳税人是不是居民个人的区间。

这样一来，Tom 取得的这两笔收入，应当按照非居民的纳税义务来计算应纳税款。

对于月工资，应当按照非居民的计算公式进行计算纳税。

对于年终奖，不能适用居民年终奖的特殊算法 1，而是要适用非居民"数月奖金"的特殊算法 2。

换言之：Tom 的这 15 万元的所得不在 2019 年居民个人综合所得汇算清缴范围内，而是应当按照非居民的规则计算税款。

三、征管规定

（一）预计境内居住时间不确定的特别规定

实务中，无住所个人年度首次申报时，其在境内的实际累计居住天数不满 183 天，暂时无法确定其为居民个人还是非居民个人。为降低纳税人的税收遵从成本，35 号公告赋予无住所个人预先选择税收居民身份的权利。具体是，无住所个人在一个纳税年度内首次申报时，应当根据合同约定等情况自行判定是居民个人或非居民个人，并按照有关规定进行申报。预计情况与实际情况不符的，分别按照以下规定处理：

1. 无住所个人预先判定为非居民个人，因延长居住天数达到居民个人条件的，一个纳税年度内税款扣缴方法保持不变，年度终了后按照居民个人有关规定办理汇算清缴，但该个人在当年离境且预计年度内不再入境的，可以选择在离境之前办理汇算清缴。

扫码后输入"图二十二"，可获取本图。

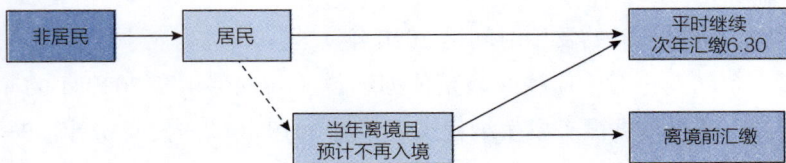

2. 无住所个人预先判定为居民个人，因缩短居住天数不能达到居民个人条件的，在不能达到居民个人条件之日起至年度终了 15 天内，应当向主管税务机关报告，按照非居民个人重新计算应纳税额，申报补缴税款，不加收税收滞纳金。需要退税的，按照规定办理。

所谓的"不能达到居民个人条件之日"是哪天呢？假设在某一天这个人在境内居住到年底，一次也不出境，刚好计算出居住天数等于 182 天，那这一天就是。

3. 无住所个人预计一个纳税年度境内居住天数累计不超过 90 天，但实际累计居住天数超过 90 天的，或者对方税收居民个人预计在税收协定规定的期间内境内停留天数不超过 183 天，但实际停留天数超过 183 天的，待达到到 90 天或者 183 天的月度终了后 15 天内，应当向主管税务机关报告，就以前月份工资薪金所得重新计算应纳税款，并补缴税款，不加收税收滞纳金。

可以看出，35 号公告强调了"报告义务"。一是从无住所居民个人转变成非居民个人身份时，纳税人应在不能达到居民个人条件之日起至年度终了 15 天内，应当向主管税务机关报告。二是预计一个纳税年度境内居住天数累计不超过 90 天，但实际累计居住天数超过 90 天的，或者预计在税收协定规定的期间内境内停留天数不超过 183 天，但实际停留天数超过 183 天的，待达到 183 天的月度终了后 15 天内，应当向主管税务机关报告。

这里的"报告义务"实质上是"申报调整"的义务，特别之处就在于不加收税收滞纳金。

（二）境外关联方支付工资薪金所得的特别规定

无住所个人在境内任职、受雇取得的工资薪金所得，有的是由其境内雇主的境外关联方支付的。在此情况下，尽管境内雇主不是工资薪金的直接支付方，为便于纳税遵从，35 号公告规定，无住所个人可以选择在一个纳税年度内自行申报缴纳税款，或者委托境内雇主代为缴纳税款。对于无住所个人未委托境内雇主代为缴纳税款的，境内雇主负有报告义务，应当在相关所得支付当月终了后 15 日内向主管税务机关报告相关信息。

（三）享受税收协定待遇的相关手续

由于享受税收协定待遇、调整纳税人的纳税计算方法属于减轻纳税义务，所以应该按照《国家税务总局关于发布〈非居民纳税人享受协定待遇管理办法〉的公告》（国家税务总局公告 2019 年第 35 号）的有关规定，向主管税务机关办理备查手续。

这个文件是对以前的享受税收协定待遇程序的修正，主要核心是：非居民纳税人享受协定待遇，采取"自行判断、申报享受、相关资料留存备查"的方式办理。

注意，该公告中的非居民纳税人，并不是个人所得税法意义上的非居民纳税人，而是指按照税收协定居民条款规定应为缔约对方税收居民的纳税人。因此，本部分内容中对公告原文引用时，提到的"非居民"及包括非居民个人，也包括无住所居民个人。

同时值得注意的是，纳税人如果想享受税收协定待遇，只需自己判断，留存资料备查，无需再像以前一样去税务机关备案。这是一个非常重要的流程规定，大大简化了实务操作。

1.基本流程。

非居民纳税人自行申报时，自行判断符合享受协定待遇条件且需要享受协定待遇的，应在申报时报送《非居民纳税人享受协定待遇信息报告表》，并按照规定归集和留存相关资料备查。

在源泉扣缴和指定扣缴情况下，非居民纳税人自行判断符合享受协定待遇条件且需要享受协定待遇的，应当如实填写《非居民纳税人享受协定待遇信息报告表》，主动提交给扣缴义务人，并按照规定归集和留存相关资料备查。

不论是自行申报还是扣缴申报，均由非居民纳税人归集和留存相关资料备查。

2.法律责任。

非居民纳税人自行判断是否符合享受协定待遇条件，符合条件且需要享受协定待遇的，主动向扣缴义务人提交报表要求享受协定待遇。如果非居民纳税人判断有误，不符合协定待遇条件而享受了协定待遇且未缴或少缴税款的，应承担相应法律责任。

扣缴义务人应在收到报表后确认非居民纳税人填报信息完整，然后按照非居民纳税人要求享受的协定待遇进行扣缴申报。如果扣缴义务人未按规定扣缴申报，或者未按规定提供相关资料，发生不符合享受协定待遇条件的非居民纳税人享受协定待遇且未缴或少缴税款情形的，扣缴义务人应承担相应法律责任。

3.核心证明资料。

税收居民身份证明是最重要的证明材料。

比如，纳税人想要享受中美税收协定，必须提供美国的税收居民身份证明，国籍证明不行，居住证明也不行，必须是税收意义上的身份证明。这点很多人容易混淆，在实务中要特别注意。

原文规定是：由协定缔约对方税务主管当局开具的证明非居民纳税人取得所得的当年度或上一年度税收居民身份的税收居民身份证明。

所以，从时间上看，当年的税收居民身份证明可以，上一年度的也可以。

第二节　外籍人员八项补贴优惠

关于外籍个人在境内工作取得的费用补贴，涉及 8 项，一直以来是外资企业和外籍纳税人关注的焦点。

一、现行文件规定

虽然外籍个人费用补贴重要程度很高，但事实上相关的文件规定并不多，直接进行规定的文件其实只有 4 个。

起源是《财政部国家税务总局关于个人所得税若干政策问题的通知》(财税字〔1994〕20 号)，该文规定下列所得"暂免征收个人所得税"：

外籍个人以非现金形式或实报实销形式取得的住房补贴、伙食补贴、搬迁费、洗衣费。

外籍个人按合理标准取得的境内、外出差补贴。

外籍个人取得的探亲费、语言训练费、子女教育费等，经当地税务机关审核批准为合理的部分。

后来，《国家税务总局关于外籍个人取得有关补贴征免个人所得税执行问题的通知》(国税发〔1997〕54 号)就财税字〔1994〕20 号文的上述规定在执行时的具体界定及管理问题进行了明确：

一、对外籍个人以非现金形式或实报实销形式取得的合理的住房补贴，伙食补贴和洗衣费免征个人所得税，应由纳税人在初次取得上述补贴或上述补贴数额，支付方式发生变化的月份的次月进行工资薪金所得纳税申报时，向主管税务机关提供上述补贴的有效凭证，由主管税务机关核准确认免税。

二、对外籍个人因到中国任职或离职，以实报实销形式取得的搬迁收入免征个人所得税，应由纳税人提供有效凭证，由主管税务机关审核认定，就其合理的部分免税。外商投资企业和外国企业在中国境内的机构，场所，以搬迁费名义每月或定期向其外籍雇员支付的费用，应计入工资薪金所得征收个人所得税。

三、对外籍个人按合理标准取得的境内，外出差补贴免征个人所得税，应由纳税人提供出差的交通费，住宿费凭证（复印件）或企业安排出差的有关计划，由主管税务机关确认免税。

四、对外籍个人取得的探亲费免征个人所得税，应由纳税人提供探亲的交通支出凭证（复印件），由主管税务机关审核，对其实际用于本人探亲，且每年探亲的次数和支付的标准合理的部分给予免税。

五、对外籍个人取得的语言培训费和子女教育费补贴免征个人所得税，应由纳税人提供在中国境内接受上述教育的支出凭证和期限证明材料，由主管税务机关审核，对其在中国境内接受语言培训以及子女在中国境内接受教育取得的语言培训费和子女教育费补贴，且在合理数额内的部分免予纳税。

对于国税发〔1997〕54号文规定的"每年探亲的次数和支付的标准合理的部分"，《国家税务总局关于外籍个人取得的探亲费免征个人所得税有关执行标准问题的通知》（国税函〔2001〕336号）予以了进一步明确：

可以享受免征个人所得税优惠待遇的探亲费，仅限于外籍个人在我国的受雇地与其家庭所在地（包括配偶或父母居住地）之间搭乘交通工具且每年不超过2次的费用。

此外，对于外籍人员在港澳地区取得的相关补贴，有特别的规定《财政部国家税务总局关于外籍个人取得港澳地区住房等补贴征免个人所得税的通知》（财税〔2004〕29号）：

一、受雇于我国境内企业的外籍个人（不包括香港澳门居民个人），因家庭等原因居住在香港、澳门，每个工作日往返于内地与香港、澳门等地区，由此境内企业（包括其关联企业）给予在香港或澳门住房、伙食、洗衣、搬迁等非现金形式或实报实销形式的补贴，凡能提供有效凭证的，经主管税务机关审核确认后，可以依照……（财税字〔1994〕20号）第二条以及……（国税发〔1997〕54号）第一条、第二条的规定，免予征收个人所得税。

二、第一条所述外籍个人就其在香港或澳门进行语言培训、子女教育而取得的费用补贴，凡能提供有效支出凭证等材料的，经主管税务机关审核确认为合理的部分，可以依照财税字〔1994〕20号通知第二条以及国税发〔1997〕54号通知第五条的规定，免予征收个人所得税。

以上四个文件是关于外籍个人费用补贴的所有实体规定上的文件，程序上相关的规定只有一条，那就是《国家税务总局关于取消及下放外商投资企业和外国企业以及外籍个人若干税务行政审批项目的后续管理问题的通知》（国税发〔2004〕80号）第十四条：

取消外籍个人住房、伙食等补贴免征个人所得税审批的后续管理根据……的规定，外籍个人以非现金或实报实销形式取得的住房补贴、伙食补贴、洗衣费、搬迁费、出差补贴、探亲费、语言训练费、子女教育费等补贴，由纳税人提供有关凭证，主管税务机关核准后给予免征个人所得税。取消上述核准后，外籍个人取得上述补贴收入，在申报缴纳或代扣代缴个人所得税时，应按国税发〔1997〕54号的规定提供有关有效凭证及证明资料。主管税务机关应按照国税发〔1997〕54号的要求，就纳税人或代扣代缴义务人申报的有关补贴收入逐项审核。对其中有关凭证及证明资料，不能证明其上述免税补贴的合理性的，主管税务机关应要求纳税人或代扣代缴义务人在限定的时间内，重新提供证明材料。凡未能提供有效凭证及证明资料的补贴收入，主管税务机关有权给予纳税调整。

这一条程序上的规定看起来很复杂，其实核心意思只有一句话：免税审批改成了审核。这也是税务管理不断提高效率、转变行政观念的体现。在税务机关的纳税服务水平不断提升之后，实务中以备案待查为主。

二、实务中的热点问题

因为纳税人越来越要求税收政策的透明，而以上相关文件定性的多，定量的少，因此实务中有很多问题经常会被问到。

问题一：多少算合理？

从文件规定可以看出，"出差补贴""探亲费、语言训练费、子女教育费"规定了只有"合理"的部分才可以免税，而对于"住房补贴、伙食补贴、搬迁费、洗衣费"，虽然文件本身并没有"合理"的限定，但一方面，这四项补贴仅限于"非现金形式或实报实销形式"，另一方面，在取消审批改审核的国税发〔2004〕80号文中，明确规定：对其中有关凭证及证明资料，不能证明其上述免税补贴的合理性的，主管税务机关应要求纳税人或代扣代缴义务人在限定的时间内，重新提供证明材料。凡未能提供有效凭证及证明资料的补贴收入，主管税务机关有权给予纳税调整。这样一来，对于所有的8项补贴，税务机关都要审核其合理性。

那么，纳税人最关心的问题就是：多少是合理的呢？

答案是：税务机关认为是合理的，就是合理的（因为根据上述文件规定，最终判断权在税务机关）；纳税人只要能客观证明是合理的，就是合理的（因为从形式上所有的费用补贴都需要有效凭证来佐证）；与同行业同级别的市场行为基本相符的，就是合理的（这是所有经济活动在税收判断上的共同点）。

问题二：为什么没有统一标准呢？

看了"合理性"判断后，大多数人都会提出第二个问题：为什么不能制订一个相对统一量化的标准呢？这个问题的答案和个人所得税"起征点"的问题、误餐补助的问题比较类似，主要原因其实还是两个：

（1）统一标准永远是滞后且死板的，且会干扰到纳税人的正常经济活动，最终的效果可能和改变费用扣除标准的效果差不多。

（2）在不对称的信息环境下，为了任何一部分纳税人的需求而统一标准都会造成对更多纳税人的不公平。

问题三：家属可以享受吗？

这是实务中比较容易出错的地方，很多人认为搬迁费、伙食补贴等费用的免税也包括外籍人员的家属在内，这种理解是完全错误的！外籍员工的家属不能对相关补贴免税，而且也不能单独以家属的名义进行申报纳税（除非家属本人也是公司员工），而是应该将相关补贴合并到外籍员工本人的工资薪金所得里面进行申报纳税。

问题四：是扣除还是免税？

这是实务中最容易出错的地方，甚至直接影响了税款计算的结果。上述8项补贴，都是个人的日常花费，不能作为费用在应纳税所得额中扣除，必须通过公司报销或者代为支付这一环节，将花费转化为公司发放给的收入（福利），才能依法享受免税政策优惠，予以免税。如果单位没有报销或者代为支付，则这些补贴不存在免税或扣除的说法。这8项补贴，是免税项目，而不是扣除项目！这和居民个人的6项专项附加扣除不是一个概念。务必注意！

三、二选一的特别政策

对于外籍人员，如果成为居民个人，又有综合所得，则会符合子女教育、继续教育、住房贷款利息或住房租金等专项附加扣除的条件。但是由于现行规章中对于外籍人员的子女教育费、语言培训费及住房补贴已有免税优惠政策，二者之间发生了优惠的竞合，解决方法就是对于两项优惠政策只能二选一。

从上述内容可以看出，外籍人员在华享受的补贴有8种，而专项附加扣除有6种，只有其中的部分补贴才有对应竞合的关系，如下表所示：

外籍人员补贴	专项附加扣除
子女教育费	子女教育
语言训练费	继续教育
住房补贴	住房贷款利息或住房租金专项附加

扫码后输入"表二十"，可获取本表。

财税〔2018〕164号文的原文规定：外籍个人符合居民个人条件的，可以选择享受个人所得税专项附加扣除，也可以选择享受……津补贴免税优惠政策，但不得同时享受。外籍个人一经选择，在一个纳税年度内不得变更。这段话可以理解为，符合条件的外籍个人要么选择享受6项专项附加扣除，要么选择享受8项津补贴优惠，一年内这两个领域不发生重合，哪怕只享受了一个专项附加扣除，就不能享受任何一项津补贴优惠了，反之亦然。还有种理解为：对于上表中的竞合部分，符合条件的外籍个人不能同时享受，其他的不竞合部分（赡养老人、大病医疗这2项专项附加扣除，以及洗衣费等 5 项津补贴）仍然可以同时享受。从文件的表达上看，前一种理解更为贴切，现在的系统操作也以这种理解为准。

自 2022 年 1 月 1 日起，外籍个人不再享受住房补贴、语言训练费、子女教育费津补贴免税优惠政策，应按规定享受专项附加扣除。也就是说，自 2022 年 1 月 1 日起，外籍个人的住房补贴、语言训练费、子女教育费这 3 项津补贴将不复存在，而其他 5 项津补贴如果无更新文件的话还可以继续享受。但若外籍个人成为居民个人时，这 5 项津补贴和 6 项专项附加扣除的关系有待到时候进一步明确。

第三节　境外所得税款抵免

对于居民个人，境内境外所得都有纳税义务，按理说都应该在境内交税，但他的境外所得很可能在来源地（境外）已经交税了，这样一来就可能存在双重征税问题。双重征税一直是国际税收领域尽量解决与避免的问题，因此对于非居民，我们签订了各种协定或安排，那对于居民，自然也会着重考虑，因此就制定了境外所得税款抵免的国内法规定。

其基本含义就是：居民个人在计算其全球所得应纳税额时，其境外所得在境外已经缴纳的个人所得税可以抵免。

关于境外所得税款抵免，文件依据除了个人所得税法及其实施条例之外，就是《财政部 税务总局关于境外所得有关个人所得税政策的公告》（财政部 税务总局公告 2020 年第 3 号，以下简称"3 号公告"）。

一、基础要点

要了解境外所得税款的抵免政策，需要先把握好一些基础的知识要点。

（一）只有居民个人才涉及到境外所得税款抵免，非居民不涉及

境外所得税款抵免仅与居民个人有关，核心原因就是：只有居民个人才对境外所得有纳税义务，非居民个人并没有，既然非居民个人对境外所得没有纳税义务，自然就不存在应纳税款一说，也就没有抵免的前提。

（二）每个所得项目都可能存在抵免

个人所得税法中的应税所得有九个税目，所有的境内所得和境外所得都可能涉及到。居民个人如果有境外所得自然也要先判断是哪种所得，如果不在这几项所得范围内，就不需要纳税，如果在这几项所得范围内，就可能存在抵免。这其中又要进行一次简单的划分，因为居民个人的前四项所得（工资、劳务报酬、稿酬、特许权使用费）需要合并入综合所得计税。这样一来，居民个人的境外所得就被分为综合所得、经营所得、其他分类所得这三大类，相关政策从收入归集、计算方法、抵免规则上都是根据这个分类来的。

（三）抵免规则中，只考虑补税，不可能退税

抵免规则中税款差异处理原则可以简单的称为"少交要补、多交不退"。意思是说，纳税人先将境外所得按照我国税法计算出应纳税款 A，境外已经交了符合抵免条件的税款 B。B 小于 A，说明纳税人没有完全履行纳税义务，需要将差额部分在国内补缴；B 大于 A，说明纳税人履行的纳税义务超过了国内法的规定，按照一般的"多退少补"的理解，是不是要给纳税人退税呢？当然不可能。因为 B 交给的不是我国税务机关，而是国外税务机关。这涉及到两国（两地）之间的税收主权，如果在境外多交的税能在国内退还，会造成税款的快速流失。

虽然我国不考虑退税，但是多出的这部分未抵免的税款可以在五个年度内结转抵免。

（四）分国分地区抵免

居民个人取得境外所得可能来自于多个国家（地区），除了其他分类所得外，在计算该居民年度个人所得税时，需要将所有国家（地区）的同一大类境外所得汇总计算。但在此基础上，进一步计算抵免限额时，是既要分不同国家（地区），又要区分不同所得项目的。而在实际抵免时，不再区分所得项目，但仍旧不能跨国（地区）抵免，而是仅限于这一国（地区）范围内。这和上个原则一样，都是基于税收主权的考虑。

换言之，在抵免限额的计算过程中，先"分国又分项"，分别计算各个国家（地区）不同税目的抵免限额；实际抵免时"分国不分项"，将同一个国家（地区）各个税目的抵免限额相加，计算出这一国（地区）的实

际抵免限额总额。无论过程还是结果，都不可能逾越国家（地区）的范围界限，对不同国家（地区）的抵免限额再进行加总。

二、境外所得的划分

根据所得项目的不同，境内外所得的划分也有所差异。3号公告在个人所得税法及其实施条例的基础上进一步明确完善了境外所得的确认规则，具体见下表所示：

扫码后输入"表二十一"，可获取本表。

税目	规则
工资薪金所得	因任职、受雇、履约等在中国境外提供劳务
劳务报酬所得	
稿酬所得	中国境外企业以及其他组织支付且负担
特许权使用费所得	许可各种特许权在中国境外使用
经营所得	在中国境外从事生产、经营活动
财产转让所得	转让中国境外的不动产、转让对中国境外企业以及其他组织投资形成的股票、股权以及其他权益性资产在中国境外转让其他财产，但对于权益性资产有例外规定
财产租赁所得	将财产出租给承租人在中国境外使用
利息股息红利所得	从中国境外企业、其他组织以及非居民个人取得利息、股息、红利
偶然所得	中国境外企业、其他组织以及非居民个人支付且负担

注意以下几个要点：

1.所谓的"境外"都是地理概念，意思是空间上在境外发生，尤其是工资薪金所得和劳务报酬所得，境外所得就是指"在境外"提供劳务，比如人在境外，网上远程为境内工作。

2.对于稿酬所得和偶然所得，需要注意的是所得的支付方和负担方都来自境外（企业、组织或者非居民），而不是单看谁支付。

3.对于财产转让所得，有例外规定。首先将被转让财产中切分出一个概念：权益性资产，就是指对企业以及其他组织投资形成的股票、股权以及其他权益性资产。如果中国境外的权益性资产被转让前三年（连续 36 个公历月份）内的任一时间，被投资企业或其他组织的资产公允价值 50% 以上直接或间接来自位于中国境内的不动产的，取得的所得就不再属于境外所得，而是境内所得。这一规则是一个反避税规则。

三、计算方法

境外所得税款抵免的具体计算步骤分为四步：

（一）将所有的所得分为三大类

即分为综合所得、经营所得和其他分类所得。

（二）计算各类所得的应纳税额

这里所谓的应纳税额，是指居民纳税人，因为对境内外所得都负有义务，而应该缴纳的全部税款（是应缴税款，不是实缴税款），具体说来，计算方法是：

1.综合所得：境内外所有综合所得相加，汇总计算应纳税额

2.经营所得：境内外所有经营所得相加，汇总计算应纳税额，但因为经营所得存在亏损的情况，如果境外的经营亏损允许在此全额体现显然会造成监管漏洞，因此要求境外的经营亏损在汇总计算时视为 0，但是这些亏损可以在本国（地区）经营所得范围内，五年内进行弥补。

3.其他分类所得：不和境内加总，而是各项所得的境外所得部分每笔收入单独计算税款，计算方法与非居民来自境内的其他分类所得是一致的。

（三）分国又分项，确定同一国家（地区）的某一大类的抵免限额

根据比例，在一国（地区）范围内确定各大类的抵免限额，具体公式如下：

1.综合所得抵免限额：

综合所得总的应纳税额 × 来源于该国（地区）的综合所得收入额 ÷ 中国境内和境外综合所得收入额合计

注意：这里的切分基础是"收入额"，不是"收入"，也不是"应纳税所得额"。

2.经营所得抵免限额：

> 经营所得总的应纳税额 × 来源于该国（地区）的经营所得应纳税所得额 ÷ 中国境内和境外经营所得应纳税所得额合计

注意： 这里的切分基础是"应纳税所得额"，不是"收入"。

3.其他分类所得抵免限额：

即按我国税法单独计算的应纳税额，不涉及切分问题。

（四）分国不分项，确定该国（地区）的抵免总限额

将来自该国家（地区）的上述几个抵免限额汇总，得到该国（地区）的抵免总限额。

（五）根据纳税人在该国（地区）已经缴纳的税款和抵免总限额比较后进行抵免，多补少结转

流程如下图所示：

扫码后输入"图二十三"，可获取本图。

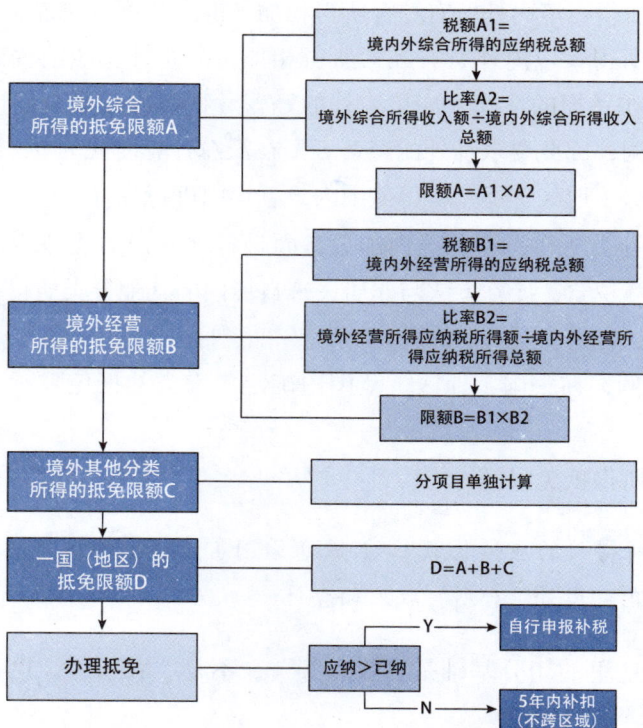

四、不能抵免的情形

3号公告列明了几类不能抵免的情形，规定及解读如下：

1.属于错缴或错征的境外所得税税额；

这点很好理解，自不待言。

2.根据税收协定或者安排规定不应征收的境外所得税税额；

意思是已经有税收协定待遇可供纳税人享受，明明可以不用在境外纳税的，如果你还纳税，我国（内地）自然不给抵免。

3.因少缴或迟缴境外所得税而追加的利息、滞纳金或罚款；

因为不规范操作造成的处罚性质的负担，自然不能在我国税收管辖权中豁免。

4.境外所得税纳税人或者其利害关系人从境外征税主体得到实际返还或补偿的境外所得税税款；

这是指虽然名义上已经在境外纳税，但实际上并没有负担，而是通过返还等形式得到了补偿，自然也不能抵免。这是实质重于形式的原则。

5.按照中国税法规定免税的境外所得负担的境外所得税税款；

这是一个特别规定，无住所个人中的"半居民"就属于这种情况，既然国内法都不需要纳税，自然就没有抵免的基础。

举例

2019年，某无住所个人Tom在中国居住天数为200天，他是某境外公司派往中国担任某公司的普通员工，其境内工资薪金所得为10万元，境外工资薪金所得9万元，分为两部分，中国公司支付3万元，境外公司支付6万元（没有让中国公司负担）。Tom在2019年是中国税收居民，在不考虑税收协定（安排）的情况下，根据个人所得税法实施条例第四条的规定，其境外所得的6万元部分可以免税，相对应的，这6万元负担的境外所得税税款，就不属于可抵免税款。

五、税收饶让

税收饶让听上去很拗口，但其实它可以简单理解为，将税收优惠视同已经交税而进行抵免。比如一笔境外所得，本来应该在境外缴纳 1 万元税款，但因为是免税项目，不用缴纳了，实际纳税为 0。从境外所得税款抵免的角度，既然境外没有纳税，自然就不存在双重征税，也就没有抵免的问题，所以这笔所得在境内还是要交税。但这样一来，对于纳税人来说这个境外免税的政策可能形同虚设，因此就规定，虽然实际纳税为 0，但在抵免时视同已经纳税 1 万元。这样就让纳税人享受到了免税政策。

六、办理流程

（一）申报时间

境外所得税款抵免的申报时间是取得所得次年的 3 月 1 日至 6 月 30 日，与居民个人年度汇算时间相一致。

（二）申报地点

居民个人进行境外所得税款抵免的申报地点规则综合了征纳双方的需要，具体是：如果纳税人有雇主，则在雇主所在地（有多个雇主的情况没说，默认为可以任选一个）；如果没有雇主，如果有户籍，则可以在户籍所在地和经常居住地之间选择，如果没有雇主，也没有户籍，则在经常居住地。如下图所示：

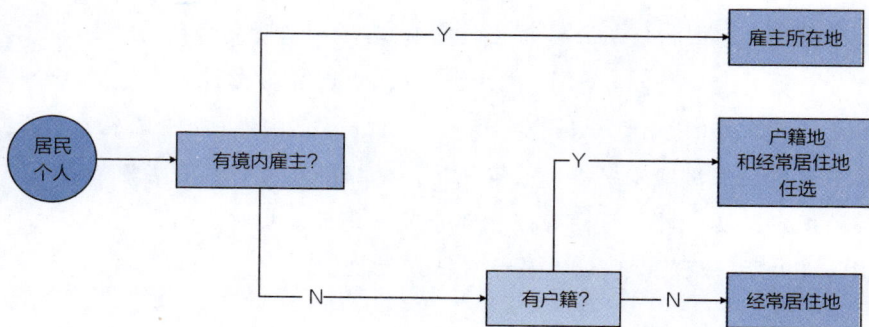

扫码后输入"图二十四"，可获取本图。

（三）年度差异的处理

如果境外的纳税年度和我国的不一样，就涉及到跨年度的问题，跨年度所得的境外税款抵免在计算和申报上都会变得复杂，为此，3 号公告的规则是：取得境外所得的境外纳税年度最后一日所在的公历年度，为境外所得对应的我国纳税年度。

> **举例**
>
> 英国的纳税年度是每年的 4 月 6 日至下一年的 4 月 5 日，我国居民个人王小源 2019 年 5 月、7 月、10 月，和 2020 年 2 月，在英国都有一笔劳务报酬所得。如果按照我国的公历年度计算纳税义务及进行境外所得税款抵免，显然很麻烦，王小源在英国一个纳税年度的所得，在我国要被拆分为两个纳税年度（2019 年和 2020 年）。而根据 3 号公告的规则，王小源的这些收入算作 2020 年度的所得——因为这部分所得的英国纳税年度最后一天是 2020 年 4 月 5 日。这样一来，尽管其中有 2019 年取得的收入，但是王小源的这四笔劳务报酬都应该和国内 2020 年的综合所得汇总计算，办理抵免的时间变成了 2021 年的 3 月 1 日至 6 月 30 日。

（四）汇率的处理

对于汇率，依照的是实施条例中的规则：如果所得的币种不是人民币，则在申报缴税时按照上月最后一天的汇率中间价折算。这里的申报既包括纳税申报，也包括代扣、预扣预缴申报。在办理境外所得税款抵免时需要补税的，按照上年度最后一天的汇率中间价折算，计算应纳税额。其实际含义就是按确认的所得年度最后一天的汇率中间价折算成人民币计算。

（五）派遣单位的报告义务

如果居民个人被境内企业、单位、其他组织（以下称派出单位）派往境外工作，取得的工资薪金所得或者劳务报酬所得，由派出单位或者其他境内单位支付或负担的，派出单位或者其他境内单位应正常预扣预缴税款。

居民个人被派出单位派往境外工作，取得的工资薪金所得或者劳务报酬所得，由境外单位支付或负担的，要区分两种情况：

如果境外单位为境外任职、受雇的中方机构（以下称中方机构）的，可以由境外任职、受雇的中方机构预扣税款，并委托派出单位向主管税务机关申报纳税。

如果境外单位不是中方机构，派出单位应当于次年 2 月 28 日前向其主管税务机关报送外派人员情况，包括：外派人员的姓名、身份证件类型及身份证件号码、职务、派往国家和地区、境外工作单位名称和地址、派遣期限、境内外收入及缴税情况等。境外单位是中方机构但中方机构未预扣税款的，参照这一做法。

第八章　减免税优惠

汇算清缴中涉及到的减免税优惠分为两部分：居民个人综合所得和经营所得。

第一节　居民个人综合所得中的减免税

居民个人综合所得汇算清缴中，涉及到减免税的具体项目有 26 项，内容如下表所示：

序号	优惠政策文件名称	文号	主要优惠
1	中华人民共和国个人所得税法	中华人民共和国主席令第9号	法定免税： 按照国家统一规定发给的补贴、津贴 按照国家统一规定发给干部、职工的安家费、退职费、基本养老金或者退休费、离休费、离休生活补助费 军人的转业费、复员费、退役金 依照有关法律规定应予免税的各国驻华使馆、领事馆的外交代表、领事官员和其他人员的所得 中国政府参加的国际公约、签订的协议中规定免税的所得 法定减税： （一）残疾、孤老人员和烈属的所得 （二）因自然灾害遭受重大损失的
2	财政部关于外国来华工作人员缴纳个人所得税问题的通知	（80）财税字第189号	外国来华工作人员及留学生的指定收入补贴免税

扫码后输入"表二十二"，可获取本表。

序号	优惠政策文件名称	文号	主要优惠
3	财政部 国家税务总局关于个人所得税若干政策问题的通知	财税字〔1994〕020号	外籍人员八项补贴、外籍专家工资免税，延长离休退休年龄的高级专家工资免税
4	财政部 国家税务总局关于西藏自治区贯彻施行《中华人民共和国个人所得税法》有关问题的批复	财税字〔1994〕021号	艰苦边远地区津贴、浮动工资、增发的工龄工资、离退休人员的安家费和建房补贴费等免税
5	国家税务总局关于印发《征收个人所得税若干问题的规定》的通知	国税发〔1994〕089号	独生子女补贴、托儿补助费、差旅费津贴、误餐补助等免税
6	财政部 国家税务总局关于西藏特殊津贴免征个人所得税的批复	财税字〔1996〕91号	西藏特殊津贴免税
7	财政部 国家税务总局关于促进科技成果转化有关税收政策的通知	财税字〔1999〕45号	科研机构、高等学校转化职务科技成果股权奖励不征税
8	国家税务总局关于个人所得税有关政策问题的通知	国税发〔1999〕58号	公务交通、通讯补贴收入可扣一定费用
9	国家税务总局关于促进科技成果转化有关个人所得税问题的通知	国税发〔1999〕125号	科研机构、高等学校转化职务科技成果股权奖励不征税——细化
10	国家税务总局关于企业改组改制过程中个人取得的量化资产征收个人所得税问题的通知	国税发〔2000〕60号	职工个人以股份形式取得的不拥有所有权的企业量化资产，不征税
11	国家税务总局关于律师事务所从业人员取得收入征收个人所得税有关业务问题的通知	国税发〔2000〕149号	雇员律师从其分成收入中扣除办理案件支出费用30%以内可扣除
12	财政部 国家税务总局关于个人与用人单位解除劳动关系取得的一次性补偿收入征免个人所得税问题的通知	财税〔2001〕157号	职工从破产企业取得的一次性安置费收入免税

续表

序号	优惠政策文件名称	文号	主要优惠
13	财政部 国家税务总局关于外籍个人取得港澳地区住房等补贴征免个人所得税的通知	财税〔2004〕29号	外籍人员的八项补贴优惠在香港或澳门也能享受
14	财政部　国家税务总局关于教育税收政策的通知	财税〔2004〕39号	高等学校转化职务科技成果股权奖励不征税
15	国家税务总局关于国际组织驻华机构　外国政府驻华使领馆和驻华新闻机构雇员个人所得税征收方式的通知	国税函〔2004〕808号	仅在国际组织驻华机构和外国政府驻华使领馆中工作的外籍雇员，暂不征税
16	财政部　国家税务总局关于基本养老保险费基本医疗保险费失业保险费住房公积金有关个人所得税政策的通知	财税〔2006〕10号	三险一金：单位支付的免税，个人支付的可扣除，领取时免税
17	财政部　国家税务总局关于单位低价向职工售房有关个人所得税问题的通知	财税〔2007〕13号	房改中以低价向职工出售公有住房，职工获得的差价收益免税
18	财政部　国家税务总局关于《建立亚洲开发银行协定》有关个人所得税问题的补充通知	财税〔2007〕93号	由亚洲开发银行支付给经确认为其雇员的的我国公民的薪金和津贴免税
19	财政部 国家税务总局关于高级专家延长离休退休期间取得工资薪金所得有关个人所得税问题的通知	财税〔2008〕7号	对延长离休退休年龄的高级专家免税政策进行明确
20	财政部　国家税务总局关于生育津贴和生育医疗费有关个人所得税政策的通知	财税〔2008〕8号	生育津贴、生育医疗费免税
21	财政部　国家税务总局关于工伤职工取得的工伤保险待遇有关个人所得税政策的通知	财税〔2012〕40号	工伤保险待遇免税
22	财政部　人力资源社会保障部　国家税务总局关于企业年金职业年金个人所得税有关问题的通知	财税〔2013〕103号	单位缴纳的企业年金职业年金不征税

续表

序号	优惠政策文件名称	文号	主要优惠
23	财政部 税务总局 科技部关于科技人员取得职务科技成果转化现金奖励有关个人所得税政策的通知	财税〔2018〕58号	科技人员取得职务科技成果转化现金奖励，减半计税
24	财政部 税务总局 海关总署关于北京2022年冬奥会和冬残奥会税收优惠政策的公告	财政部公告2019年第92号	2019年6月1日至2022年12月31日期间从事与北京冬奥会相关的工作的外籍人员取得由北京冬奥组委支付或认定的收入免税
25	关于远洋船员个人所得税政策的公告	财政部税务总局公告2019年第97号	一个纳税年度内在船航行时间累计满183天的远洋船员工资收入减按50%计税
26	关于支持新型冠状病毒感染的肺炎疫情防控有关个人所得税政策的公告	财政部税务总局公告2020年第10号	参加疫情防治工作的医务人员和防疫工作者取得的工作补助和奖金免税 单位发给个人的预防病毒感染的实物免税

关于上述减免税项目，有如下注意事项：

1.最基本的文件依据是《财政部 税务总局关于继续有效的个人所得税优惠政策目录的公告》（财政部 税务总局公告2018年第177号）。

2.捐赠扣除不被视为税收优惠，因此所有的捐赠扣除不在其中，即使允许按应纳税所得额全额扣除的也是如此。

3.表中所列只考虑综合所得的四个税目，有些税收优惠，比如《财政部 税务总局关于粤港澳大湾区个人所得税优惠政策的通知》（财税〔2019〕31号），虽然跟工资有关，但属于财政返还奖励免税政策，对于个人来说是"偶然所得"，与综合所得汇算清缴无关，并未列出。

4.税收递延型商业养老保险在领取环节的优惠政策，虽然属于工资、薪金所得，但属于单独计算的规定，因此不计入居民个人综合所得汇算清缴的税收优惠中。

5.对于残疾、孤老人员和烈属的所得，税法授予了各地自行决定的权力，这就造成了全国标准不统一，在年度汇算时，如果预缴地是上海，汇算地是江苏，肯定会因为上海和江苏的标准不一致造成纳税人享受减税金额的调整，这个时候的规则是哪个地方的标准对纳税人有利就按哪里的标准，上海标准对纳税人有利则按上海标准，江苏更有利则按江苏标准，需要留意。该规则出自财税公告 2019 年第 94 号。

6. 第 8 项和第 11 项其实是两个费用扣除优惠，和保险营销员、证券经纪人的展业成本扣除规定类似。值得注意的是，这两类扣除是对部分工资薪金所得计算应纳税所得额的扣除，与企业年金职业年金这种综合所得的"其他扣除"有着本质的区别，不能混淆。

第二节　经营所得中的减免税

经营所得汇算清缴中，涉及到减免税的具体项目有 6 项，内容如下表所示：

序号	优惠政策文件名称	文号	主要优惠
1	财政部 国家税务总局关于随军家属就业有关税收政策的通知	财税〔2000〕84号	从事个体经营的随军家属，自领取税务登记证之日起，3年内免税
2	财政部 国家税务总局关于自主择业的军队转业干部有关税收政策问题的通知	财税〔2003〕26号	从事个体经营的军队转业干部，自领取税务登记证之日起，3年内免税
3	财政部 国家税务总局关于个人独资企业和合伙企业投资者取得种植业 养殖业 饲养业 捕捞业所得有关个人所得税问题的批复	财税〔2010〕96号	个人独资企业和合伙企业投资者取得种植业 养殖业 饲养业 捕捞业所得不征税
4	财政部 国家税务总局关于农村税费改革试点地区有关个人所得税问题的通知	财税〔2004〕30号	个人或者个体户取得种植业 养殖业 饲养业 捕捞业所得不征税

扫码后输入"表二十三"，可获取本表。

235

续表

序号	优惠政策文件名称	文号	主要优惠
5	财政部 税务总局 退役军人部关于进一步扶持自主就业退役士兵创业就业有关税收政策的通知	财税〔2019〕21号	自主就业退役士兵自办理个体工商户登记当月起，在36个月内按每户每年12000元为限额扣减多税种
6	财政部 税务总局 人力资源社会保障部 国务院扶贫办关于进一步支持和促进重点群体创业就业有关税收政策的通知	财税〔2019〕22号	重点群体创业就业，自办理个体工商户登记当月起，在36个月内按每户每年12000元为限额扣减多税种

其中，最后两项可以依次扣减其当年实际应缴纳的增值税、城市维护建设税、教育费附加、地方教育附加和个人所得税。限额标准最高可上浮20%，各省、自治区、直辖市人民政府可根据本地区实际情况在此幅度内确定具体限额标准。

第九章　汇算清缴具体操作

第一节　汇算清缴途径及系统操作说明

个人所得税汇算清缴的两个领域中，经营所得汇算清缴的操作比较简单，根据经营所得的汇算清缴申报表直接在实际经营地申报即可，多处经营的，选择一地提交汇总申报表。综合所得年度汇算的操作相对比较复杂，具体方式包括自己办理，委托他人办理，雇主代办三种。而汇算途径有如下几种：电子税务局手机版（APP），电子税务局网页版，纳税服务大厅，邮寄。关系如下：

办理方式	途径选择			
	APP	**网页版**	**服务大厅**	**邮寄**
	最容易操作，最智能，只能单人操作	APP的电脑版，便于批量处理	功能最全，人工服务	兜底的小众服务
自己办理	√	√	√	√
委托他人办理		√	√	√
雇主代办		√	√	

扫码后输入"表二十四"，可获取本表。

其中，各种途径使用的申报表是相同的，只是方便程度不同，手机APP显然是最容易操作的，网页版的年度汇算功能可以被理解为是APP的电脑版，服务大厅是服务功能最全的，相当于人工服务，而邮寄申报是兜底的申报方式，是为了方便一些特殊人群的。

本书原计划将电子税务局手机版（APP），电子税务局网页版、扣缴义务人客户端这三个系统的操作说明进行详细讲解，但基于以下原因，进行了调整：

扫码后输入"说明一"，可获取电子税务局手机版（APP）的系统操作说明。

扫码后输入
"说明二"，
可获取电子
税务局网页
版的系统操
作说明。

扫码后输入
"说明三"，
可获取扣缴
义务人客户
端的系统操
作说明。

2020 年是办理个人所得税年度汇算的第一个年度，年度汇算的所有系统到 2020 年的 3 月 1 日才正式上线，之前并无公开版本，即使上线后，也会基于纳税人的反馈而进行不断地迭代更新，而书稿内容是固定的，一旦系统发生了任何更新，本书的固定内容都会给读者您带来误导。

因此，对于这部分操作说明，和本书的其他图表一样采取扫码共享的方式，一方面，这部分内容很多，就像一本本说明书，而每个读者关心的内容可能只是其中很小一部分，电子化可以节约资源；另一方面，每次系统进行迭代更新，读者都可以通过扫码获取最新的操作说明，方便及时解决困惑。

第二节　综合所得年度汇算申报表的填写

一、申报表的选择与分类

居民个人综合所得年度汇算申报表有四个：

仅涉及境内所得的，有三个：标准申报表（A 表），简易申报表、问答式申报表

涉及境外所得的，是复杂申报表（B 表）。

他们之间的关系如下：

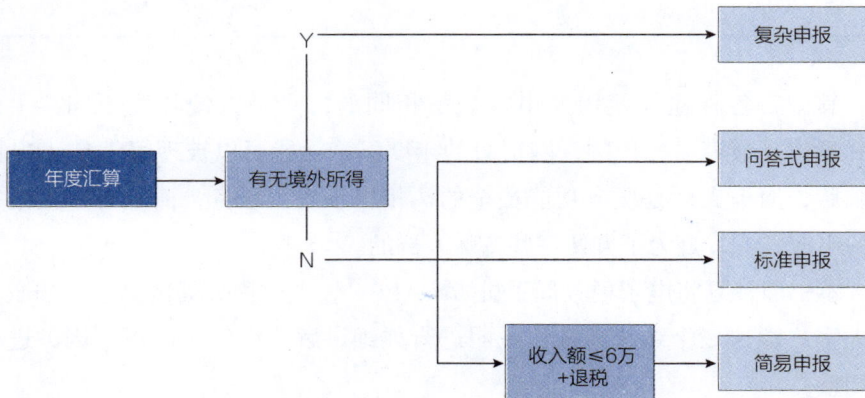

扫 码 后
输入"图
二十五"，可
获取本图。

同时，由于一张申报表没有办法涵盖所有的信息，所以，如果遇到还需要报送明细信息的字段，该字段还要附加一张明细申报表，比如减免税明细、专项附加扣除明细等，具体来说，各个申报表的要求也不同，见下表所示：（各明细表内容详见书后附录）

申报表类型	需要附报的明细表（有数据则填，无数据则不填）				
	专项附加扣除明细	其他扣除明细	捐赠明细	减免税明细	境外抵免明细
标准申报表A表	√	√	√	√	
问答式申报表	√	√	√	√	
简易申报表					
复杂申报表B表	√	√	√	√	√

扫码后输入"表二十五"，可获取本表。

二、标准申报表 A 表的填写

个人所得税年度自行纳税申报表（A 表）

（仅取得境内综合所得年度汇算适用）

税款所属期：　　年　月　日至　年　月　日
纳税人姓名：
纳税人识别号：□□□□□□□□□□□□□□□□□ - □□　金额单位：人民币元（列至角分）

基本情况				
手机号码		电子邮箱		邮政编码　□□□□□□
联系地址	＿＿＿省（区、市）＿＿市＿＿区（县）＿＿街道（乡、镇）＿＿＿			
纳税地点（单选）				
1.有任职受雇单位的，需选本项并填写"任职受雇单位信息"：		□任职受雇单位所在地		
任职受雇单位信息	名称			
	纳税人识别号	□□□□□□□□□□□□□□□□□□		

扫码后输入"表二十六"，可获取本表。

239

续表

2.没有任职受雇单位的，可以从本栏次选择一地：	□ 户籍所在地　　□ 经常居住地		
户籍所在地/经常居住地	___省（区、市）___市___区（县）___街道（乡、镇）_____		
申报类型（单选）			
□ 首次申报　　　　　　□ 更正申报			
综合所得个人所得税计算			
项　　目	行次	金额	
一、收入合计（第1行=第2行+第3行+第4行+第5行）	1		
（一）工资、薪金	2		
（二）劳务报酬	3		
（三）稿酬	4		
（四）特许权使用费	5		
二、费用合计[第6行=(第3行+第4行+第5行)×20%]	6		
三、免税收入合计（第7行=第8行+第9行）	7		
（一）稿酬所得免税部分［第8行=第4行×（1-20%）×30%］	8		
（二）其他免税收入（附报《个人所得税减免税事项报告表》）	9		
四、减除费用	10		
五、专项扣除合计（第11行=第12行+第13行+第14行+第15行）	11		
（一）基本养老保险费	12		
（二）基本医疗保险费	13		
（三）失业保险费	14		
（四）住房公积金	15		

续表

六、专项附加扣除合计（附报《个人所得税专项附加扣除信息表》） （第16行=第17行+第18行+第19行+第20行+第21行+第22行）	16	
（一）子女教育	17	
（二）继续教育	18	
（三）大病医疗	19	
（四）住房贷款利息	20	
（五）住房租金	21	
（六）赡养老人	22	
七、其他扣除合计（第23行=第24行+第25行+第26行+第27行+第28行）	23	
（一）年金	24	
（二）商业健康保险（附报《商业健康保险税前扣除情况明细表》）	25	
（三）税延养老保险（附报《个人税收递延型商业养老保险税前扣除情况明细表》）	26	
（四）允许扣除的税费	27	
（五）其他	28	
八、准予扣除的捐赠额（附报《个人所得税公益慈善事业捐赠扣除明细表》）	29	
九、应纳税所得额 （第30行=第1行-第6行-第7行-第10行-第11行-第16行-第23行-第29行）	30	
十、税率（%）	31	
十一、速算扣除数	32	
十二、应纳税额（第33行=第30行×第31行-第32行）	33	

续表

全年一次性奖金个人所得税计算		
（无住所居民个人预判为非居民个人取得的数月奖金，选择按全年一次性奖金计税的填写本部分）		
一、全年一次性奖金收入	34	
二、准予扣除的捐赠额（附报《个人所得税公益慈善事业捐赠扣除明细表》）	35	
三、税率（%）	36	
四、速算扣除数	37	
五、应纳税额[第38行=（第34行–第35行）×第36行–第37行]	38	
税额调整		
一、综合所得收入调整额（需在"备注"栏说明调整具体原因、计算方式等）	39	
二、应纳税额调整额	40	
应补/退个人所得税计算		
一、应纳税额合计（第41行=第33行+第38行+第40行）	41	
二、减免税额（附报《个人所得税减免税事项报告表》）	42	
三、已缴税额	43	
四、应补/退税额（第44行=第41行–第42行–第43行）	44	

无住所个人附报信息			
纳税年度内在中国境内居住天数		已在中国境内居住年数	

退税申请		
（应补/退税额小于0的填写本部分）		
☐ 申请退税（需填写"开户银行名称""开户银行省份""银行账号"）　　☐ 放弃退税		
开户银行名称		开户银行省份
银行账号		

续表

备　　注
谨声明：本表是根据国家税收法律法规及相关规定填报的，本人对填报内容（附带资料）的真实性、可靠性、完整性负责。 　　　　　　　　　　　　　　　　纳税人签字：　　　　年　月　日

经办人签字： 经办人身份证件类型： 经办人身份证件号码： 代理机构签章： 代理机构统一社会信用代码：	受理人： 受理税务机关（章）： 受理日期：　　　年　月　日

国家税务总局监制

《个人所得税年度自行纳税申报表》（A表）填表说明

（仅取得境内综合所得年度汇算适用）

一、适用范围

　　本表适用于居民个人纳税年度内仅从中国境内取得工资薪金所得、劳务报酬所得、稿酬所得、特许权使用费所得（以下称"综合所得"），按照税法规定进行个人所得税综合所得汇算清缴。居民个人纳税年度内取得境外所得的，不适用本表。

二、报送期限

　　居民个人取得综合所得需要办理汇算清缴的，应当在取得所得的次年3月1日至6月30日内，向主管税务机关办理个人所得税综合所得汇算清缴申报，并报送本表。

三、本表各栏填写

（一）表头项目

1. 税款所属期：填写居民个人取得综合所得当年的第 1 日至最后 1 日。如：2019 年 1 月 1 日至 2019 年 12 月 31 日。

2. 纳税人姓名：填写居民个人姓名。

3. 纳税人识别号：有中国公民身份号码的，填写中华人民共和国居民身份证上载明的"公民身份号码"；没有中国公民身份号码的，填写税务机关赋予的纳税人识别号。

（二）基本情况

1. 手机号码：填写居民个人中国境内的有效手机号码。

2. 电子邮箱：填写居民个人有效电子邮箱地址。

3. 联系地址：填写居民个人能够接收信件的有效地址。

4. 邮政编码：填写居民个人"联系地址"对应的邮政编码。

（三）纳税地点

居民个人根据任职受雇情况，在选项 1 和选项 2 之间选择其一，并填写相应信息。若居民个人逾期办理汇算清缴申报被指定主管税务机关的，无需填写本部分。

1. 任职受雇单位信息：勾选"任职受雇单位所在地"并填写相关信息。

（1）名称：填写任职受雇单位的法定名称全称。

（2）纳税人识别号：填写任职受雇单位的纳税人识别号或者统一社会信用代码。

2. 户籍所在地 / 经常居住地：勾选"户籍所在地"的，填写居民户口簿中登记的住址。勾选"经常居住地"的，填写居民个人申领居住证上登载的居住地址；没有申领居住证的，填写居民个人实际居住地；实际居住地不在中国境内的，填写支付或者实际负担综合所得的境内单位或个人所在地。

（四）申报类型

未曾办理过年度汇算申报，勾选"首次申报"；已办理过年度汇算申报，但有误需要更正的，勾选"更正申报"。

（五）综合所得个人所得税计算

1. 第 1 行"收入合计"：填写居民个人取得的综合所得收入合计金额。

第 1 行 = 第 2 行 + 第 3 行 + 第 4 行 + 第 5 行。

2. 第 2～5 行"工资、薪金""劳务报酬""稿酬""特许权使用费"：填写居民个人取得的需要并入综合所得计税的"工资、薪金""劳务报酬""稿酬""特许权使用费"所得收入金额。

3. 第 6 行"费用合计"：根据相关行次计算填报。

第 6 行 =（第 3 行 + 第 4 行 + 第 5 行）×20%。

4. 第 7 行"免税收入合计"：填写居民个人取得的符合税法规定的免税收入合计金额。

第 7 行 = 第 8 行 + 第 9 行。

5. 第 8 行"稿酬所得免税部分"：根据相关行次计算填报。

第 8 行 = 第 4 行 ×（1–20%）×30%。

6. 第 9 行"其他免税收入"：填写居民个人取得的除第 8 行以外的符合税法规定的免税收入合计，并按规定附报《个人所得税减免税事项报告表》。

7. 第 10 行"减除费用"：填写税法规定的减除费用。

8. 第 11 行"专项扣除合计"：根据相关行次计算填报。

第 11 行 = 第 12 行 + 第 13 行 + 第 14 行 + 第 15 行。

9. 第 12 ～ 15 行"基本养老保险费""基本医疗保险费""失业保险费""住房公积金"：填写居民个人按规定可以在税前扣除的基本养老保险费、基本医疗保险费、失业保险费、住房公积金金额。

10. 第 16 行"专项附加扣除合计"：根据相关行次计算填报，并按规定附报《个人所得税专项附加扣除信息表》。

第 16 行 = 第 17 行 + 第 18 行 + 第 19 行 + 第 20 行 + 第 21 行 + 第 22 行。

11. 第 17 ～ 22 行"子女教育""继续教育""大病医疗""住房贷款利息""住房租金""赡养老人"：填写居民个人按规定可以在税前扣除的子女教育、继续教育、大病医疗、住房贷款利息、住房租金、赡养老人等专项附加扣除的金额。

12. 第 23 行"其他扣除合计"：根据相关行次计算填报。

第 23 行 = 第 24 行 + 第 25 行 + 第 26 行 + 第 27 行 + 第 28 行。

13. 第 24 ～ 28 行"年金""商业健康保险""税延养老保险""允许扣除的税费""其他"：填写居民个人按规定可在税前扣除的年金、商业健康保险、税延养老保险、允许扣除的税费和其他扣除项目的金额。其中，填写商业健康保险的，应当按规定附报《商业健康保险税前扣除情况明细表》；填写税延养老保险的，应当按规定附报《个人税收递延型商业养老保险税前扣除情况明细表》。

14. 第 29 行"准予扣除的捐赠额"：填写居民个人按规定准予在税前扣除的公益慈善事业捐赠金额，并按规定附报《个人所得税公益慈善事业捐赠扣除明细表》。

15. 第 30 行"应纳税所得额"：根据相关行次计算填报。

第 30 行 = 第 1 行 – 第 6 行 – 第 7 行 – 第 10 行 – 第 11 行 – 第 16 行 – 第 23 行 – 第 29 行。

16. 第 31、32 行"税率""速算扣除数"：填写按规定适用的税率和速算扣除数。

17. 第 33 行"应纳税额"：按照相关行次计算填报。

第 33 行 = 第 30 行 × 第 31 行 – 第 32 行。

（六）全年一次性奖金个人所得税计算

无住所居民个人预缴时因预判为非居民个人而按取得数月奖金计算缴税的，汇缴时可以根据自身情况，将一笔数月奖金按照全年一次性奖金单独计算。

1. 第 34 行"全年一次性奖金收入"：填写无住所的居民个人纳税年度内预判为非居民个人时取得的一笔数月奖金收入金额。

2. 第 35 行"准予扣除的捐赠额"：填写无住所的居民个人按规定准予在税前扣除的公益慈善事业捐赠金额，并按规定附报《个人所得税公益慈善事业捐赠扣除明细表》。

3. 第 36、37 行"税率""速算扣除数"：填写按照全年一次性奖金政策规定适用的税率和速算扣除数。

4. 第 38 行"应纳税额"：按照相关行次计算填报。

第 38 行 =（第 34 行 – 第 35 行）× 第 36 行 – 第 37 行。

（七）税额调整

1. 第 39 行"综合所得收入调整额"：填写居民个人按照税法规定可以办理的除第

39 行之前所填报内容之外的其他可以进行调整的综合所得收入的调整金额，并在"备注"栏说明调整的具体原因、计算方式等信息。

2. 第 40 行"应纳税额调整额"：填写居民个人按照税法规定调整综合所得收入后所应调整的应纳税额。

（八）应补/退个人所得税计算

1. 第 41 行"应纳税额合计"：根据相关行次计算填报。

第 41 行 = 第 33 行 + 第 38 行 + 第 40 行。

2. 第 42 行"减免税额"：填写符合税法规定的可以减免的税额，并按规定附报《个人所得税减免税事项报告表》。

3. 第 43 行"已缴税额"：填写居民个人取得在本表中已填报的收入对应的已经缴纳或者被扣缴的个人所得税。

4. 第 44 行"应补/退税额"：根据相关行次计算填报。

第 44 行 = 第 41 行 – 第 42 行 – 第 43 行。

（九）无住所个人附报信息

本部分由无住所居民个人填写。不是，则不填。

1. 纳税年度内在中国境内居住天数：填写纳税年度内，无住所居民个人在中国境内居住的天数。

2. 已在中国境内居住年数：填写无住所居民个人已在中国境内连续居住的年份数。其中，年份数自 2019 年（含）开始计算且不包含本纳税年度。

（十）退税申请

本部分由应补/退税额小于 0 且勾选"申请退税"的居民个人填写。

1. "开户银行名称"：填写居民个人在中国境内开立银行账户的银行名称。

2. "开户银行省份"：填写居民个人在中国境内开立的银行账户的开户银行所在省、自治区、直辖市或者计划单列市。

3. "银行账号"：填写居民个人在中国境内开立的银行账户的银行账号。

（十一）备注

填写居民个人认为需要特别说明的或者按照有关规定需要说明的事项。

四、其他事项说明

以纸质方式报送本表的，建议通过计算机填写打印，一式两份，纳税人、税务机关各留存一份。

三、问答式申报表的填写

问答式申报表可以被理解为标准申报表 A 表的问答版。

个人所得税年度自行纳税申报表（问答版）

（纳税年度：20___）

一、填表须知

填写本表前，请仔细阅读以下内容：

1. 如果您需要办理个人所得税综合所得汇算清缴，并且未在纳税年度内取得境外所得的，可以填写本表；

2. 您需要在纳税年度的次年3月1日至6月30日办理汇算清缴申报，并在该期限内补缴税款或者申请退税；

3. 建议您下载并登录个人所得税APP，或者直接登录税务机关官方网站在线办理汇算清缴申报，体验更加便捷的申报方式；

4. 如果您对于申报填写的内容有疑问，您可以参考相关办税指引，咨询您的扣缴单位、专业人士，或者拨打12366纳税服务热线。

5. 以纸质方式报送本表的，建议通过计算机填写打印，一式两份，纳税人、税务机关各留存一份。

扫码后输入"表二十七"，可获取本表。

二、基本情况

1. 姓　名	
2. 公民身份号码/纳税人识别号	□□□□□□□□□□□□□□□□□-□□（无校验码不填后两位）
说明：有中国公民身份号码的，填写中华人民共和国居民身份证上载明的"公民身份号码"；没有中国公民身份号码的，填写税务机关赋予的纳税人识别号。	
3. 手机号码	□□□□□□□□□□□
提示：中国境内有效手机号码，请准确填写，以方便与您联系。	
4. 电子邮箱	
5. 联系地址	___省（区、市）___市___区（县）___街道（乡、镇）___
提示：能够接收信件的有效通讯地址。	
6. 邮政编码	□□□□□□

三、纳税地点

7. 您是否有任职受雇单位，并取得工资薪金？（单选）

□有任职受雇单位（需要回答问题8）　　□没有任职受雇单位（需要回答问题9）

247

8. 如果您有任职受雇单位，您可以选择一处任职受雇单位所在地办理汇算清缴，请提供该任职受雇单位的具体情况：

任职受雇单位名称（全称）：＿＿＿＿＿＿＿＿＿＿＿＿＿＿＿＿＿＿＿

任职受雇单位纳税人识别号：□□□□□□□□□□□□□□□□□□

9. 如果您没有任职受雇单位，您可以选择在以下地点办理汇算清缴：（单选）

□户籍所在地　　　　　　　□经常居住地

具体地址：　　　省（区、市）　　市　　区（县）　　街道（乡、镇）

说明：1. 户籍所在地是指居民户口簿中登记的地址。

2. 经常居住地是指居民个人申领居住证上登载的居住地址，若没有申领居住证，指居民个人当前实际居住的地址；若居民个人不在中国境内的，指支付或者实际负担综合所得的境内单位或个人所在地。

四、申报类型

10. 未曾办理过年度汇算申报，勾选"首次申报"；已办理过年度汇算申报，但有误需要更正的，勾选"更正申报"：

□首次申报　　　　　　　□更正申报

五、收入 –A（工资薪金）

11. 您在纳税年度内取得的工资薪金收入有多少？

（A1）工资薪金收入（包括并入综合所得计算的全年一次性奖金）：

□□,□□□,□□□,□□□.□□（元）　　　　　　□无此类收入

说明：

（1）工资薪金是指，个人因任职或者受雇，取得的工资薪金收入。包括工资、薪金、奖金、年终加薪、劳动分红、津贴、补贴以及与任职或者受雇有关的其他收入。全年一次性奖金是指，行政机关、企事业单位等扣缴义务人根据其全年经济效益和对雇员全年工作业绩的综合考核情况，向雇员发放的一次性奖金。包括年终加薪、实行年薪制和绩效工资办法的单位根据考核情况兑现的年薪和绩效工资。

（2）全年一次性奖金可以单独计税，也可以并入综合所得计税。具体方法请查阅财税〔2018〕164号文件规定。选择何种方式计税对您更为有利，可以咨询专业人士。

（3）工资薪金收入不包括单独计税的全年一次性奖金。

六、收入 –A（劳务报酬）

12. 您在纳税年度内取得的劳务报酬收入有多少？

（A2）劳务报酬收入：□□,□□□,□□□,□□□.□□（元）　　　□无此类收入

说明：劳务报酬收入是指，个人从事设计、装潢、安装、制图、化验、测试、医疗、法律、会计、咨询、讲学、翻译、审稿、书画、雕刻、影视、录音、录像、演出、表演、广告、展览、技术服务、介绍服务、经纪服务、代办服务以及其他劳务取得的收入。

七、收入 –A（稿酬）

13. 您在纳税年度内取得的稿酬收入有多少？

（A3）稿酬收入：□□,□□□,□□□,□□□.□□（元）　　　　□无此类收入

说明：稿酬收入是指，个人作品以图书、报刊等形式出版、发表而取得的收入。

八、收入 –A（特许权使用费）

14. 您在纳税年度内取得的特许权使用费收入有多少？

（A4）特许权使用费收入：□□,□□□,□□□,□□□.□□（元）　　　□无此类收入

说明：特许权使用费收入是指，个人提供专利权、商标权、著作权、非专利技术以及其他特许权的使用权取得的收入。

九、免税收入 –B

15. 您在纳税年度内取得的综合所得收入中，免税收入有多少？（需附报《个人所得税减免税事项报告表》）

（B1）免税收入：□□,□□□,□□□,□□□.□□（元）　　　　□无此类收入

提示：免税收入是指按照税法规定免征个人所得税的收入。其中，税法规定"稿酬所得的收入额减按70%计算"，对稿酬所得的收入额减计30%的部分无需填入本项，将在后续计算中扣减该部分。

十、专项扣除 –C

16. 您在纳税年度内个人负担的，按规定可以在税前扣除的基本养老保险费、基本医疗保险费、失业保险费、住房公积金是多少？

（C1）基本养老保险费：□□□,□□□.□□（元）　　　　□无此类扣除
（C2）基本医疗保险费：□□□,□□□.□□（元）　　　　□无此类扣除
（C3）失业保险费：　　　□□□,□□□.□□（元）　　　　□无此类扣除
（C4）住房公积金：　　　□□□,□□□.□□（元）　　　　□无此类扣除

说明：个人实际负担的三险一金可以扣除。

十一、专项附加扣除 –D

17. 您在纳税年度内可以扣除的子女教育支出是多少？（需附报《个人所得税专项附加扣除信息表》）

（D1）子女教育：□□□,□□□.□□（元）　　　　　　　□无此类扣除

说明：
　　　　子女教育支出可扣除金额（D1）=每一子女可扣除金额合计；
　　　　每一子女可扣除金额=纳税年度内符合条件的扣除月份数×1000元×扣除比例。
　　　　纳税年度内符合条件的扣除月份数包括子女年满3周岁当月起至受教育前一月、实际受教育月份以及寒暑假休假月份等。
　　　　扣除比例：由夫妻双方协商确定，每一子女可以在本人或配偶处按照100%扣除，也可由双方分别按照50%扣除。

续表

18. 您在纳税年度内可以扣除的继续教育支出是多少？（需附报《个人所得税专项附加扣除信息表》）

（D2）继续教育：□□□,□□□.□□（元）　　　　　　　　□无此类扣除

说明：

继续教育支出可扣除金额（D2）=学历（学位）继续教育可扣除金额+职业资格继续教育可扣除金额；

学历（学位）继续教育可扣除金额=纳税年度内符合条件的扣除月份数×400元；

纳税年度内符合条件的扣除月份数包括受教育月份、寒暑假休假月份等，但同一学历（学位）教育扣除期限不能超过48个月。

纳税年度内，个人取得符合条件的技能人员、专业技术人员相关职业资格证书的，职业资格继续教育可扣除金额=3600元。

19. 您在纳税年度内可以扣除的大病医疗支出是多少？（需附报《个人所得税专项附加扣除信息表》）

（D3）大病医疗：□,□□□,□□□.□□（元）　　　　　　　□无此类扣除

说明：

大病医疗支出可扣除金额（D3）=选择由您扣除的每一家庭成员的大病医疗可扣除金额合计；

某一家庭成员的大病医疗可扣除金额（不超过80000元）=纳税年度内医保目录范围内的自付部分−15000元；

家庭成员包括个人本人、配偶、未成年子女。

20. 您在纳税年度内可以扣除的住房贷款利息支出是多少？（需附报《个人所得税专项附加扣除信息表》）

（D4）住房贷款利息：□□,□□□.□□（元）　　　　　　　□无此类扣除

说明：

住房贷款利息支出可扣除金额（D4）=符合条件的扣除月份数×扣除定额。

符合条件的扣除月份数为纳税年度内实际贷款月份数。

扣除定额：正常情况下，由夫妻双方协商确定，由其中1人扣除1000元/月；婚前各自购房，均符合扣除条件的，婚后可选择由其中1人扣除1000元/月，也可以选择各自扣除500元/月。

21. 您在纳税年度内可以扣除的住房租金支出是多少？（需附报《个人所得税专项附加扣除信息表》）

（D5）住房租金：□□,□□□.□□（元）　　　　　　　　□无此类扣除

说明：

住房租金支出可扣除金额（D5）=纳税年度内租房月份的月扣除定额之和

月扣除定额：直辖市、省会（首府）城市、计划单列市以及国务院确定的其他城市，扣除标准为1500元/月；市辖区户籍人口超过100万的城市，扣除标准为1100元/月；市辖区户籍人口不超过100万的城市，扣除标准为800元/月。

续表

22. 您在纳税年度内可以扣除的赡养老人支出是多少？（需附报《个人所得税专项附加扣除信息表》）

（D6）赡养老人：□□,□□□.□□（元）　　　　　　□无此类扣除

说明：

　　赡养老人支出可扣除金额（D6）=纳税年度内符合条件的月份数×月扣除定额

　　符合条件的月份数：纳税年度内满60岁的老人，自满60岁当月起至12月份计算；纳税年度前满60岁的老人，按照12个月计算。

　　月扣除定额：独生子女，月扣除定额2000元/月；非独生子女，月扣除定额由被赡养人指定分摊，也可由赡养人均摊或约定分摊，但每月不超过1000元/月。

十二、其他扣除 –E

23. 您在纳税年度内可以扣除的企业年金、职业年金是多少？

（E1）年金：□□□,□□□.□□（元）　　　　　　□无此类扣除

24. 您在纳税年度内可以扣除的商业健康保险是多少？（需附报《商业健康保险税前扣除情况明细表》）

（E2）商业健康保险：□,□□□.□□（元）　　　　□无此类扣除

25. 您在纳税年度内可以扣除的税收递延型商业养老保险是多少？（需附报《个人税收递延型商业养老保险税前扣除情况明细表》）

（E3）税延养老保险：□□,□□□.□□（元）　　　　□无此类扣除

26. 您在纳税年度内可以扣除的税费是多少？

（E4）允许扣除的税费：□□,□□□,□□□,□□□.□□（元）　　□无此类扣除

说明：允许扣除的税费是指，个人取得劳务报酬、稿酬、特许权使用费收入时，发生的合理税费支出。

27. 您在纳税年度内发生的除上述扣除以外的其他扣除是多少？

（E5）其他扣除：□□,□□□,□□□,□□□.□□（元）　　　□无此类扣除

提示：其他扣除（其他）包括保险营销员、证券经纪人佣金收入的展业成本。

十三、捐赠 –F

28. 您在纳税年度内可以扣除的捐赠支出是多少？（需附报《个人所得税公益慈善事业捐赠扣除明细表》）

（F1）准予扣除的捐赠额：□□,□□□,□□□,□□□.□□（元）　　□无此类扣除

十四、全年一次性奖金 –G

29. 您在纳税年度内取得的一笔要转换为全年一次性奖金的数月奖金是多少？

（G1）全年一次性奖金：□□,□□□,□□□,□□□.□□（元）　　　　□无此类情况

（G2）全年一次性奖金应纳个人所得税=G1×适用税率–速算扣除数=
□□,□□□,□□□,□□□.□□（元）

说明：仅适用于无住所居民个人预缴时因预判为非居民个人而按取得数月奖金计算缴税，汇缴时可以根据自身情况，将一笔数月奖金按照全年一次性奖金单独计算。

十五、税额计算 –H（使用纸质申报的居民个人需要自行计算填写本项）

30. 综合所得应纳个人所得税计算

（H1）综合所得应纳个人所得税=[（A1+A2×80%+A3×80%×70%+A4×80%）–B1–60000–（C1+C2+C3+C4）–（D1+D2+D3+D4+D5+D6）–（E1+E2+E3+E4+E5）–F1]×适用税率–速算扣除数=□□,□□□,□□□,□□□.□□（元）

说明：适用税率和速算扣除数如下

级数	全年应纳税所得额	税率（%）	速算扣除数
1	不超过36000元的	3	0
2	超过36000元至144000元的	10	2520
3	超过144000元至300000元的	20	16920
4	超过300000元至420000元的	25	31920
5	超过420000元至660000元的	30	52920
6	超过660000元至960000元的	35	85920
7	超过960000元的	45	181920

十六、减免税额 –J

31. 您可以享受的减免税类型有哪些？

□残疾　□孤老　□烈属　□其他（需附报《个人所得税减免税事项报告表》）　□无此类情况

32. 您可以享受的减免税金额是多少？

（J1）减免税额：□□,□□□,□□□,□□□.□□（元）　　　　□无此类情况

十七、已缴税额 –K

33. 您在纳税年度内取得本表填报的各项收入时，已经缴纳的个人所得税是多少？

（K1）已纳税额：□□,□□□,□□□,□□□.□□（元）　　　　□无此类情况

十八、应补／退税额 –L（使用纸质申报的居民个人需要自行计算填写本项）

34. 您本次汇算清缴应补/退的个人所得税税额是：

（L1）应补/退税额=G2+H1–J1–K1=□□,□□□,□□□,□□□.□□（元）

十九、无住所个人附报信息（有住所个人无需填写本项）

35. 您在纳税年度内，在中国境内的居住天数是多少？ 纳税年度内在中国境内居住天数：_____天。
36. 您在中国境内的居住年数是多少？ 中国境内居住年数：_____年。 **说明**：境内居住年数自2019年（含）以后年度开始计算。境内居住天数和年数的具体计算方法参见财政部、税务总局公告2019年第34号。

二十、退税申请（应补/退税额小于0的填写本项）

37. 您是否申请退税？ □申请退税　　　　□放弃退税
38. 如果您申请退税，请提供您的有效银行账户。 开户银行名称：_____　　开户银行省份：_____ 银行账号：_____ **说明**：开户银行名称填写居民个人在中国境内开立银行账户的银行名称。

二十一、备注

如果您有需要特别说明或者税务机关要求说明的事项，请在本栏填写：

二十二、申报受理

谨声明：本表是根据国家税收法律法规及相关规定填报的，本人对填报内容（附带资料）的真实性、可靠性、完整性负责。 个人签名：_____　　　　　　　　_____年___月___日	
经办人签字： 经办人身份证件类型： 经办人身份证件号码： 代理机构签章： 代理机构统一社会信用代码：	受理人： 受理税务机关（章）： 受理日期：　　年　月　日

国家税务总局监制

四、简易式申报表的填写

个人所得税年度自行纳税申报表（简易版）

（纳税年度：20＿＿）

一、填表须知

扫 码 后
输 入 " 表
二 十 八 "，可
获取本表。

填写本表前，请仔细阅读以下内容：

1. 如果您年综合所得收入额不超过6万元且在纳税年度内未取得境外所得的，可以填写本表；

2. 您可以在纳税年度的次年3月1日至5月31日使用本表办理汇算清缴申报，并在该期限内申请退税；

3. 建议您下载并登录个人所得税APP，或者直接登录税务机关官方网站在线办理汇算清缴申报，体验更加便捷的申报方式；

4. 如果您对于申报填写的内容有疑问，您可以参考相关办税指引，咨询您的扣缴单位、专业人士，或者拨打12366纳税服务热线；

5. 以纸质方式报送本表的，建议通过计算机填写打印，一式两份，纳税人、税务机关各留存一份。

二、个人基本情况

1.姓　名	
2.公民身份号码/纳税人识别号	□□□□□□□□□□□□□□□□□-□□（无校验码不填后两位）
说明：有中国公民身份号码的，填写中华人民共和国居民身份证上载明的"公民身份号码"；没有中国公民身份号码的，填写税务机关赋予的纳税人识别号。	
3.手机号码	□□□□□□□□□□□
提示：中国境内有效手机号码，请准确填写，以方便与您联系。	
4.电子邮箱	
5.联系地址	＿＿＿省（区、市）＿＿＿市＿＿＿区（县）＿＿＿街道（乡、镇）＿＿＿＿
提示：能够接收信件的有效通讯地址。	
6.邮政编码	□□□□□□

三、纳税地点（单选）

1.有任职受雇单位的，需选本项并填写"任职受雇单位信息"：		☐ 任职受雇单位所在地
任职受雇单位信息	名称	
	纳税人识别号	☐☐☐☐☐☐☐☐☐☐☐☐☐☐☐☐☐☐
2. 没有任职受雇单位的，可以从本栏次选择一地：		☐ 户籍所在地 ☐ 经常居住地
户籍所在地/经常居住地		__省（区、市）__市__区（县）__街道（乡、镇）__

四、申报类型

请您选择本次申报类型，未曾办理过年度汇算申报，勾选"首次申报"；已办理过年度汇算申报，但有误需要更正的，勾选"更正申报"：
☐首次申报　　　　　　☐更正申报

五、纳税情况

已缴税额	☐☐,☐☐☐.☐☐（元）
纳税年度内取得综合所得时，扣缴义务人预扣预缴以及个人自行申报缴纳的个人所得税。	

六、退税申请

1.是否申请退税？	☐申请退税【选择此项的，填写个人账户信息】　　　☐放弃退税
2.个人账户信息	开户银行名称：_____　开户银行省份：_____ 银行账号：_____
说明：开户银行名称填写居民个人在中国境内开立银行账户的银行名称。	

七、备注

如果您有需要特别说明或者税务机关要求说明的事项，请在本栏填写：

八、承诺及申报受理

谨声明：

1.本人纳税年度内取得的综合所得收入额合计不超过6万元。

2.本表是根据国家税收法律法规及相关规定填报的，本人对填报内容（附带资料）的真实性、可靠性、完整性负责。

纳税人签名：_____年_____月_____日

经办人签字： 经办人身份证件类型： 经办人身份证件号码： 代理机构签章： 代理机构统一社会信用代码：	受理人： 受理税务机关（章）： 受理日期：　　　年　月　日

国家税务总局监制

五、复杂申报表（B表）的填写

个人所得税年度自行纳税申报表（B表）

（居民个人取得境外所得适用）

税款所属期：　年　月　日至　年　月　日

纳税人姓名：

纳税人识别号：□□□□□□□□□□□□□□□□□-□□　金额单位: 人民币元(列至角分)

基本情况			
手机号码		电子邮箱	邮政编码 □□□□□□
联系地址	_____省（区、市）____市___区（县）____街道（乡、镇）____		

纳税地点（单选）	
1.有任职受雇单位的，需选本项并填写"任职受雇单位信息"：	□任职受雇单位所在地
任职受雇 单位信息　名称	
纳税人识别号	
2.没有任职受雇单位的，可以从本栏次选择一地：	□ 户籍所在地　　□经常居住地

续表

户籍所在地/经常居住地	___省（区、市）___市___区（县）___街道（乡、镇）_____		
申报类型（单选）			
□ 首次申报　　　　　　　　□ 更正申报			
综合所得个人所得税计算			
项　　目		行次	金额
一、收入合计（第1行=第2行+第3行+第4行+第5行）		1	
（一）工资、薪金		2	
（二）劳务报酬		3	
（三）稿酬		4	
（四）特许权使用费		5	
二、境外收入合计（附报《境外所得个人所得税抵免明细表》）（第6行=第7行+第8行+第9行+第10行）		6	
（一）工资、薪金		7	
（二）劳务报酬		8	
（三）稿酬		9	
（四）特许权使用费		10	
三、费用合计[第11行=（第3行+第4行+第5行+第8行+第9行+第10行）×20%]		11	
四、免税收入合计（第12行=第13行+第14行）		12	
（一）稿酬所得免税部分[第13行=（第4行+第9行）×(1-20%)×30%]		13	
（二）其他免税收入（附报《个人所得税减免税事项报告表》）		14	
五、减除费用		15	
六、专项扣除合计（第16行=第17行+第18行+第19行+第20行）		16	

续表

（一）基本养老保险费	17	
（二）基本医疗保险费	18	
（三）失业保险费	19	
（四）住房公积金	20	
七、专项附加扣除合计（附报《个人所得税专项附加扣除信息表》）（第21行=第22行+第23行+第24行+第25行+第26行+第27行）	21	
（一）子女教育	22	
（二）继续教育	23	
（三）大病医疗	24	
（四）住房贷款利息	25	
（五）住房租金	26	
（六）赡养老人	27	
八、其他扣除合计（第28行=第29行+第30行+第31行+第32行+第33行）	28	
（一）年金	29	
（二）商业健康保险（附报《商业健康保险税前扣除情况明细表》）	30	
（三）税延养老保险（附报《个人税收递延型商业养老保险税前扣除情况明细表》）	31	
（四）允许扣除的税费	32	
（五）其他	33	
九、准予扣除的捐赠额（附报《个人所得税公益慈善事业捐赠扣除明细表》）	34	
十、应纳税所得额（第35行=第1行+第6行–第11行–第12行–第15行–第16行–第21行–第28行–第34行）	35	
十一、税率（%）	36	

续表

十二、速算扣除数		37	
十三、应纳税额（第38行=第35行×第36行–第37行）		38	
除综合所得外其他境外所得个人所得税计算 （无相应所得不填本部分，有相应所得另需附报《境外所得个人所得税抵免明细表》）			
一、经营所得	（一）经营所得应纳税所得额（第39行=第40行+第41行）	39	
	其中：境内经营所得应纳税所得额	40	
	境外经营所得应纳税所得额	41	
	（二）税率（％）	42	
	（三）速算扣除数	43	
	（四）应纳税额（第44行=第39行×第42行–第43行）	44	
二、利息、股息、红利所得	（一）境外利息、股息、红利所得应纳税所得额	45	
	（二）税率（％）	46	
	（三）应纳税额（第47行=第45行×第46行）	47	
三、财产租赁所得	（一）境外财产租赁所得应纳税所得额	48	
	（二）税率（％）	49	
	（三）应纳税额（第50行=第48行×第49行）	50	
四、财产转让所得	（一）境外财产转让所得应纳税所得额	51	
	（二）税率（％）	52	
	（三）应纳税额（第53行=第51行×第52行）	53	
五、偶然所得	（一）境外偶然所得应纳税所得额	54	
	（二）税率（％）	55	
	（三）应纳税额（第56行=第54行×第55行）	56	

续表

六、其他所得	（一）其他境内、境外所得应纳税所得额合计（需在"备注"栏说明具体项目）	57	
	（二）应纳税额	58	

股权激励个人所得税计算
（无境外股权激励所得不填本部分，有相应所得另需附报《境外所得个人所得税抵免明细表》）

一、境内、境外单独计税的股权激励收入合计	59	
二、税率（%）	60	
三、速算扣除数	61	
四、应纳税额（第62行=第59行×第60行−第61行）	62	

全年一次性奖金个人所得税计算
（无住所个人预判为非居民个人取得的数月奖金，选择按全年一次性奖金计税的填写本部分）

一、全年一次性奖金收入	63	
二、准予扣除的捐赠额（附报《个人所得税公益慈善事业捐赠扣除明细表》）	64	
三、税率（%）	65	
四、速算扣除数	66	
五、应纳税额[第67行=（第63行−第64行）×第65行−第66行]	67	

税额调整

一、综合所得收入调整额（需在"备注"栏说明调整具体原因、计算方法等）	68	
二、应纳税额调整额	69	

应补/退个人所得税计算

一、应纳税额合计（第70行=第38行+第44行+第47行+第50行+第53行+第56行+第58行+第62行+第67行+第69行）	70	
二、减免税额（附报《个人所得税减免税事项报告表》）	71	
三、已缴税额（境内）	72	

续表

其中：境外所得境内支付部分已缴税额	73	
境外所得境外支付部分预缴税额	74	
四、境外所得已纳所得税抵免额（附报《境外所得个人所得税抵免明细表》）	75	
五、应补/退税额（第76行＝第70行–第71行–第72行–第75行）	76	

无住所个人附报信息			
纳税年度内在中国境内居住天数		已在中国境内居住年数	

退税申请
（应补/退税额小于0的填写本部分）

□申请退税（需填写"开户银行名称""开户银行省份""银行账号"）　　　□放弃退税			
开户银行名称		开户银行省份	
银行账号			

备　注

续表

谨声明：本表是根据国家税收法律法规及相关规定填报的，本人对填报内容（附带资料）的真实性、可靠性、完整性负责。	
	纳税人签字：　　　　年 月 日
经办人签字： 经办人身份证件类型： 经办人身份证件号码： 代理机构签章： 代理机构统一社会信用代码：	受理人： 受理税务机关（章）： 受理日期：　　　年 月 日

国家税务总局监制

《个人所得税年度自行纳税申报表》（B表）填表说明

（居民个人取得境外所得适用）

一、适用范围

本表适用于居民个人纳税年度内取得境外所得，按照税法规定办理取得境外所得个人所得税自行申报。申报本表时应当一并附报《境外所得个人所得税抵免明细表》。

二、报送期限

居民个人取得境外所得需要办理自行申报的，应当在取得所得的次年3月1日至6月30日内，向主管税务机关办理纳税申报，并报送本表。

三、本表各栏填写

（一）表头项目

1. 税款所属期：填写居民个人取得所得当年的第1日至最后1日。如：2019年1月1日至2019年12月31日。

2. 纳税人姓名：填写居民个人姓名。

3. 纳税人识别号：有中国公民身份号码的，填写中华人民共和国居民身份证上载明的"公民身份号码"；没有中国公民身份号码的，填写税务机关赋予的纳税人识别号。

（二）基本情况

1. 手机号码：填写居民个人中国境内的有效手机号码。

2. 电子邮箱：填写居民个人有效电子邮箱地址。

3. 联系地址：填写居民个人能够接收信件的有效地址。

4. 邮政编码：填写居民个人"联系地址"所对应的邮政编码。

（三）纳税地点

居民个人根据任职受雇情况，在选项 1 和选项 2 之间选择其一，并填写相应信息。若居民个人逾期办理汇算清缴申报被指定主管税务机关的，无需填写本部分。

1. 任职受雇单位信息：勾选"任职受雇单位所在地"并填写相关信息。

（1）名称：填写任职受雇单位的法定名称全称。

（2）纳税人识别号：填写任职受雇单位的纳税人识别号或者统一社会信用代码。

2. 户籍所在地/经常居住地：勾选"户籍所在地"的，填写居民户口簿中登记的住址。勾选"经常居住地"的，填写居民个人申领居住证上登载的居住地址；没有申领居住证的，填写居民个人实际居住地；实际居住地不在中国境内的，填写支付或者实际负担综合所得的境内单位或个人所在地。

（四）申报类型

未曾办理过年度汇算申报，勾选"首次申报"；已办理过年度汇算申报，但有误需要更正的，勾选"更正申报"。

（五）综合所得个人所得税计算

1. 第 1 行"境内收入合计"：填写居民个人取得的境内综合所得收入合计金额。

第 1 行 = 第 2 行 + 第 3 行 + 第 4 行 + 第 5 行。

2. 第 2 ~ 5 行"工资、薪金""劳务报酬""稿酬""特许权使用费"：填写居民个人取得的需要并入境内综合所得计税的"工资、薪金""劳务报酬""稿酬""特许权使用费"所得收入金额。

3. 第 6 行"境外收入合计"：填写居民个人取得的境外综合所得收入合计金额，并按规定附报《境外所得个人所得税抵免明细表》。

第 6 行 = 第 7 行 + 第 8 行 + 第 9 行 + 第 10 行。

4. 第 7 ~ 10 行"工资、薪金""劳务报酬""稿酬""特许权使用费"：填写居民个人取得的需要并入境外综合所得计税的"工资、薪金""劳务报酬""稿酬""特许权使用费"所得收入金额。

5. 第 11 行"费用合计"：根据相关行次计算填报。

第 11 行 =（第 3 行 + 第 4 行 + 第 5 行 + 第 8 行 + 第 9 行 + 第 10 行）× 20%

6. 第 12 行"免税收入合计"：填写居民个人取得的符合税法规定的免税收入合计金额。

第 12 行 = 第 13 行 + 第 14 行。

7. 第 13 行"稿酬所得免税部分"：根据相关行次计算填报。

第 13 行 =（第 4 行 + 第 9 行）×（1–20%）× 30%。

8. 第 14 行"其他免税收入"：填写居民个人取得的除第 13 行以外的符合税法规定的免税收入合计，并按规定附报《个人所得税减免税事项报告表》。

9. 第 15 行"减除费用"：填写税法规定的减除费用。

10. 第 16 行"专项扣除合计"：根据相关行次计算填报。

第 16 行 = 第 17 行 + 第 18 行 + 第 19 行 + 第 20 行。

11. 第 17 ~ 20 行"基本养老保险费""基本医疗保险费""失业保险费""住房公积金"：填写居民个人按规定可以在税前扣除的基本养老保险费、基本医疗保险费、失业保险费、住房公积金金额。

12. 第 21 行 "专项附加扣除合计"：根据相关行次计算填报，并按规定附报《个人所得税专项附加扣除信息表》。

第 21 行 = 第 22 行 + 第 23 行 + 第 24 行 + 第 25 行 + 第 26 行 + 第 27 行。

13. 第 22 ～ 27 行 "子女教育" "继续教育" "大病医疗" "住房贷款利息" "住房租金" "赡养老人"：填写居民个人按规定可以在税前扣除的子女教育、继续教育、大病医疗、住房贷款利息、住房租金、赡养老人等专项附加扣除的金额。

14. 第 28 行 "其他扣除合计"：根据相关行次计算填报。

第 28 行 = 第 29 行 + 第 30 行 + 第 31 行 + 第 32 行 + 第 33 行。

15. 第 29 ～ 33 行 "年金" "商业健康保险" "税延养老保险" "允许扣除的税费" "其他"：填写居民个人按规定可在税前扣除的年金、商业健康保险、税延养老保险、允许扣除的税费和其他扣除项目的金额。其中，填写商业健康保险的，应当按规定附报《商业健康保险税前扣除情况明细表》；填写税延养老保险的，应当按规定附报《个人税收递延型商业养老保险税前扣除情况明细表》。

16. 第 34 行 "准予扣除的捐赠额"：填写居民个人按规定准予在税前扣除的公益慈善事业捐赠金额，并按规定附报《个人所得税公益慈善事业捐赠扣除明细表》。

17. 第 35 行 "应纳税所得额"：根据相应行次计算填报。

第 35 行 = 第 1 行 + 第 6 行 – 第 11 行 – 第 12 行 – 第 15 行 – 第 16 行 – 第 21 行 – 第 28 行 – 第 34 行。

18. 第 36、37 行 "税率" "速算扣除数"：填写按规定适用的税率和速算扣除数。

19. 第 38 行 "应纳税额"：按照相关行次计算填报。

第 38 行 = 第 35 行 × 第 36 行 – 第 37 行。

（六）除综合所得外其他境外所得个人所得税计算

居民个人取得除综合所得外其他境外所得的，填写本部分，并按规定附报《境外所得个人所得税抵免明细表》。

1. 第 39 行 "经营所得应纳税所得额"：根据相应行次计算填报。

第 39 行 = 第 40 行 + 第 41 行。

2. 第 40 行 "境内经营所得应纳税所得额"：填写居民个人取得的境内经营所得应纳税所得额合计金额。

3. 第 41 行 "境外经营所得应纳税所得额"：填写居民个人取得的境外经营所得应纳税所得额合计金额。

4. 第 42、43 行 "税率" "速算扣除数"：填写按规定适用的税率和速算扣除数。

5. 第 44 行 "应纳税额"：按照相关行次计算填报。

第 44 行 = 第 39 行 × 第 42 行 – 第 43 行。

6. 第 45 行 "境外利息、股息、红利所得应纳税所得额"：填写居民个人取得的境外利息、股息、红利所得应纳税所得额合计金额。

7. 第 46 行 "税率"：填写按规定适用的税率。

8. 第 47 行 "应纳税额"：按照相关行次计算填报。

第 47 行 = 第 45 行 × 第 46 行。

9. 第 48 行 "境外财产租赁所得应纳税所得额"：填写居民个人取得的境外财产租

赁所得应纳税所得额合计金额。

10. 第 49 行"税率"：填写按规定适用的税率。

11. 第 50 行"应纳税额"：按照相关行次计算填报。

第 50 行 = 第 48 行 × 第 49 行。

12. 第 51 行"境外财产转让所得应纳税所得额"：填写居民个人取得的境外财产转让所得应纳税所得额合计金额。

13. 第 52 行"税率"：填写按规定适用的税率。

14. 第 53 行"应纳税额"：按照相关行次计算填报。

第 53 行 = 第 51 行 × 第 52 行。

15. 第 54 行"境外偶然所得应纳税所得额"：填写居民个人取得的境外偶然所得应纳税所得额合计金额。

16. 第 55 行"税率"：填写按规定适用的税率。

17. 第 56 行"应纳税额"：按照相关行次计算填报。

第 56 行 = 第 54 行 × 第 55 行。

18. 第 57 行"其他境内、境外所得应纳税所得额"：填写居民个人取得的其他境内、境外所得应纳税所得额合计金额，并在"备注"栏说明具体项目、计算方法等信息。

19. 第 58 行"应纳税额"：根据适用的税率计算填报。

（七）境外股权激励个人所得税计算

居民个人取得境外股权激励，填写本部分，并按规定附报《境外所得个人所得税抵免明细表》。

1. 第 59 行"境内、境外单独计税的股权激励收入合计"：填写居民个人取得的境内、境外单独计税的股权激励收入合计金额。

2. 第 60、61 行"税率""速算扣除数"：根据单独计税的股权激励政策规定适用的税率和速算扣除数。

3. 第 62 行"应纳税额"：按照相关行次计算填报。

第 62 行 = 第 59 行 × 第 60 行 – 第 61 行。

（八）全年一次性奖金个人所得税计算

无住所居民个人预缴时因预判为非居民个人而按取得数月奖金计算缴税的，汇缴时可以根据自身情况，将一笔数月奖金按照全年一次性奖金单独计算。

1. 第 63 行"全年一次性奖金收入"：填写无住所的居民个人纳税年度内预判为非居民个人时取得的一笔数月奖金收入金额。

2. 第 64 行"准予扣除的捐赠额"：填写无住所的居民个人按规定准予在税前扣除的公益慈善事业捐赠金额，并按规定附报《个人所得税公益慈善事业捐赠扣除明细表》。

3. 第 65、66 行"税率""速算扣除数"：填写按照全年一次性奖金政策规定适用的税率和速算扣除数。

4. 第 67 行"应纳税额"：按照相关行次计算填报。

第 67 行 =（第 63 行 – 第 64 行）× 第 65 行 – 第 66 行。

（九）税额调整

1. 第 68 行"综合所得收入调整额"：填写居民个人按照税法规定可以办理的除第

68 行之前所填报内容之外的其他可以进行调整的综合所得收入的调整金额，并在"备注"栏说明调整的具体原因、计算方式等信息。

2. 第 69 行"应纳税额调整额"：填写居民个人按照税法规定调整综合所得收入后所应调整的应纳税额。

（十）应补 / 退个人所得税计算

1. 第 70 行"应纳税额合计"：根据相关行次计算填报。

第 70 行 = 第 38 行 + 第 44 行 + 第 47 行 + 第 50 行 + 第 53 行 + 第 56 行 + 第 58 行 + 第 62 行 + 第 67 行 + 第 69 行。

2. 第 71 行"减免税额"：填写符合税法规定的可以减免的税额，并按规定附报《个人所得税减免税事项报告表》。

3. 第 72 行"已缴税额（境内）"：填写居民个人取得在本表中已填报的收入对应的在境内已经缴纳或者被扣缴的个人所得税。

4. 第 75 行"境外所得已纳所得税抵免额"：根据《境外所得个人所得税抵免明细表》计算填写居民个人符合税法规定的个人所得税本年抵免额。

5. 第 76 行"应补 / 退税额"：根据相关行次计算填报。

第 76 行 = 第 70 行 – 第 71 行 – 第 72 行 – 第 75 行。

（十一）无住所个人附报信息

本部分由无住所个人填写。不是，则不填。

1. 纳税年度内在中国境内居住天数：填写本纳税年度内，无住所居民个人在中国境内居住的天数。

2. 已在中国境内居住年数：填写无住所个人已在中国境内连续居住的年份数。其中，年份数自 2019 年（含）开始计算且不包含本纳税年度。

（十二）退税申请

本部分由应补 / 退税额小于 0 且勾选"申请退税"的居民个人填写。

1. "开户银行名称"：填写居民个人在中国境内开立银行账户的银行名称。

2. "开户银行省份"：填写居民个人在中国境内开立的银行账户的开户银行所在省、自治区、直辖市或者计划单列市。

3. "银行账号"：填写居民个人在中国境内开立的银行账户的银行账号。

（十三）备注

填写居民个人认为需要特别说明的或者按照有关规定需要说明的事项。

四、其他事项说明

以纸质方式报送本表的，建议通过计算机填写打印，一式两份，纳税人、税务机关各留存一份。

第三节　经营所得汇算清缴申报表的填写

经营所得汇算清缴申报表有两个，注意，这两张表的关系是可以共存的：

纳税人如果只有一处经营所得，则填写 B 表，如果有两处以上经营所得，除了每一处经营所得要填写 B 表之外，还要填写 C 表进行汇总。（A 表是预扣预缴环节填写的表，本书不再展示。）

个人所得税经营所得纳税申报表（B 表）

税款所属期：　　年　月　日至　年　月　日
纳税人姓名：
纳税人识别号：□□□□□□□□□□□□□□□□□□-□□　金额单位：人民币元（列至角分）

被投资单位信息	名称		纳税人识别号（统一社会信用代码）		
项　目				行次	金额/比例
一、收入总额				1	
其中：国债利息收入				2	
二、成本费用（3=4+5+6+7+8+9+10）				3	
（一）营业成本				4	
（二）营业费用				5	
（三）管理费用				6	
（四）财务费用				7	
（五）税金				8	
（六）损失				9	
（七）其他支出				10	
三、利润总额（11=1-2-3）				11	

扫码后输入"表二十九"，可获取本表。

续表

四、纳税调整增加额（12=13+27）	12	
（一）超过规定标准的扣除项目金额（13=14+15+16+17+18+19+20+21+22+23+24+25+26）	13	
1.职工福利费	14	
2.职工教育经费	15	
3.工会经费	16	
4.利息支出	17	
5.业务招待费	18	
6.广告费和业务宣传费	19	
7.教育和公益事业捐赠	20	
8.住房公积金	21	
9.社会保险费	22	
10.折旧费用	23	
11.无形资产摊销	24	
12.资产损失	25	
13.其他	26	
（二）不允许扣除的项目金额（27=28+29+30+31+32+33+34+35+36）	27	
1.个人所得税税款	28	
2.税收滞纳金	29	
3.罚金、罚款和被没收财物的损失	30	
4.不符合扣除规定的捐赠支出	31	
5.赞助支出	32	
6.用于个人和家庭的支出	33	
7.与取得生产经营收入无关的其他支出	34	
8.投资者工资薪金支出	35	

续表

9.其他不允许扣除的支出	36	
五、纳税调整减少额	37	
六、纳税调整后所得（38=11+12-37）	38	
七、弥补以前年度亏损	39	
八、合伙企业个人合伙人分配比例（%）	40	
九、允许扣除的个人费用及其他扣除（41=42+43+48+55）	41	
（一）投资者减除费用	42	
（二）专项扣除（43=44+45+46+47）	43	
1.基本养老保险费	44	
2.基本医疗保险费	45	
3.失业保险费	46	
4.住房公积金	47	
（三）专项附加扣除（48=49+50+51+52+53+54）	48	
1.子女教育	49	
2.继续教育	50	
3.大病医疗	51	
4.住房贷款利息	52	
5.住房租金	53	
6.赡养老人	54	
（四）依法确定的其他扣除（55=56+57+58+59）	55	
1.商业健康保险	56	
2.税延养老保险	57	
3.	58	
4.	59	
十、投资抵扣	60	

续表

十一、准予扣除的个人捐赠支出	61	
十二、应纳税所得额（62=38−39−41−60−61）或[62=（38−39）×40−41−60−61]	62	
十三、税率（%）	63	
十四、速算扣除数	64	
十五、应纳税额（65=62×63−64）	65	
十六、减免税额（附报《个人所得税减免税事项报告表》）	66	
十七、已缴税额	67	
十八、应补/退税额（68=65−66−67）	68	

谨声明：本表是根据国家税收法律法规及相关规定填报的，是真实的、可靠的、完整的。

纳税人签字：　　　　年　月　日

经办人： 经办人身份证件号码： 代理机构签章： 代理机构统一社会信用代码：	受理人： 受理税务机关（章）： 受理日期：　　年　月　日

国家税务总局监制

《个人所得税经营所得纳税申报表（B表）》填表说明

一、适用范围

本表适用于个体工商户业主、个人独资企业投资人、合伙企业个人合伙人、承包承租经营者个人以及其他从事生产、经营活动的个人在中国境内取得经营所得，且实行查账征收的，在办理个人所得税汇算清缴纳税申报时，向税务机关报送。

合伙企业有两个或者两个以上个人合伙人的，应分别填报本表。

二、报送期限

纳税人在取得经营所得的次年3月31日前，向税务机关办理汇算清缴。

三、本表各栏填写

（一）表头项目

1. 税款所属期：填写纳税人取得经营所得应纳个人所得税款的所属期间，应填写具体的起止年月日。

2. 纳税人姓名：填写自然人纳税人姓名。

3. 纳税人识别号：有中国公民身份号码的，填写中华人民共和国居民身份证上载明的"公民身份号码"；没有中国公民身份号码的，填写税务机关赋予的纳税人识别号。

（二）被投资单位信息

1. 名称：填写被投资单位法定名称的全称。

2. 纳税人识别号（统一社会信用代码）：填写被投资单位的纳税人识别号或统一社会信用代码。

（三）表内各行填写

1. 第1行"收入总额"：填写本年度从事生产经营以及与生产经营有关的活动取得的货币形式和非货币形式的各项收入总金额。包括：销售货物收入、提供劳务收入、转让财产收入、利息收入、租金收入、接受捐赠收入、其他收入。

2. 第2行"国债利息收入"：填写本年度已计入收入的因购买国债而取得的应予免税的利息金额。

3. 第3～10行"成本费用"：填写本年度实际发生的成本、费用、税金、损失及其他支出的总额。

（1）第4行"营业成本"：填写在生产经营活动中发生的销售成本、销货成本、业务支出以及其他耗费的金额。

（2）第5行"营业费用"：填写在销售商品和材料、提供劳务的过程中发生的各种费用。

（3）第6行"管理费用"：填写为组织和管理企业生产经营发生的管理费用。

（4）第7行"财务费用"：填写为筹集生产经营所需资金等发生的筹资费用。

（5）第8行"税金"：填写在生产经营活动中发生的除个人所得税和允许抵扣的增值税以外的各项税金及其附加。

（6）第9行"损失"：填写生产经营活动中发生的固定资产和存货的盘亏、毁损、报废损失，转让财产损失，坏账损失，自然灾害等不可抗力因素造成的损失以及其他损失。

（7）第10行"其他支出"：填写除成本、费用、税金、损失外，生产经营活动中发生的与之有关的、合理的支出。

4. 第11行"利润总额"：根据相关行次计算填报。第11行＝第1行－第2行－第3行。

5. 第12行"纳税调整增加额"：根据相关行次计算填报。第12行＝第13行＋第27行。

6. 第13行"超过规定标准的扣除项目金额"：填写扣除的成本、费用和损失中，超过税法规定的扣除标准应予调增的应纳税所得额。

7. 第27行"不允许扣除的项目金额"：填写按规定不允许扣除但被投资单位已将其扣除的各项成本、费用和损失，应予调增应纳税所得额的部分。

8. 第37行"纳税调整减少额"：填写在计算利润总额时已计入收入或未列入成本费用，但在计算应纳税所得额时应予扣除的项目金额。

9. 第38行"纳税调整后所得"：根据相关行次计算填报。第38行＝第11行＋第12行－

第 37 行。

10. 第 39 行"弥补以前年度亏损"：填写本年度可在税前弥补的以前年度亏损额。

11. 第 40 行"合伙企业个人合伙人分配比例"：纳税人为合伙企业个人合伙人的，填写本栏；其他则不填。分配比例按照合伙协议约定的比例填写；合伙协议未约定或不明确的，按合伙人协商决定的比例填写；协商不成的，按合伙人实缴出资比例填写；无法确定出资比例的，按合伙人平均分配。

12. 第 41 行"允许扣除的个人费用及其他扣除"：填写按税法规定可以税前扣除的各项费用、支出，包括：

（1）第 42 行"投资者减除费用"：填写按税法规定的减除费用金额。

（2）第 43 ~ 47 行"专项扣除"：分别填写本年度按规定允许扣除的基本养老保险费、基本医疗保险费、失业保险费、住房公积金的合计金额。

（3）第 48 ~ 54 行"专项附加扣除"：分别填写本年度纳税人按规定可享受的子女教育、继续教育、大病医疗、住房贷款利息、住房租金、赡养老人等专项附加扣除的合计金额。

（4）第 55 ~ 59 行"依法确定的其他扣除"：分别填写按规定允许扣除的商业健康保险、税延养老保险，以及国务院规定其他可以扣除项目的合计金额。

13. 第 60 行"投资抵扣"：填写按照税法规定可以税前抵扣的投资金额。

14. 第 61 行"准予扣除的个人捐赠支出"：填写本年度按照税法及相关法规、政策规定，可以在税前扣除的个人捐赠合计额。

15. 第 62 行"应纳税所得额"：根据相关行次计算填报。

（1）纳税人为非合伙企业个人合伙人的：第 62 行 = 第 38 行 - 第 39 行 - 第 41 行 - 第 60 行 - 第 61 行。

（2）纳税人为合伙企业个人合伙人的：第 62 行 =（第 38 行 - 第 39 行）× 第 40 行 - 第 41 行 - 第 60 行 - 第 61 行。

16. 第 63 ~ 64 行"税率""速算扣除数"：填写按规定适用的税率和速算扣除数。

17. 第 65 行"应纳税额"：根据相关行次计算填报。第 65 行 = 第 62 行 × 第 63 行 - 第 64 行。

18. 第 66 行"减免税额"：填写符合税法规定可以减免的税额，并附报《个人所得税减免税事项报告表》。

19. 第 67 行"已缴税额"：填写本年度累计已预缴的经营所得个人所得税金额。

20. 第 68 行"应补 / 退税额"：根据相关行次计算填报。第 68 行 = 第 65 行 - 第 66 行 - 第 67 行。

四、其他事项说明

以纸质方式报送本表的，应当一式两份，纳税人、税务机关各留存一份。

个人所得税经营所得纳税申报表（C表）

税款所属期：　　年　月　日至　　年　月　日
纳税人姓名：
纳税人识别号：□□□□□□□□□□□□□□□□□□－□□　金额单位：人民币元（列至角分）

			单位名称	纳税人识别号 （统一社会信用代码）	投资者应纳税 所得额
被投资 单位信息		汇总地			
	非汇总地	1			
		2			
		3			
		4			
		5			

项　目	行次	金额/比例
一、投资者应纳税所得额合计	1	
二、应调整的个人费用及其他扣除（2=3+4+5+6）	2	
（一）投资者减除费用	3	
（二）专项扣除	4	
（三）专项附加扣除	5	
（四）依法确定的其他扣除	6	
三、应调整的其他项目	7	
四、调整后应纳税所得额（8=1+2+7）	8	
五、税率（%）	9	
六、速算扣除数	10	
七、应纳税额（11=8×9-10）	11	
八、减免税额（附报《个人所得税减免税事项报告表》）	12	

扫码后输入
"表三十"，
可获取本
表。

273

续表

九、已缴税额	13	
十、应补/退税额（14=11-12-13）	14	

谨声明：本表是根据国家税收法律法规及相关规定填报的，是真实的、可靠的、完整的。

纳税人签字：　　　年　月　日

经办人： 经办人身份证件号码： 代理机构签章： 代理机构统一社会信用代码：	受理人： 受理税务机关（章）： 受理日期：　　年　月　日

国家税务总局监制

《个人所得税经营所得纳税申报表（C表）》填表说明

一、适用范围

本表适用于个体工商户业主、个人独资企业投资人、合伙企业个人合伙人、承包承租经营者个人以及其他从事生产、经营活动的个人在中国境内两处以上取得经营所得，办理合并计算个人所得税的年度汇总纳税申报时，向税务机关报送。

二、报送期限

纳税人从两处以上取得经营所得，应当于取得所得的次年3月31日前办理年度汇总纳税申报。

三、本表各栏填写

（一）表头项目

1. 税款所属期：填写纳税人取得经营所得应纳个人所得税款的所属期间，应填写具体的起止年月日。

2. 纳税人姓名：填写自然人纳税人姓名。

3. 纳税人识别号：有中国公民身份号码的，填写中华人民共和国居民身份证上载明的"公民身份号码"；没有中国公民身份号码的，填写税务机关赋予的纳税人识别号。

（二）被投资单位信息

1. 名称：填写被投资单位法定名称的全称。

2. 纳税人识别号（统一社会信用代码）：填写被投资单位的纳税人识别号或者统一社会信用代码。

3. 投资者应纳税所得额：填写投资者从其各投资单位取得的年度应纳税所得额。

（三）表内各行填写

1. 第 1 行"投资者应纳税所得额合计"：填写投资者从其各投资单位取得的年度应纳税所得额的合计金额。

2. 第 2 ~ 6 行"应调整的个人费用及其他扣除"：填写按规定需调整增加或者减少应纳税所得额的项目金额。调整减少应纳税所得额的，用负数表示。

（1）第 3 行"投资者减除费用"：填写需调整增加或者减少应纳税所得额的投资者减除费用的金额。

（2）第 4 行"专项扣除"：填写需调整增加或者减少应纳税所得额的"三险一金"（基本养老保险费、基本医疗保险费、失业保险费、住房公积金）的合计金额。

（3）第 5 行"专项附加扣除"：填写需调整增加或者减少应纳税所得额的专项附加扣除（子女教育、继续教育、大病医疗、住房贷款利息、住房租金、赡养老人）的合计金额。

（4）第 6 行"依法确定的其他扣除"：填写需调整增加或者减少应纳税所得额的商业健康保险、税延养老保险以及国务院规定其他可以扣除项目的合计金额。

3. 第 7 行"应调整的其他项目"：填写按规定应予调整的其他项目的合计金额。调整减少应纳税所得额的，用负数表示。

4. 第 8 行"调整后应纳税所得额"：根据相关行次计算填报。第 8 行 = 第 1 行 + 第 2 行 + 第 7 行。

5. 第 9 ~ 10 行"税率""速算扣除数"：填写按规定适用的税率和速算扣除数。

6. 第 11 行"应纳税额"：根据相关行次计算填报。第 11 行 = 第 8 行 × 第 9 行 – 第 10 行。

7. 第 12 行"减免税额"：填写符合税法规定可以减免的税额，并附报《个人所得税减免税事项报告表》。

8. 第 13 行"已缴税额"：填写纳税人本年度累计已缴纳的经营所得个人所得税的金额。

9. 第 14 行"应补 / 退税额"：按相关行次计算填报。第 14 行 = 第 11 行 – 第 12 行 – 第 13 行。

四、其他事项说明

以纸质方式报送本表的，应当一式两份，纳税人、税务机关各留存一份。

附录一

个人所得税专项附加扣除信息表

个人所得税专项附加扣除信息表

填报日期： 年 月 日 扣除年度：

纳税人姓名： 纳税人识别号：☐☐☐☐☐☐☐☐☐☐☐☐☐☐☐☐☐☐

纳税人信息	手机号码			电子邮箱		
	联系地址			配偶情况	☐ 有配偶　　　☐ 无配偶	
纳税人配偶信息	姓名		身份证件类型	身份证件号码	☐☐☐☐☐☐☐☐☐☐☐☐☐☐☐☐☐☐	

一、子女教育						
	较上次报送信息是否发生变化：　☐ 首次报送（请填写全部信息）　　☐ 无变化（不需重新填写） ☐ 有变化（请填写发生变化项目的信息）					
子女一	姓名		身份证件类型	身份证件号码	☐☐☐☐☐☐☐☐☐☐☐☐☐☐☐☐☐☐	
	出生日期		当前受教育阶段		☐ 学前教育阶段　　☐ 义务教育 ☐ 高中阶段教育　　☐ 高等教育	
	当前受教育阶段起始时间	年 月	当前受教育阶段结束时间	年 月	子女教育终止时间 * 不再受教育时填写	年 月
	就读国家（或地区）		就读学校		本人扣除比例	☐ 100%（全额扣除） ☐ 50%（平均扣除）
子女二	姓名		身份证件类型	身份证件号码	☐☐☐☐☐☐☐☐☐☐☐☐☐☐☐☐☐☐	
	出生日期		当前受教育阶段		☐ 学前教育阶段　　☐ 义务教育 ☐ 高中阶段教育　　☐ 高等教育	
	当前受教育阶段起始时间	年 月	当前受教育阶段结束时间	年 月	子女教育终止时间 * 不再受教育时填写	年 月
	就读国家（或地区）		就读学校		本人扣除比例	☐ 100%（全额扣除） ☐ 50%（平均扣除）

二、继续教育						
	较上次报送信息是否发生变化：　☐ 首次报送（请填写全部信息）　　☐ 无变化（不需重新填写） ☐ 有变化（请填写发生变化项目的信息）					
学历（学位）继续教育	当前继续教育起始时间	年 月	当前继续教育结束时间	年 月	学历（学位）继续教育阶段	☐ 专科　　☐ 本科　　☐ 硕士研究生 ☐ 博士研究生　　☐ 其他

276

续表

职业资格继续教育	职业资格继续教育类型	□技能人员	□专业技术人员	证书名称			
	证书编号		发证机关		发证（批准）日期		

三、住房贷款利息

较上次报送信息是否发生变化：　□首次报送（请填写全部信息）　　□无变化（不需重新填写）
　　　　　　　　　　　　　　　□有变化（请填写发生变化项目的信息）

房屋信息	住房坐落地址		省（区、市）　　　市　　　县（区）　　　街道（乡、镇）				
	产权证号／不动产登记号／商品房买卖合同号／预售合同号						
房贷信息	本人是否借款人		□是　　　□否	是否婚前各自首套贷款，且婚后分别扣除50%	□是　　　□否		
	公积金贷款┃贷款合同编号						
	贷款期限（月）			首次还款日期			
	商业贷款┃贷款合同编号			贷款银行			
	贷款期限（月）			首次还款日期			

四、住房租金

较上次报送信息是否发生变化：　□首次报送（请填写全部信息）　　□无变化（不需重新填写）
　　　　　　　　　　　　　　　□有变化（请填写发生变化项目的信息）

房屋信息	住房坐落地址		省（区、市）　　　市　　　县（区）　　　街道（乡、镇）			
租赁情况	出租方(个人)姓名		身份证件类型	身份证件号码	□□□□□□□□□□□□□□□□□□	
	出租方(单位)名称			纳税人识别号（统一社会信用代码）		
	主要工作城市（*填写市一级）			住房租赁合同编号（非必填）		
	租赁期起			租赁期止		

五、赡养老人

较上次报送信息是否发生变化：　□首次报送（请填写全部信息）　　□无变化（不需重新填写）
　　　　　　　　　　　　　　　□有变化（请填写发生变化项目的信息）

纳税人身份		□独生子女　　　□非独生子女		
被赡养人一	姓名	身份证件类型	身份证件号码	□□□□□□□□□□□□□□□□□□
	出生日期	与纳税人关系	□父亲　　　□母亲　　　□其他	

续表

被赡养人二	姓名		身份证件类型		身份证件号码	□□□□□□□□□□□□□□□□□□
	出生日期		与纳税人关系		□父亲　　　□母亲　　　□其他	
共同赡养人信息	姓名		身份证件类型		身份证件号码	□□□□□□□□□□□□□□□□□□
	姓名		身份证件类型		身份证件号码	□□□□□□□□□□□□□□□□□□
	姓名		身份证件类型		身份证件号码	□□□□□□□□□□□□□□□□□□
	姓名		身份证件类型		身份证件号码	□□□□□□□□□□□□□□□□□□
分摊方式 *独生子女不需填写	□平均分摊　　　□赡养人约定分摊 □被赡养人指定分摊				本年度月扣除金额	

六、大病医疗（仅限综合所得年度汇算清缴申报时填写）						
较上次报送信息是否发生变化：　　□首次报送（请填写全部信息）　　　□无变化（不需重新填写） 　　　　　　　　　　　　　　　　□有变化（请填写发生变化项目的信息）						
患者一	姓名		身份证件类型		身份证件号码	□□□□□□□□□□□□□□□□□□
	医药费用总金额		个人负担金额		与纳税人关系	□本人　　□配偶　　□未成年子女
患者二	姓名		身份证件类型		身份证件号码	□□□□□□□□□□□□□□□□□□
	医药费用总金额		个人负担金额		与纳税人关系	□本人　　□配偶　　□未成年子女

需要在任职受雇单位预扣预缴工资、薪金所得个人所得税时享受专项附加扣除的，填写本栏
重要提示：当您填写本栏，表示您已同意该任职受雇单位使用本表信息为您办理专项附加扣除。

扣缴义务人名称		扣缴义务人纳税人识别号 （统一社会信用代码）	□□□□□□□□□□□□□□□□□□

本人承诺：我已仔细阅读了填表说明，并根据《中华人民共和国个人所得税法》及其实施条例、《个人所得税专项附加扣除暂行办法》《个人所得税专项附加扣除操作办法（试行）》等相关法律法规规定填写本表。本人已就所填的扣除信息进行了核对，并对所填内容的真实性、准确性、完整性负责。 　　　　　　　　　　　　　　　　　　　　　　纳税人签字：　　　　　　　年　　月　　日

扣缴义务人签章： 经办人签字： 接收日期：　　　年 月 日	代理机构签章： 代理机构统一社会信用代码： 经办人签字： 经办人身份证件号码：	受理人： 受理税务机关（章）： 受理日期：　　　年 月 日

《个人所得税专项附加扣除信息表》填表说明

一、填表须知

本表根据《中华人民共和国个人所得税法》及其实施条例、《个人所得税专项附加扣除暂行办法》《个人所得税专项附加扣除操作办法（试行）》等法律法规有关规定制定。

（一）纳税人按享受的专项附加扣除情况填报对应栏次；纳税人不享受的项目，无需填报。纳税人未填报的项目，默认为不享受。

　　（二）较上次报送信息是否发生变化：纳税人填报本表时，对各专项附加扣除，首次报送的，在"首次报送"前的框内划"√"。继续报送本表且无变化的，在"无变化"前的框内划"√"；发生变化的，在"有变化"前的框内划"√"，并填写发生变化的扣除项目信息。

　　（三）身份证件号码应从左向右顶格填写，位数不满18位的，需在空白格处划"/"。

　　（四）如各类扣除项目的表格篇幅不够，可另附多张《个人所得税专项附加扣除信息表》。

二、适用范围

　　（一）本表适用于享受子女教育、继续教育、大病医疗、住房贷款利息或住房租金、赡养老人六项专项附加扣除的自然人纳税人填写。选择在工资、薪金所得预扣预缴个人所得税时享受的，纳税人填写后报送至扣缴义务人；选择在年度汇算清缴申报时享受专项附加扣除的，纳税人填写后报送至税务机关。

　　（二）纳税人首次填报专项附加扣除信息时，应将本人所涉及的专项附加扣除信息表内各信息项填写完整。纳税人相关信息发生变化的，应及时更新此表相关信息项，并报送至扣缴义务人或税务机关。

　　纳税人在以后纳税年度继续申报扣除的，应对扣除事项有无变化进行确认。

三、各栏填写说明

（一）表头项目

填报日期：纳税人填写本表时的日期。

扣除年度：填写纳税人享受专项附加扣除的所属年度。

纳税人姓名：填写自然人纳税人姓名。

纳税人识别号：纳税人有中国居民身份证的，填写公民身份号码；没有公民身份号码的，填写税务机关赋予的纳税人识别号。

（二）表内基础信息栏

纳税人信息：填写纳税人有效的手机号码、电子邮箱、联系地址。其中，手机号码为必填项。

纳税人配偶信息：纳税人有配偶的填写本栏，没有配偶的则不填。具体填写纳税人配偶的姓名、有效身份证件名称及号码。

（三）表内各栏

1. 子女教育

子女姓名、身份证件类型及号码：填写纳税人子女的姓名、有效身份证件名称及号码。

出生日期：填写纳税人子女的出生日期，具体到年月日。

当前受教育阶段：选择纳税人子女当前的受教育阶段。区分"学前教育阶段、义务教育、高中阶段教育、高等教育"四种情形，在对应框内打"√"。

当前受教育阶段起始时间：填写纳税人子女处于当前受教育阶段的起始时间，具体到年月。

当前受教育阶段结束时间：纳税人子女当前受教育阶段的结束时间或预计结束的时间，具体到年月。

子女教育终止时间：填写纳税人子女不再接受符合子女教育扣除条件的学历教育的时间，具体到年月。

就读国家（或地区）、就读学校：填写纳税人子女就读的国家或地区名称、学校名称。

本人扣除比例：选择可扣除额度的分摊比例，由本人全额扣除的，选择"100%"，分摊扣除的，选"50%"，在对应框内打"√"。

2.继续教育

当前继续教育起始时间：填写接受当前学历（学位）继续教育的起始时间，具体到年月。

当前继续教育结束时间：填写接受当前学历（学位）继续教育的结束时间，或预计结束的时间，具体到年月。

学历（学位）继续教育阶段：区分"专科、本科、硕士研究生、博士研究生、其他"四种情形，在对应框内打"√"。

职业资格继续教育类型：区分"技能人员、专业技术人员"两种类型，在对应框内打"√"。证书名称、证书编号、发证机关、发证（批准）日期：填写纳税人取得的继续教育职业资格证书上注明的证书名称、证书编号、发证机关及发证（批准）日期。

3.住房贷款利息

住房坐落地址：填写首套贷款房屋的详细地址，具体到楼门号。

产权证号/不动产登记号/商品房买卖合同号/预售合同号：填写首套贷款房屋的产权证、不动产登记证、商品房买卖合同或预售合同中的相应号码。如所购买住房已取得房屋产权证的，填写产权证号或不动产登记号；所购住房尚未取得房屋产权证的，填写商品房买卖合同号或预售合同号。

本人是否借款人：按实际情况选择"是"或"否"，并在对应框内打"√"。本人是借款人的情形，包括本人独立贷款、与配偶共同贷款的情形。如果选择"否"，则表头位置须填写配偶信息。

是否婚前各自首套贷款，且婚后分别扣除50%：按实际情况选择"是"或"否"，并在对应框内打"√"。该情形是指夫妻双方在婚前各有一套首套贷款住房，婚后选择按夫妻双方各50%份额扣除的情况。不填默认为"否"。

公积金贷款｜贷款合同编号：填写公积金贷款的贷款合同编号。

商业贷款｜贷款合同编号：填写与金融机构签订的住房商业贷款合同编号。

贷款期限（月）：填写住房贷款合同上注明的贷款期限，按月填写。

首次还款日期：填写住房贷款合同上注明的首次还款日期。

贷款银行：填写商业贷款的银行总行名称。

4.住房租金

住房坐落地址：填写纳税人租赁房屋的详细地址，具体到楼门号。

出租方（个人）姓名、身份证件类型及号码：租赁房屋为个人的，填写本栏。具体填写住房租赁合同中的出租方姓名、有效身份证件名称及号码。

出租方（单位）名称、纳税人识别号（统一社会信用代码）：租赁房屋为单位所有的，填写单位法定名称全称及纳税人识别号（统一社会信用代码）。

主要工作城市：填写纳税人任职受雇的直辖市、计划单列市、副省级城市、地级市（地区、州、盟）。无任职受雇单位的，填写其办理汇算清缴地所在城市。

住房租赁合同编号（非必填）：填写签订的住房租赁合同编号。

租赁期起、租赁期止：填写纳税人住房租赁合同上注明的租赁起、止日期，具体到年月。提前终止合同（协议）的，以实际租赁期限为准。

5. 赡养老人

纳税人身份：区分"独生子女、非独生子女"两种情形，并在对应框内打"√"。

被赡养人姓名、身份证件类型及号码：填写被赡养人的姓名、有效证件名称及号码。

被赡养人出生日期：填写被赡养人的出生日期，具体到年月。

与纳税人关系：按被赡养人与纳税人的关系填报，区分"父亲、母亲、其他"三种情形，在对应框内打"√"。

共同赡养人：纳税人为非独生子女时填写本栏，独生子女无须填写。填写与纳税人实际承担共同赡养义务的人员信息，包括姓名、身份证件类型及号码。

分摊方式：纳税人为非独生子女时填写本栏，独生子女无须填写。区分"平均分摊、赡养人约定分摊、被赡养人指定分摊"三种情形，并在对应框内打"√"。

本年度月扣除金额：填写扣除年度内，按政策规定计算的纳税人每月可以享受的赡养老人专项附加扣除的金额。

6. 大病医疗

患者姓名、身份证件类型及号码：填写享受大病医疗专项附加扣除的患者姓名、有效证件名称及号码。

医药费用总金额：填写社会医疗保险管理信息系统记录的与基本医保相关的医药费用总金额。

个人负担金额：填写社会医疗保险管理信息系统记录的基本医保目录范围内扣除医保报销后的个人自付部分。

与纳税人关系：按患者与纳税人的关系填报，区分"本人、配偶或未成年子女"三种情形，在对应框内打"√"。

7. 扣缴义务人信息

纳税人选择由任职受雇单位办理专项附加扣除的填写本栏。

扣缴义务人名称、纳税人识别号（统一社会信用代码）：纳税人由扣缴义务人在工资、薪金所得预扣预缴个人所得税时办理专项附加扣除的，填写扣缴义务人名称全称及纳税人识别号或统一社会信用代码。

（四）签字（章）栏次

"声明"栏：需由纳税人签字。

"扣缴义务人签章"栏：扣缴单位向税务机关申报的，应由扣缴单位签章，办理申报的经办人签字，并填写接收专项附加扣除信息的日期。

"代理机构签章"栏：代理机构代为办理纳税申报的，应填写代理机构统一社会信用代码，加盖代理机构印章，代理申报的经办人签字，并填写经办人身份证件号码。

纳税人或扣缴义务人委托专业机构代为办理专项附加扣除的，需代理机构签章。

"受理机关"栏：由受理机关填写。

附录二

个人所得税减免事项报告表

个人所得税减免税事项报告表

税款所属期：　年 月 日至 年 月 日
纳税人姓名：
纳税人识别号：□□□□□□□□□□□□□□□□□ – □□
扣缴义务人名称：
扣缴义务人纳税人识别号：□□□□□□□□□□□□□□□□□ 金额单位：人民币元（列至角分）

减免税情况							
编号	勾选		减免税事项	减免人数	免税收入	减免税额	备注
1	☐		残疾、孤老、烈属减征个人所得税				
2	☐		个人转让 5 年以上唯一住房免征个人所得税		–		
3	☐		随军家属从事个体经营免征个人所得税		–		
4	☐		军转干部从事个体经营免征个人所得税		–		
5	☐		退役士兵从事个体经营免征个人所得税		–		
6	☐		建档立卡贫困人口从事个体经营扣减个人所得税		–		
7	☐		登记失业半年以上人员，零就业家庭、享受城市低保登记失业人员，毕业年度内高校毕业生从事个体经营扣减个人所得税		–		
8	☐		取消农业税从事"四业"所得暂免征收个人所得税		–		
9	☐		符合条件的房屋赠与免征个人所得税		–		
10	☐		科技人员取得职务科技成果转化现金奖励			–	
11	☐		外籍个人出差补贴、探亲费、语言训练费、子女教育费等津补贴			–	
12	☐	税收协定	股息	税收协定名称及条款：		–	
13	☐		利息	税收协定名称及条款：		–	
14	☐		特许权使用费	税收协定名称及条款：		–	
15	☐		财产收益	税收协定名称及条款：		–	
16	☐		受雇所得	税收协定名称及条款：		–	
17	☐		其他	税收协定名称及条款：		–	

续表

18	☐	其他	减免税事项名称及减免性质代码：			
19			减免税事项名称及减免性质代码：			
20			减免税事项名称及减免性质代码：			
合计						

减免税人员名单

序号	姓名	纳税人识别号	减免税事项（编号或减免性质代码）	所得项目	免税收入	减免税额	备注

　　谨声明：本表是根据国家税收法律法规及相关规定填报的，本人（单位）对填报内容（附带资料）的真实性、可靠性、完整性负责。

纳税人或扣缴单位负责人签字：　　　　年　月　日

经办人签字： 经办人身份证件类型： 经办人身份证件号码： 代理机构签章： 代理机构统一社会信用代码：	受理人： 受理税务机关（章）： 受理日期：　　　年　月　日

国家税务总局监制

《个人所得税减免税事项报告表》填表说明

一、适用范围

　　本表适用于个人纳税年度内发生减免税事项，需要在纳税申报时享受的，向税务机关报送。

二、报送期限

　　1. 个人需要享受减免税事项的，应当及时向扣缴义务人提交本表做信息采集。

　　2. 扣缴义务人扣缴申报时，个人需要享受减免税事项的，扣缴义务人应当一并报送本表。

3. 个人需要享受减免税事项并采取自行纳税申报方式的，应按照税法规定的自行纳税申报时间，在自行纳税申报时一并报送本表。

三、本表各栏填写

（一）表头项目

1. 税款所属期：填写个人发生减免税事项的所属期间，应填写具体的起止年月日。

2. 纳税人姓名：个人自行申报并报送本表或向扣缴义务人提交本表做信息采集的，由个人填写纳税人姓名。

3. 纳税人识别号：个人自行申报并报送本表或向扣缴义务人提交本表做信息采集的，由个人填写纳税人识别号。纳税人识别号为个人有中国公民身份号码的，填写中华人民共和国居民身份证上载明的"公民身份号码"；没有中国公民身份号码的，填写税务机关赋予的纳税人识别号。

4. 扣缴义务人名称：扣缴义务人扣缴申报并报送本表的，由扣缴义务人填写扣缴义务人名称。

5. 扣缴义务人纳税人识别号：扣缴义务人扣缴申报并报送本表的，由扣缴义务人填写扣缴义务人统一社会信用代码。

（二）减免税情况

1. "减免税事项"：个人或扣缴义务人勾选享受的减免税事项。

个人享受税收协定待遇的，应勾选"税收协定"项目，并填写具体税收协定名称及条款。

个人享受列示项目以外的减免税事项的，应勾选"其他"项目，并填写减免税事项名称及减免性质代码。

2. "减免人数"：填写享受该行次减免税政策的人数。

3. "免税收入"：填写享受该行次减免税政策的免税收入合计金额。

4. "减免税额"：填写享受该行次减免税政策的减免税额合计金额。

5. "备注"：填写个人或扣缴义务人需要特别说明的或者税务机关要求说明的事项。

（三）减免税人员名单栏

1. "姓名"：填写个人姓名。

2. "纳税人识别号"：填写个人的纳税人识别号。

3. "减免税事项（编号或减免性质代码）"：填写"减免税情况栏"列示的减免税事项对应的编号或税务机关要求填报的其他信息。

4. "所得项目"：填写适用减免税事项的所得项目名称。例如：工资、薪金所得。

5. "免税收入"：填写个人享受减免税政策的免税收入金额。

6. "减免税额"：填写个人享受减免税政策的减免税额金额。

7. "备注"：填写个人或扣缴义务人需要特别说明的或者税务机关要求说明的事项。

四、其他事项说明

以纸质方式报送本表的，建议通过计算机填写打印，一式两份，纳税人（扣缴义务人）、税务机关各留存一份。

附录三

个人所得税公益慈善事业捐赠扣除明细表

个人所得税公益慈善事业捐赠扣除明细表

捐赠年度：　　　年

纳税人姓名：

纳税人识别号：□□□□□□□□□□□□□□□□□ – □□

扣缴义务人名称：

扣缴义务人纳税人识别号：□□□□□□□□□□□□□□□□□　金额单位：人民币元（列至角分）

序号	捐赠信息							扣除信息				备注
	纳税人姓名	纳税人识别号	受赠单位名称	受赠单位纳税人识别号（统一社会信用代码）	捐赠凭证号	捐赠日期	捐赠金额	扣除比例	扣除所得项目	税款所属期	扣除金额	
1	2	3	4	5	6	7	8	9	10	11	12	13

谨承诺：此表是根据国家税收法律法规及相关规定填报的，是真实的、可靠的、完整的。

纳税人或扣缴义务人负责人签字：　　　年　月　日

经办人签字： 经办人身份证件号码： 代理机构签章： 代理机构统一社会信用代码：	受理人： 受理税务机关（章）： 受理日期：　　年　月　日

国家税务总局监制

《个人所得税公益慈善事业捐赠扣除明细表》填表说明

一、适用范围
本表适用于个人发生符合条件的公益慈善事业捐赠，进行个人所得税前扣除时填报。
二、报送期限
扣缴义务人办理扣缴申报、纳税人办理自行申报时一并报送。

三、本表各栏填写

（一）表头项目

1. 捐赠年度：填写个人发生公益慈善事业捐赠支出的所属年度。

2. 纳税人姓名和纳税人识别号：填写个人姓名及其纳税人识别号。有中国公民身份号码的，填写中华人民共和国居民身份证上载明的"公民身份号码"；没有中国公民身份号码的，填写税务机关赋予的纳税人识别号。

个人通过自行申报进行公益慈善事业捐赠扣除的，填写上述两项。扣缴义务人填报时，无须填写。

3. 扣缴义务人名称及扣缴义务人纳税人识别号：填写扣缴义务人的法定名称全称，以及其纳税人识别号或者统一社会信用代码。

扣缴义务人在扣缴申报时为个人办理公益慈善事业捐赠扣除的，填写本项。纳税人自行申报无须填报本项。

（二）表内各列

1. 第2列"纳税人姓名"和第3列"纳税人识别号"：扣缴单位为纳税人办理捐赠扣除时，填写本栏。个人自行申报的，无需填写本项。

2. 第4列"受赠单位名称"：填写受赠单位的法定名称全称。

3. 第5列"受赠单位纳税人识别号（统一社会信用代码）"：填写受赠单位的纳税人识别号或者统一社会信用代码。

4. 第6列"捐赠凭证号"：填写捐赠票据的凭证号。

5. 第7列"捐赠日期"：填写个人发生的公益慈善事业捐赠的具体日期。

6. 第8列"捐赠金额"：填写个人发生的公益慈善事业捐赠的具体金额。

7. 第9列"扣除比例"：填写公益慈善事业捐赠支出税前扣除比例。如：30%或者100%。

8. 第10列"扣除所得项目"：填写扣除公益慈善事业捐赠的所得项目。

9. 第11列"税款所属期"：填写"扣除所得项目"对应的税款所属期。

10. 第12列"扣除金额"：填写个人取得"扣除所得项目"对应收入办理扣缴申报或者自行申报时，实际扣除的公益慈善事业捐赠支出金额。

11. 第13列"备注"：填写个人认为需要特别说明的或者税务机关要求说明的事项。

四、其他事项说明

以纸质方式报送本表的，应当一式两份，纳税人或者扣缴义务人、税务机关各留存一份。

附录四

境外所得个人所得税抵免明细表

境外所得个人所得税抵免明细表

税款所属期：　　年　月　日至　年　月　日

纳税人姓名：

纳税人识别号：□□□□□□□□□□□□□□□□□–□□　　　金额单位：人民币元（列至角分）

本期境外所得抵免限额计算							
列次			A	B	C	D	E
项目		行次	金额				
国家（地区）		1	境内	境外			合计
一、综合所得	（一）收入	2					
	其中：工资、薪金	3					
	劳务报酬	4					
	稿酬	5					
	特许权使用费	6					
	（二）费用	7					
	（三）收入额	8					
	（四）应纳税额	9	–	–	–	–	
	（五）减免税额	10	–	–	–	–	
	（六）抵免限额	11					
二、经营所得	（一）收入总额	12	–				
	（二）成本费用	13	–				
	（三）应纳税所得额	14					
	（四）应纳税额	15	–	–	–	–	
	（五）减免税额	16	–	–	–	–	
	（六）抵免限额	17	–				
三、利息、股息、红利所得	（一）应纳税所得额	18	–				
	（二）应纳税额	19	–				
	（三）减免税额	20	–				
	（四）抵免限额	21					

续表

四、财产租赁所得	（一）应纳税所得额	22	–				
	（二）应纳税额	23	–				
	（三）减免税额	24	–				
	（四）抵免限额	25	–				
五、财产转让所得	（一）收入	26	–				
	（二）财产原值	27	–				
	（三）合理税费	28	–				
	（四）应纳税所得额	29	–				
	（五）应纳税额	30	–				
	（六）减免税额	31	–				
	（七）抵免限额	32	–				
六、偶然所得	（一）应纳税所得额	33	–				
	（二）应纳税额	34	–				
	（三）减免税额	35	–				
	（四）抵免限额	36	–				
七、股权激励	（一）应纳税所得额	37					
	（二）应纳税额	38	–	–	–	–	
	（三）减免税额	39	–	–	–	–	
	（四）抵免限额	40	–				
八、其他境内、境外所得	（一）应纳税所得额	41					
	（二）应纳税额	42					
	（三）减免税额	43					
	（四）抵免限额	44	–				
九、本年可抵免限额合计（第45行=第11行+第17行+第21行+第25行+第32行+第36行+第40行+第44行）		45	–				
本期实际可抵免额计算							
一、以前年度结转抵免额（第46行=第47行+第48行+第49行+第50行+第51行）		46	–				
其中：前5年		47	–				
前4年		48	–				
前3年		49	–				
前2年		50	–				
前1年		51	–				
二、本年境外已纳税额		52	–				

续表

其中：享受税收饶让抵免税额（视同境外已纳）	53	−				
三、本年抵免额（境外所得已纳所得税抵免额）	54	−				
四、可结转以后年度抵免额 （第55行=第56行+第57行+第58行+第59行+第60行）	55					−
其中：前4年	56	−				−
前3年	57	−				−
前2年	58	−				−
前1年	59	−				−
本年	60	−				−

备注

谨声明：本表是根据国家税收法律法规及相关规定填报的，本人对填报内容（附带资料）的真实性、可靠性、完整性负责。

纳税人签字：　　　　年　月　日

经办人签字：
经办人身份证件类型：
经办人身份证件号码：
代理机构签章：
代理机构统一社会信用代码：

受理人：

受理税务机关（章）：

受理日期：　　年　月　日

国家税务总局监制

《境外所得个人所得税抵免明细表》填表说明

一、适用范围

本表适用于居民个人纳税年度内取得境外所得，并按税法规定进行年度自行纳税申报时，应填报本表，计算其本年抵免额。

二、报送期限

本表随《个人所得税年度自行纳税申报表（B表）》一并报送。

三、本表各栏填写

（一）表头项目

1. 税款所属期：填写居民个人取得境外所得当年的第1日至最后1日。如2019年1月1日至2019年12月31日。

2. 纳税人姓名：填写居民个人姓名。

3. 纳税人识别号：有中国公民身份号码的，填写中华人民共和国居民身份证上载明的"公民身份号码"；没有中国公民身份号码的，填写税务机关赋予的纳税人识别号。

（二）第 A、B、C、D、E 列次

1. 第 A 列"境内"：填写个人取得境内所得相关内容。

2. 第 B ~ D 列"境外"：填写个人取得境外所得相关内容。

3. 第 E 列"合计"：按照相关列次计算填报。

第 E 列 = 第 A 列 + 第 B 列 + 第 C 列 + 第 D 列

（三）本期境外所得抵免限额计算

1. 第 1 行"国家（地区）"：按"境外"列分别填写居民个人取得的境外收入来源国家（地区）名称。

2. 第 2 行"收入"：按列分别填写居民个人取得的综合所得收入合计金额。

3. 第 3 ~ 6 行"工资、薪金""劳务报酬""稿酬""特许权使用费"：按列分别填写居民个人取得的需要并入综合所得计税的"工资、薪金""劳务报酬""稿酬""特许权使用费"所得收入金额。

4. 第 7 行"费用"：根据相关行次计算填报。

第 7 行 =（第 4 行 + 第 5 行 + 第 6 行）× 20%。

5. 第 8 行"收入额"：根据相关行次计算填报。

第 8 行 = 第 2 行 – 第 7 行 – 第 5 行 × 80% × 30%。

6. 第 9 行"应纳税额"：按我国法律法规计算应纳税额，并填报本行"合计"列。

7. 第 10 行"减免税额"：填写符合税法规定的可以减免的税额，并按规定附报《个人所得税减免税事项报告表》。

8. 第 11 行"抵免限额"：根据相应行次按列分别计算填报。

第 11 行"境外"列 =（第 9 行"合计"列 – 第 10 行"合计"列）× 第 8 行"境外"列 ÷ 第 8 行"合计"列。

第 11 行"合计列" = ∑ 第 11 行"境外"列。

9. 第 12、13、14 行"收入总额""成本费用""应纳税所得额"：按列分别填写居民个人取得的经营所得收入、成本费用及应纳税所得额合计金额。

10. 第 15 行"应纳税额"：根据相关行次计算填报"合计"列。

第 15 行 = 第 14 行 × 适用税率 – 速算扣除数。

11. 第 16 行"减免税额"：填写符合税法规定的可以减免的税额，并按规定附报《个人所得税减免税事项报告表》。

12. 第 17 行"抵免限额"：根据相应行次按列分别计算填报。

第 17 行"境外"列 =（第 15 行"合计"列 – 第 16 行"合计"列）× 第 14 行"境外"列 ÷ 第 14 行"合计"列。

第 17 行"合计列" = ∑ 第 17 行"境外"列。

13. 第 18、22、33、41 行"应纳税所得额"：按列分别填写居民个人取得的利息、股息、红利所得，财产租赁所得，偶然所得，其他境内、境外所得应纳税所得额合计金额。

14. 第 19、23、34、42 行"应纳税额"：按列分别计算填报。

第 19 行 = 第 18 行 × 适用税率；

第 23 行 = 第 22 行 × 适用税率；

第 34 行 = 第 33 行 × 适用税率；

第 42 行 = 第 41 行 × 适用税率。

15. 第 20、24、35、43 行"减免税额"：填写符合税法规定的可以减免的税额，并附报《个人所得税减免税事项报告表》。

16. 第 21、25、36、44 行"抵免限额"：根据相应行次按列分别计算填报。

第 21 行 = 第 19 行 – 第 20 行；

第 25 行 = 第 23 行 – 第 24 行；

第 36 行 = 第 34 行 – 第 35 行；

第 44 行 = 第 42 行 – 第 43 行。

17. 第 26 行"收入"：按列分别填写居民个人取得的财产转让所得收入合计金额。

18. 第 27 行"财产原值"：按列分别填写居民个人取得的财产转让所得对应的财产原值合计金额。

19. 第 28 行"合理税费"：按列分别填写居民个人取得财产转让所得对应的合理税费合计金额。

20. 第 29 行"应纳税所得额"：按列分别填写居民个人取得的财产转让所得应纳税所得额合计金额。

第 29 行 = 第 26 行 – 第 27 行 – 第 28 行。

21. 第 30 行"应纳税额"：根据相应行按列分别计算填报。

第 30 行 = 第 29 行 × 适用税率。

22. 第 31 行"减免税额"：填写符合税法规定的可以减免的税额，并按规定附报《个人所得税减免税事项报告表》。

23. 第 32 行"抵免限额"：根据相应行次按列分别计算填报。

第 32 行 = 第 30 行 – 第 31 行。

24. 第 37 行"应纳税所得额"：按列分别填写居民个人取得的股权激励应纳税所得额合计金额。

25. 第 38 行"应纳税额"：按我国法律法规计算应纳税额填报本行"合计"列。

第 38 行 = 第 37 行 × 适用税率 – 速算扣除数

26. 第 39 行"减免税额"：填写符合税法规定的可以减免的税额，并附报《个人所得税减免税事项报告表》。

27. 第 40 行"抵免限额"：根据相应行次按列分别计算填报。

第 40 行"境外"列 =（第 38 行"合计"列 – 第 39 行"合计"列）× 第 37 行"境外"列 ÷ 第 37 行"合计"列。

28. 第 45 行"本年可抵免限额合计"：根据相应行次按列分别计算填报。

第 45 行 = 第 11 行 + 第 17 行 + 第 21 行 + 第 25 行 + 第 32 行 + 第 36 行 + 第 40 行 + 第 44 行。

（四）本期实际可抵免额计算

1. 第 46 行"以前年度结转抵免额"：根据相应行次按列分别计算填报。

第 46 行 = 第 47 列 + 第 48 列 + 第 49 列 + 第 50 列 + 第 51 列。

2. 第 52 行"本年境外已纳税额"：按列分别填写居民个人在境外已经缴纳或者被扣缴的税款合计金额，包括第 53 行"享受税收饶让抵免税额"。

3. 第 53 行"享受税收饶让抵免税额"：按列分别填写居民个人享受税收饶让政策而视同境外已缴纳而实际未缴纳的税款合计金额。

4. 第 54 行"本年抵免额"：按"境外"列分别计算填写可抵免税额。

第 54 行"合计"列 = ∑ 第 54 行"境外"列。

5. 第 55 行"可结转以后年度抵免额"：根据相应行次按列分别计算填报。

第 55 行 = 第 56 列 + 第 57 列 + 第 58 列 + 第 59 列 + 第 60 列。

（五）备注

填写居民个人认为需要特别说明的或者税务机关要求说明的事项。

四、其他事项说明

以纸质方式报送本表的，建议通过计算机填写打印，一式两份，纳税人、税务机关各留存一份。